Buddhistisch-hermetische Aufsätze vom „Golden Dawn"-Mitglied Allan Bennett

Der hermetische Bund teilt mit:
Sonderausgabe Nr. 12

Mein Dank geht an Peter Windsheimer für das Design des Titelbildes. Des Weiteren an Ariane und Michael Sauter.

Für Schäden, die durch falsches Herangehen an die Übungen an Körper, Seele und Geist entstehen könnten, übernehmen Verlag und Autor keine Haftung.

Copyright © 2016 by Christof Uiberreiter Verlag
Waltrop Germany

Herstellung und Verlag:
BoD – Books on Demand, Norderstedt.
ISBN: 9783743151840

Alle Rechte, auch die fotomechanische Wiedergabe (einschließlich Fotokopie) oder der Speicherung auf elektronischen Systemen, vorbehalten
All rights reserved

Inhaltsangabe:

Allan Bennett..	4
1. Prolog..	7
2. Ein burmesischer Feiertag....................................	9
3. Das Verlassen des Heimes....................................	17
4. Der erste Tag im Tempel......................................	29
5. Das Noviziat...	35
6. Der Pfad zum Frieden..	44
7. Der Ursprung des Buddhismus.............................	56
8. Der Buddho...	64
9. Der Dhammo..	77
10. Der Sangho...	89
11. Rechte Erkenntnis..	97
12. Die drei Merkmale..	119
13. Alte und neue Kritik des Buddhismus..................	151

Allan Bennett – 1872-1923

Der gelernte analytische Chemiker war von seiner verwitweten Mutter im römisch-katholischen Glauben erzogen worden. Sein längliches Gesicht, im Zuschnitt typisch für einen Schützen, strahlte spirituelle Intensität aus. Die brennenden Augen und buschigen Brauen verrieten obendrein den Asketen in ihm. Von ihm ist bekannt, dass er sexuell keusch lebte!
Sein Schüler Crowley wurde als ein reicher, junger Mann in den Orden Isis-Urania initiiert, als Bennett, arm und etwas älter, schon einige Jahre lang dabei war. Bennett wurde 1894 in den Golden Dawn aufgenommen unter dem Motto „Iehi Aour" („Es werde Licht"). Er bemerkte bei der ersten Begegnung, dass das neue Mitglied Crowley „mit der Goetia herumgespielt" hatte, obwohl er das abstritt. Bennett war sich schon immer der „dunklen" Aspekte der Magie äußerst bewusst.
1899 lud ihn Crowley als Gegenleistung für die *magische Betreuung* ein, mit in seine Wohnung einzuziehen; der bereits unveränderbaren Ansicht seines Gastgebers nach war Bennett der eine von den einzigen beiden mit okkultem Potential unter seinen neuen Verbündeten. Er sollte auch aus den Ereignissen als einer der wenigen hervorgehen, die dem wahren Meister Mathers gegenüber nach den Spaltungen von 1900 loyal blieben!
Essays von Bennett über esoterische Themen erschienen in mehreren Ausgaben der Zeitschrift „Equinox" von Crowley z. B. „A Note on Genesis" (Eine Anmerkung zur Genesis), die die esoterische Quabbalah behandelt, die Bennett eingehend studiert hatte. Wenn man Crowleys kurzem Vorwort trauen kann, hat Bennett Mathers dabei geholfen, viel Ordensmaterial zusammenzutragen. Das quabbalistische Buch *Sepher Sephiroth* ist ein numerisches Glossar, und die Grundarbeit dafür hatte Bennett geleistet; die arithmetischen Feinheiten der Buchstabenquabbalah faszinierten ihn schon immer.
Irgendwann zwischen 1889 und 1900 verließ Bennett Europa und den Golden Dawn, um den Buddhismus vor Ort zu studieren. Er soll noch andere Manuskripte besessenen haben, die er Crowley überlassen hatte, als er in den Osten aufbrach. Das Training des Geistes wird von ihm vom Standpunkt des Theravada-Buddhismus aus erlernt. Außerdem reist er nach Asien, um sein Asthma zu entlasten, an den er litt. Zunächst reiste er nach Ceylon, wo er den Hatha-Yoga unter dem Yogi Shri Parananda studierte. Von Crowley in der Frage der Reisekosten unterstützt, blieb er eine

Zeitlang in Ceylon, wo Crowley ihn besuchte. Er nahm den Namen Swami Maitrananda an, was soviel wie „das Entzücken von Metteya" (der zukünftige Buddha) bedeutet, und trat in die Sangha – buddhistische Gemeinschaft – ein. Er reiste weiter nach Burma, wo er sich für das Leben eines Bikkhu (Mönch) niederließ.

Bennett gründete eine internationale buddhistische Gesellschaft mit einem Magazin *(Buddhism* 1902), das später „The Buddhist Review" hieß. Nach etlichen Jahren kehrte er als ihr erster Missionar nach Großbritannien zurück und gründete die „Buddhist Lodge", einen Spross der *Theosophischen Gesellschaft,* der sich dann zu der „Buddhist Society" entwickelte, wie sie zur Zeit besteht. Die Archive dieser Gesellschaft, soweit sie mit ihm zu tun haben, schweigen sich über seine frühere Verbindung mit dem *Golden Dawn* und Crowley aus. Die wahre Magie und die reine Mystik wird von solchen „Vereinigungen" nie gerne anerkannt und gesehen!

Er hatte schon immer das Problem asthmatischer Beschwerden, angeblich einer typischen Krankheit der Magier. Crowley ist ihr nicht sofort zum Opfer gefallen, obwohl er in seinen späteren Jahren schwer darunter litt; und es war Bennett, der ihn in die Welt der „Drogen" eingeführt hatte, denn Heroin wurde damals als Medikament von den Ärzten den Kranken verschrieben, um ihr Übel zu lindern.

Bennett blieb auf Dauer nicht zufrieden mit dem Orient als spirituelle Heimat; seit den 1920 Jahren lebte er wieder in England. Nach Frater X, der ihn zu dieser Zeit kannte und bewunderte, war er aus seiner buddhistischen Phase herausgewachsen, so tief und lang anhaltend diese auch gewinnbringend war, und suchte nach einem objektiven Beweis für die Existenz der unsichtbaren Welt. Er war mit gedanklichen Spekulationen über eine spirituelle Wahrheit oder mit einer dogmatischen Feststellung, die nicht durch Laboratoriumsmethoden beweisbar ist, nicht länger zufriedenzustellen. Er hatte zu einer mehr westlichen Einstellung gefunden, die das okkulte Experiment auf wissenschaftlicher Basis betonte, worin er den „Weg" der Zukunft sah. Er könnte mit Crowley noch einmal Kontakt aufgenommen haben, bevor dieser sich an sein Cefalu-Experiment machte; mit einigen von seinen Schülern und Ex-Schülern hingegen stand er mit Sicherheit in Verbindung. Die noch lebende Moina Mathers, die ja ebenfalls wieder in London war, scheint er nicht aufgesucht zu haben.

Er war ein klarer Denker und von Natur aus ein reiner Mönch. Nachdem er sich beim Eintritt in die Sangha seiner wenigen Besitztümer entledigt hatte, lebte er fortan in äußerster Armut; er mietete sich ein Hinterzimmer, das außer einem kleinen Tisch mit zwei oder drei Büchern und seinem berühmten, glänzenden magischen „Sprengstab" darauf, den er den *Stäben* vorgezogen zu haben scheint, die vom *Golden Dawn* empfohlen werden, keine Möbel aufwies. Wenn dieser Stab mit seiner beachtlichen psychischen Kraft geladen und für den Gebrauch bereit war, pflegte er ihn auf die Spitze eines hölzernen Griffs zu setzen, der mit Worten der Macht (JHVH) beschrieben war, die aber ausgewechselt werden konnten, je nachdem wie das Wesen der geplanten Operation es verlangte. Abgesehen davon war sein Raum voller Gerätschaften: Er war im Begriff, eine Erfindung für die astrale Kommunikation zu vollenden. Es war sein Ziel, einen objektiven Beweis für die feinstofflichen Ebenen des Daseins und ihre Bewohner zu erbringen, oder dies zukünftigen Forschern zu ermöglichen.

Aber um Bennets Gesundheit stand es schlechter denn je, und seine buddhistischen Brüder, die sich seines veränderten Aussehens durchaus bewusst waren, setzten sich für seine Unterstützung nur zögernd ein. Schließlich versuchte er in Liverpool eine Schiffspassage in eine wärmere Klimazone zu buchen; der Kapitän aber, der unwillig war, für einen Schwerkranken die Verantwortung zu übernehmen, verweigerte ihm die Überfahrt. Ein Bettelmönch im Westen muss schon sehr widerstandsfähig sein: Und Bennett verstarb fast auf der Stelle, mittellos, und wie Frater X meint, „unter Zuckungen" – ein schwerer Asthma-Anfall?

Auf jeden Fall leistete Allan Bennett Pionierarbeit, denn ohne ihn wäre der Buddhismus nicht die westliche Welt gekommen. Eine Hochachtung auf diese Leistung!

Zusammengefasst und entnommen aus dem Buch
„Schwert der Weisheit" von I. Colquhoun

1. Prolog:

Hart an der großen, ruhelosen Stadt, wo das Leben von Tausenden in Freud und Leid dahineilt, nahe dem lärmenden Treiben der geschäftigen Werften, die am Ufer des Stromes sich erheben, nicht fern von dem bunten Gewirr der Kaufläden, dem endlosen Bau des Sekretariats und der langen Front des Regierungsgebäudes – liegt eine andere Stadt, eine Welt für sich: die Stadt der „Großen Pagode", der eigentliche Mittelpunkt für die Herzen von sechs Millionen Burmanen: eine Stadt von Altären und Heiligtümern, die den „Goldenen Tempel" rings umgeben, wo des großen Meisters erste Jünger seine Reliquie und sein Andenken bargen, als er noch auf Erden wandelte und den Pfad wies, der zum Frieden führt.

Nahe der großen Stadt, und doch fern von ihr, ein so gänzlich Anderes, für sich Bestehendes. Dort brennen wild die Flammen des Lebens: Begierde, Hass und Wahn, und lodern empor, dem Leid der Menschheit entgegen; hier sind jene Flammen erloschen, und die Luft atmet ganz den Wohlgeruch seligen Friedens. Dort ist alles Vergänglichkeit, voll von Leid und Nichtwirklichkeit; hier dringt der Mensch weiter vor, an den Saum der wechsellosen, ruhigen Wahrheit. Dort nimmt jedes Gebäude seine Stelle im werktäglichen Leben Burmas ein, es dient dem Handel, der Justiz, der Regierung; hier ist jeder Altar eine Geschichte, in Holz geschnitzt oder in Stein gemeißelt, ein Auszug aus einem schönen Fragment des innern Volkslebens, eine Erinnerung an den Meister, eine Erzählung von menschlicher Liebe und Aufopferung aus alter Zeit, ein Blatt aus dem großen Buche burmanischer Überlieferung, eine den lichten Tagen sonniger Kindheit heilige Legende von Nat oder Bhilu. Dort herrscht der Statthalter eines irdischen Weltreiches, Justiz, Polizei und Miliz sind die Diener seines Willens; hier waltet ein anderer Herr, der ein größeres, unvorstellbares Reich sein eigen nennt, sein Gesetz ist das Gesetz der Liebe, seine Diener sind nur schlichte, demütige Mönche, in das gelbe Gewand gehüllt, das ihr Meister einst trug, ihre tägliche Nahrung erbittend, wie er einst getan, und ihre edlen Ordensregeln stehen in hoher Achtung bei dem Volk, dessen Lehrer sie sind.

Es gibt viele, deren Augen in der Stadt der Großen Pagode alles das erblickt haben, was für menschliche Augen überhaupt zu sehen ist, und doch haben sie von ihrem inneren Leben absolut nichts gesehen. Wo für die Wissenden das Symbol eines der Liebe geweihten Lebens sich befindet, haben sie nur

Götzenbilder aus Stein und Erz bemerkt; wo der Burmane lange Legenden liest, die seit den Tagen der Kindheit sein Herz umwoben haben, gewahren jene nichts, als seltsam geformte Gestalten von Menschen, Vögeln und Vierfüßlern, und wo für das Ohr des Buddhisten das geflüsterte Geheimnis des Lebensmysteriums vernehmbar ist, da haben sie nichts weiter vernommen als heidnische Litaneien.

Für den Wissenden ist die ganze Tempelstadt von Leben durchdrungen; nichts ist dort vorhanden, was nicht seine Geschichte zu erzählen hätte, von der großen, heiligen Glocke an, die der Fluss-Geist entweihenden Händen geweigert und seinem eigenen Volke willig zurückgegeben hat, bis zu der juwelen-gezierten, den Zentral-Tempel krönenden Turmspitze, welche dreihundert Fuß in das Luftmeer emporragt. Und dann wieder, jenseits von alledem, hinter dem Stein und Holz, hinter Legende und Überlieferung, atmet ein anderes, ein tieferes Leben: ein Leben, welches sich im Herzen derer regt, die diese Stadt genau kennen.

Wenn die Stille des Abends sich herniedersenkt, wenn die strömenden Scharen der Andacht-Übenden sich zerstreut haben, in dem sanften Schimmer des hindämmernden Tages, im Schweigen der Nacht, dann tun sich die Pforten jenes tieferen Lebens auf und die welche wissend sind, treten ein, treten ein in ein Leben jenseits, wo ewiger Friede herrscht und die ganze Welt als ein Traum erkannt wird. Dann kündet der Goldene Tempel dem sehnenden Herzen seinen tieferen Sinn, und die gesamte Stadt der Großen Pagode zittert einem neuen Leben, einer neuen Hoffnung entgegen: Die Verheißung des Glanzes der Liebe in der ganzen Welt, der Aufgang des mild leuchtenden Sternes, dessen Licht den Frieden bringt. Sie kennen dieses Geheimnis, jene Andachtsvollen in ihrem Silberhaar, die hier an den Feiertagen weilen; die kleinen Nonnen, welche dort in der Dämmerung knien, haben sein Kommen verspürt; die feierlichen Mönche haben es erkannt und nehmen teil an seinem Mysterium. Müde von des Tages langer Arbeit kommt der Kaufmann von seinem Warenlager, der Schreiber von seinem Amtsraum, die Seidenverkäuferin von ihrem Laden in der Stille des Abends hierher, um inmitten ihres kampfreichen Lebens das Wunder dieses Geheimnisses zu besiegeln, damit sie nicht etwa des Friedens vergessen, noch ihre Wege in den Lüsten der Welt versanden möchten. Wenn sie dort knien im letzten Nachglühen des Abendrotes, wenn ihre Herzen sich einer Musik erschließen, von der das irdische Leben nichts weiß, dann kommt der Friede der stillen Stadt über sie, und die eitlen Sorgen des täglichen Lebens schwinden hinweg; dann ist das leise Klingen der goldenen Glocken verstummt, und die Nebel des Redens und Handelns weichen von ihrem Geist: dann empfangen sie Licht von dem Leben jenseits und schöpfen aus der Lehre, die ihnen dieses tiefere Leben predigt, neue Kraft zum Leben und zum Lieben.

Was diese Andachtsvollen erkannt und gefühlt haben, jenes verborgene Leben – kann die Sprache nicht darstellen, können Bücher nicht beschreiben; denn es weilt nur in den Herzen derer, die darin eingedrungen sind und Einsicht erlangt haben. Hier nun soll ein wenig berichtet werden über das Treiben und äußere Leben in der Pagoden-Stadt, wir wollen erzählen von dem, was in ihren Grenzen Menschen und Tiere tun, und etwas von dem Leben sagen, das in dem Schatten des Goldenen Tempels gelebt wird. Manche können dadurch etwas von dem Glauben kennen lernen, den dieser Goldene Tempel verkündet, etwas von dem Leben, dem er Begeisterung verleiht. Dem einen oder anderen der Leser wird aus diesen Erzählungen vielleicht ein Echo aus seinem eigenen lichten inneren Leben erklingen, wo diese äußeren Darstellungen in der Stille, die sie schuf, zerschmelzen, dort, wo ewiger Friede thront, wo das Geheimnis des Schweigens sich enthüllt.

2. Ein burmanischer Feiertag.

> Glücklich sind wir, die wir nichts unser eigen nennen;
> Glücklich sind wir, in hassender Welt von Hass erlöst;
> Im Weltgewirr von eitlen Träumen frei:
> Den lichten Göttern gleich wir,
> und unsere Speise ist Glückseligkeit.
>
> Dhammapadam 197-200.

Es war der Feiertag der großen Pagode, am Vollmond des Thadingyut, der die lange buddhistische Fastenzeit beschließt, und das ganze burmanische Rangun rüstete sich, um den Tag der Freude festlich zu begehen.

Während der drei Fastenmonate bereitet sich ganz Burma auf eine doppelte Ernte vor: auf die Reisernte, der die Bevölkerung ihre Nahrung verdankt, und auf die größere Ernte guter Werke, welche die liebliche Frucht eines höheren, glücklicheren Lebens zeitigt. An den Fasttagen dürfen keine Pwes oder Hochzeiten stattfinden, und das Denken des ganzen Volkes ist dann mehr als sonst ernsten und heiligen Dingen zugewandt. Dann hat jeder Tempel seinen vollen Bestand an Mönchen; denn während der Fastenzeit soll der Mönch in seinem Tempel leben und darf höchstens wenige Tage abwesend sein; dann sind die Rasthäuser an den Feiertagen voll von Scharen Andächtiger, welche die acht Vorschriften beobachten und wie die Mönche ihre Mahlzeit nur vor Mittag einnehmen und den Predigten über das höchst vortreffliche Gesetz lauschen; dann hallen die Klöster wieder von den Stimmen laut lernender jugendlicher Novizen, die stolz auf das Gelbe Gewand sind, das sie während der Fastenzeit tragen, das Gelbe Gewand, das ihnen erst ihre Männlichkeit verleiht; denn bevor der burmanische Knabe nicht als Novize im Gelben Gewand gelebt hat, betrachtet er sich nicht eigentlich als Mann, oder seine Eltern betrachten ihn nicht als solchen, was auf dasselbe hinausläuft. Die Fastenmonate in Burma sind Tage großer Feierlichkeit, eine Zeit der Selbstzucht und hoher religiöser Ideale; dann vergisst der lachlustige Burmane zeitweilig seine angeborene Fröhlichkeit und widmet sich mit tiefem Ernst der Läuterung von Herz und Geist, um Verdienst zu säen, das in einem anderen Leben reifen wird.

Aber die langen Tage der Disziplin gehen schließlich zu Ende, und nun ist das ganze buddhistische Rangun bereit, sich einer ungehinderten Fröhlichkeit zu überlassen. Den Laienanhängern steht es nun wieder frei, zu heiraten und Unterhaltungen zu arrangieren; die kleinen Ex-Novizen, ausgehungert durch das dreimonatliche Fasten, legen schnell wieder weltliche Kleidung an, um im Vollbewusstsein ihrer neuen Manneswürde an den Freuden des Volkes teilzunehmen; die Kinder plappern lustig vom bevorstehenden Feste; alle, alle strahlen in heller Lebensfreude und sind bereit, nach dem Grade ihrer nicht unbeträchtlichen Fähigkeit fröhlich zu sein. Ja, Erde und Himmel selbst scheinen an der allgemeinen Freude Anteil zu nehmen; denn die Regenzeit ist nun vorüber und dahin; der Himmel, der bis jetzt von jagenden Wolken verfinstert war, ist plötzlich wieder ganz blau und klar; die lachende Sonne, seit drei Monaten verhüllt, durchflutet die Lüfte von neuem mit ihrem strahlenden Glanze, und die ganze Erde erwacht abermals zu jungem Leben und frischer, schillernder Blütenpracht.

Und an der Pagode selbst ist alles Leben und Bewegung. Vom frühesten Morgengrauen an haben Ochsen-bespannte Wagen, mit Fähnlein und Wimpeln geschmückt, ihre lustigen Insassen abgeladen; ganze Familien, das Baby nicht ausgenommen, sind von Dörfern außerhalb die ganze Nacht hindurch gefahren; dort sind wieder geschäftige Nonnen und Frauen, welche die Nacht in den Rasthäusern nahe der Pagode verbracht haben, um in aller Frühe vor Tagesanbruch frische Speisen zu bereiten, die sie in menschenfreundlicher Gesinnung Mönchen und Armen verabreichen werden: dann Verkäufer von Tand und Blumen, von bunten Zündhölzern und Kerzen, Verkäufer von allerlei bei den Burmanen beliebten Esswaren, die ihre Buden für den lohnenden Erwerb des Tages bereits aufbauen; seltsam gekleidete Kaufleute kommen, um ein frisches Goldblatt dem „Goldenen Tempel" zu stiften; staunend betrachten sie das lärmende Treiben der Stadt, das gegen die Stille ihrer gebirgigen Heimat so sehr absticht. Schon in der Frühe kommen Bettler in großer Anzahl, um sich einen günstigen Platz zu sichern; denn dieser Tag scheint ihnen eine Silber-Ernte zu versprechen. Diese Leute und noch viel anderes Volk rühren sich dort und verursachen in der großen Pagoden-Stadt einen ungewöhnlichen Lärm; und alle Herzen schlagen der allgemeinen Freude entgegen.

Tags zuvor sind die Vorbereitungen hastig getroffen worden, und jetzt stehen auf der weiten Plattform viele zeitweilige Gebäude, worin es ungezählte wunderbare Dinge zu sehen und zu hören gibt. Die „Gesellschaft der Gläubigen aller vier Weltteile" hat ihr Haus, wo der Arme auf seine Anfrage Essen erhält; die „Chinesische Gesellschaft" hat einen großen Bau von Papier-Schirmen errichtet, dessen innere Wände mit wundervollen Malereien geziert sind, und über der Tür prankt in drei Sprachen die Aufschrift: „Allen ein herzliches Willkommen!" Herr Edison hat den Festplatz mit seinen Phonographen besetzt, die aus ihren starren, ehernen Schlünden burmanische Lieder kreischen und Erzählungen schnattern zum grenzenlosen Erstaunen der Leute vom Lande, die in ihrer Bestürzung nichts weiter dazu sagen können als das verwunderte: „O meine Mutter!" Die ganze Plattform ist mit Fahnen und Papierdrachen geschmückt, die in ihrer Pracht mit den glänzenden seidenen Kleidern der fröhlichen Scharen wetteifern. Hier und dort sitzen Musikanten auf ihren Matten: der eine schlägt die süß tönende burmanische Laute, bestehend aus einem harten Bambus-Streifen, der mit seidenen Fäden bespannt ist; ein anderer sitzt inmitten eines förmlichen Orchesters von Gongs, denen er durch leises Anschlagen klagende Melodien entlockt, während ein dritter auf einer Bambus-Flöte schrille, durchdringende Töne bläst, die bis in eine erstaunliche Ferne dringen. Märchenerzähler berichten alte, schon oft erzählte Geschichten, und dort unten, am Hange des Hügels, sind Arbeiter tätig, Bambus-Bühnen herzurichten, für die zahlreichen Hochzeiten, die nach Eintritt der Dunkelheit gefeiert werden und bis zur Frühdämmerung des nächsten Tages währen. Und dann als das Schönste von allen die

zahlreichen Altäre, wo man Kerzen, Blumen und Weihrauch opfern kann; denn unser Burmane vergisst an seinen Festtagen niemals, das Andenken desjenigen zu ehren, dessen Lehre er all sein Glück verdankt. Wie der Tag allmählich zur Neige geht, kommen Frauen und Mädchen, große Körbe auf ihrem Kopf tragend, aus den Gärten und Waldungen mit frischen Blumen, um den langsam abnehmenden Vorrat der Blumenläden zu ergänzen, und nachdem sie ihre Ware verkauft haben, mischen sie sich unter die Besucher, aber sie vergessen dabei nicht, die schönsten ihrer Blumen auf ihren Lieblings-Altären zu opfern. Alles ist Leben und Fröhlichkeit von früh bis spät, und nun wechselt plötzlich die ganze Szenerie, und eine neue Freude beginnt, um erst mit der Nacht zu weichen.
Die Sonne hatte das Gold des Shwe Dagon-Tempels in eine mit Worten nicht zu beschreibende Flut von karmesinfarbigem Licht getaucht, als mein Freund und ich den terrassenförmigen Pfad entlang schritten, der von unserem Kloster zu der Großen Pagode führt, und als der leise Abendwind durch die luftigen Kronen der Palmen fächelte, erklangen plötzlich vom Turm hoch über dem verworrenen Lärm der Menge klar und süß die silbernen und goldenen Glocken. Als wir näher kamen, erstrahlte von der Spitze des Turmes ein Lichtpunkt, wie ein Stern am Himmelszelt – hier wieder ein Licht, dort wieder, – bis der ganze gewaltige Bau der Pagode in seinen Umrissen wie Feuer leuchtete; das Licht von Tausenden von Lampen erstrahlte in regelmäßigen Linien hoch über Rangun, ein neuer Orion am westlichen Firmament.
Ich glaube, es gibt in der ganzen Welt keine Stätte, die in ihrer harmonischen Schönheit so vollkommen wäre, wie diese Stadt der Großen Pagode, das Heiligtum dessen, der die Lehre verkündete, dass alle schönen Formen vergänglich, voll von Leid und nicht wesenhaft sind. Die ganze Lieblichkeit dieses Platzes ruft unwillkürlich jene Lehre ins Gedächtnis; denn diese Lieblichkeit scheint überirdisch zu sein und jenseits der nackten, traurigen Wirklichkeit des menschlichen Lebens zu schweben; das Herz krampft sich zusammen beim Anblick all dieser Herrlichkeit, und der Geist denkt an die furchtbar-ernste Lehre von der Vergänglichkeit. Es ist uns wie in einer nächtlichen Vision, wo Glanz und Wunder sich vor uns entfalten, bis wir merken, dass ein Traumbild uns umgaukelt, und wir trotz unseres Verlangens, noch länger in dem schönen Anblick zu verharren, jäh erwachen. Heute glich dieser Ort mit seinem Glanz und dem Lachen der fröhlichen Menschen, mit seinen Gesängen, Schauspielen und Mysterien-Darstellungen aus alter Zeit mehr dem Lande der Götter als irgendetwas

anderem. Die kleinen Altäre, die sich an die goldene Grundmauer von Shwe Dagon schmiegen, erstrahlten in hellem Licht; Hunderte von kleinen Kerzen flammten auf jedem Altar und warfen einen zauberhaften Schein auf die Marmor-Gestalten des Meisters und auf das Antlitz der vielen feiernden Menschenkinder.

Und was für Volk war das, welches die ganze weite Plattform bis zum Übermaß anfüllte! Gekleidet in jene harmonischen Farben, die das alleinige Geburtsrecht Burmas und Japans zu sein scheinen, weiße Blumen im Rabenhaar und goldene Bänder um die leicht gebräunten Arme, süß und rein wie die Blüten, mit denen sie geschmückt waren, voller Freude, Heiterkeit und Glück, so glichen sie den Kindern eines Traumes, den Bewohnern einer lichten Himmelswelt, die zur Erde herabgestiegen sind, um für eine kleine Spanne Zeit hier zu verweilen. Und sie waren sehr ergeben, aber nicht mit jener unterwürfigen Miene und der kriechenden Haltung, welche die Ergebenheit im Sinne des Abendlandes charakterisiert, sondern in der freien, freiwilligen Ehrerbietung des Buddhisten, welcher Glück und Heiterkeit an heiliger Stätte nicht vermissen möchte, dieselben vielmehr als das beste und passendste Zeichen wahrer Verehrung betrachtet; denn die Freude an dem Gesetz, das er liebt, gilt ihm als die Offenbarung wahrer Devotion. Alle die Menschen dort waren so gespannt in ihrer Aufmerksamkeit auf das, was es zu sehen gab, sie freuten sich so herzlich über alle die Dinge mit der harmlosen Naivität von Kindern, und dabei waren sie doch so höflich und aufmerksam gegeneinander. Wenn da so ein kleiner Schelm, dessen kleine Gestalt ihn am Betrachten der Drachen-Laternen des chinesischen Etablissements hinderte, in einer Menschenmenge eingekeilt war und nun sich hinsetzte und bitterlich weinte, fasste ihn sofort ein stämmiger Bursche an den Schultern, und indem er ihn sanft vorwärts schob, bahnte er ihm den Weg durch das Gewühl und setzte ihn bei einem großen Lampion nieder, damit er sich nun auch an all dem grünen und scharlachroten Glanze satt sehen möchte. Und wenn Männer oder Frauen auf der Suche nach ihrem Altar (denn es sind bestimmte Stätten den sieben Wochentagen geweiht, und der Burmane opfert gern auf dem Altar des Tages, an dem er geboren ist) denselben gefunden haben und nun niederknien wollten, um ihre Verehrung zu bezeugen, wurde sofort ringsherum Platz gemacht, und namentlich wenn das ehrwürdige Gelbe Gewand sichtbar wurde, dann machte die dichte Menge noch mehr Platz und bahnte einen freien, breiten Weg, damit der Mönch unberührt hindurch gehen könnte.

Und so geschah es, dass mein Freund und ich mit der Hilfe rücksichtsvoller, freiwilliger Führer durch den wogenden Schwarm zu einem der vier Hauptaltäre gelangten, welche die Pagode an den Kardinalpunkten begrenzen, wo Reihe an Reihe bronzene, vergoldete und marmorne Buddha-Gestalten auf den knienden Verehrer herablächeln, mit jenem stillen, ehrwürdigen Lächeln, das aus höchster Weisheit fließt. Heute waren die Tische vor dem großen Altar, weil für die Bedürfnisse des feiernden Rangun unzulänglich, entfernt worden, und ein ungeheurer Reichtum von weißen, roten und gelben Blumen lag aufgeschichtet bis zum obersten Ende des Altar-Geländers; die Luft war schwer von dem Duft ungezählter Orchideen und voll von Weihrauch, und die bunten Spiegel an den Wandungen, die Mauern und Säulen strahlten wieder in dem Lichterglanz von Tausenden von flackernden Kerzen. Gütige Hände überhäuften uns mit Blumenspenden, bis wir nicht mehr davon zu tragen vermochten, und wir knieten nieder am Altare, um Seiner zu gedenken, dessen Worte ein Volk dazu gebracht hatten, ein Fest in dieser Weise zu feiern.

Während wir noch knieten, erhob sich glorreich der helle, strahlende Vollmond am östlichen Himmel, lichter und klarer, als man ihn je im Abendlande gesehen, die ganze Welt in eine Silberflut tauchend, die in ihrer Schönheit den rötlichen Schimmer der Kerzen und Lampen tief beschämte, und vom Altar, von den Blumen und der glänzenden Seide stiegen seltsame opalisierende Farben auf, Farben, unbekannt, ungeahnt im hellen Licht des Tages, bis es mir, als ich mich nach vollbrachter Devotion erhob, um das wogende Gepränge zu betrachten, vorkam, als sei eine andere Welt zum Leben aufgedämmert, eine aus Regenbogen und Wolken gewirkte Welt.

Und als ich stand und schaute, stahl sich tief in mein Herz hinein der Zauber der Großen Pagode. Die knienden Andächtigen, die Mondbeglänzten wallenden Scharen, das leise, tiefe Läuten der „Großen, süßen Stimme", der heiligen Glocke; und all die Schönheit, all das Licht und Leben um mich zitterte gleich einer Vision an der Schwelle des Erwachens, und überwältigt von dieser Fülle von Lieblichkeit ging ich daran, meinen Geist zu betrachten, um zu sehen, was er über das alles dachte.

Ein großer Psychologe des Westens hat einmal gesagt, dass es verkehrt sei zu sagen „Ich denke", und dass es richtiger wäre, wenn gesagt würde „Es denkt", ebenso wie wir sagen „es blitzt" oder „es regnet". Ich weiß nicht, ob Lichtenberg den Buddhismus studiert hat, aber gewiss ist, dass sein Ausspruch eine tiefe Wahrheit ausdrückt, eine Wahrheit, welche allen buddhistischen psychologischen Methoden zu Grunde liegt. Das Verständnis für diese schwierige Wahrheit, dass kein „Ich" vorhanden ist, keine Seele, welche vermittelst des Geistes oder Auges oder der Hand denkt, sieht oder handelt, sondern lediglich eine Aufeinanderfolge von geistigen, visuellen und wirkenden Phänomenen, von denen ein jedes infolge der Täuschung (Moha) ein augenblickliches (Schein)-Ich entstehen lässt: das gilt im Buddhismus als die erste Stufe des Fortschrittes in wirklicher Erkenntnis; und deshalb sind wir angewiesen, den Durchgang dieser Gedanken, Empfindungen und Tätigkeiten zu beobachten, bis wir einsehen lernen, dass im Menschen kein Denker, Seher, Täter hinter dem geistigen Puppenspiel existiert, also überhaupt kein „Ich" oder lebendes Seelenwesen. Diese Einstellung dient der Verbindung, der Gemeinschaft mit dem Über-Selbst. Und so beobachtete ich und sah die vielen Gedanken, welche meine Gedanken zu sein schienen, die aber, wenn ich nur recht zu begreifen vermöchte, mich dachten. Zuerst kam ein Heer von Sinnesempfindungen, über alle Begriffe zahlreich, die Reflexe der wundervollen Szenerie vor mir; Farben und Lichter und wogende Scharen, Düfte von Blumen und Weihrauch, Geräusche der lachenden Menge und Klänge der mächtigen Glocke; jede Empfindung folgte der anderen in rasender Schnelligkeit, so dass sie im Geiste in eins verschwammen. Dann kam die noch größere Schar von Vorstellungen, korrespondierende Erinnerungen an die Vergangenheit, welche durch die Wahrnehmungen hervorgerufen wurden, die unzähligen Assoziationen und Wiedererkennungen, die dem Menschen das Denken möglich machen: das Mondlicht erzählte von früheren mitternächtlichen Wanderungen im fernen England; die gelben Blumen sprachen von Blüten-besäeten Waldlichtungen im Frühling; die weißen Orchideen flüsterten von einstigem Leid, und die weihrauch-geschwängerte Luft raunte von einem Hochamte in einem gotischen Dom: eine jede Sinnes-Botschaft weckte tausend verwandte Erinnerungen, wobei der Geist sie als ein Etwas unterschied und wiedererkannte, das einem anderen einst empfundenen und bekannten Dinge ähnlich war. Dann kam eine andere Schar, die Zustände des Bewusstseins: Liebe und Hass, Hoffnungen und Enttäuschungen und Furcht, Begierde und Abweisung, und in jeder derselben jenes verhängnisvolle, aus dem Nichtwissen geborene Selbst- Element: Ich dachte, ich war bekümmert, ich liebte, ich irrte: Moha, die Illusion, welche von jeder dieser Regungen Besitz ergreift, ehe die letztere noch die Schwelle des Geistes überschritten hat. Und dann wieder über all dem das wachsende Gefühl der Nichtwirklichkeit, das Echo der Stimme des Meisters das Endergebnis langer Stunden der Vertiefung: „Das bin ich nicht, das gehört nicht mir, kein Selbst ist darin".

Während ich so mein Inneres betrachte, sah ich, dass da noch ein Etwas vorhanden war, das ich noch nicht erkannt hatte, irgendeine Gruppe von Gedanken unter der Schwelle des Bewusstseins, deren Gegenwart zwar fest stand, deren Sinn ich aber nicht zu ergreifen vermochte, etwa so, wie sich einer auf ein Wort nicht besinnen kann, obwohl er genau weiß, dass das Wort existiert. Ich fühlte, dass dieses Etwas in irgendeiner Weise mit der Szenerie vor mir in Verbindung stand, und doch war es so fern, so seltsam, ich konnte es nicht festhalten oder ihm in dem, was ich sah, eine Stelle anweisen, es schien ganz außerhalb jedes geistigen Horizontes und Gesichtskreises zu schweben. Ich verharrte so einige Zeit abwartend, indem ich vergeblich nach diesem oder jenem zu haschen versuchte, da sprang urplötzlich die lauernde Gedankengruppe über die Schwelle des Bewusstseins, und ich schaute ein Bild, welches zuerst so gänzlich abseits von allen vorhergegangenen Gedankenreihen zu stehen schien, dass ich mich für einen Augenblick verwundert fragte, ob ich nicht wirklich träumte: denn gerade so ist es, wenn Ideen in Träumen auftauchen; sie ermangeln der geordneten Folge unseres wachen Denkens.

Es war ein Bild aus der Vergangenheit, ein Bild, das ich einst in London, dem modernen Babylon, gesehen hatte. Ich hatte mich eines Abends, es war an einem Oster-Montag, verspätet, und hielt es für praktisch, durch Battersea Park nach Hause zu gehen, und als ich aus der vereinsamten Stadt nördlich des Flusses kam, glaubte ich in ein Pandämonium gefallen zu sein. Es war der National-Feiertag, und hier, im Herzen des größten Reiches der Erde vergnügten sich die Massen des Volkes (Civis Romanus Sum!), welches den Erdball beherrscht, nach ihrer Gewohnheit an ihren Belustigungen. Unter dem hässlichen Lichte von Öllampen rannten Männer, Frauen, Kinder hin und her: Mädchen und Männer machten rohe Scherze und würzten ihre Worte mit sinnlosen Flüchen. Dicht dabei leierte ein Orgelkasten heiser die Melodien von Gassenhauern, und eine monströse Maschine wirbelte schwindlige Paare, die auf hölzernen Pferden saßen, im Kreise herum, und trunkene Stimmen gröhlten gemeine Lieder. Und dann wieder ertönte der Ruf: „Drei Würfe für einen Penny", worauf Männer und Mädchen mit Holzbällen nach Kokusnüssen warfen. Ich glaube nicht, dass in jenem großen Haufen auch nur ein einziger wirklich nüchtern gewesen ist; viele waren so berauscht, dass sie auf der Erde lagen, mit ihrem schnaufenden Atem den Schmutz des Bodens berührend. Und ich erinnerte mich genau, wie mir damals die Schamröte ins Gesicht stieg und wie ich mich auf Seitenwegen in meine Wohnung schlich, und ich dachte darüber nach, was ich in früheren Leben Übles getan haben musste, dass ich als ein Landsmann jener Menschen geboren war.

Das war das Bild, das ich schaute, und nun stand ich für eine Weile hier, hier inmitten einer so ganz verschiedenen Szenerie, und wunderte mich, warum die Erinnerung in meinem Geiste aufgetaucht war, ich verstand nicht die verbindende Kette dieser Gedanken. Da endlich kam mir blitzschnell und plötzlich das Verständnis: Die Szene vor mir war ja ein burmanischer Festtag, und diese zarten Kinder des Ostens, so lieblich und gesittet, so ehrerbietig und heiter, waren ja nur die Volksmaßen von Rangun, die nach ihrer Gewohnheit sich an ihrem Nationalfeste vergnügten.

Und dann dachte ich an Mr. Rudyard Kipling´s „Sullen childlike peoples" und an White Man´s „Burden"; ich dachte an die vielen Millionen, welche die „religiösen" Leute daheim im Westen aufbringen in der Hoffnung, solch ein Volk, dessen Kinder diese Scharen hier um mich waren, zu abendländischem Denken und Handeln zu bekehren; ich erinnerte mich eines guten, alten Wortes: „Sitten machen den Menschen", und ich sann nach über die Wunder der modernen Zivilisation. Und dann lachte ich hell auf.

3. Das Verlassen des Heimes.

> Der Prinz gab Antwort: „Dazu bin ich da,
> Nicht für den Thron: das Königreich, das ich
> Ersehn´, ist mehr als jedes andre Reich,
> In allen ird´schen Dingen waltet frei
> Der Wechsel und der Tod. Bring´ mir mein Ross."
> Die Leuchte Asiens, IV. Buch.

Eine ungewöhnliche Bewegung und Hast war in dem geräumigen Hause Maung Maung´s, des reichen Reishändlers von Pazundaung zu bemerken. Schon seit mehr als zwei Wochen wurden allerlei Vorbereitungen getroffen;

die Frauen waren emsig damit beschäftigt, fürstliche Gewänder aus kostbaren Seidenstoffen herzustellen, die von schweren Gold- und Silberfäden durchwirkt waren; etwa sechs Handwerker mühten sich ab, eine siebenfach gewölbte Fassade vor dem Hause herzustellen, während andere es unternahmen, den nach der Straße zu liegenden großen offenen Raum in einen Miniatur-Palast zu verwandeln, der von Stickereien und Behängen reich erglänzte und am entgegengesetzten Ende einen von einem Baldachin-Himmel überdachten Königsthron enthielt.

An dem Tage vor dem Feste nun, für welches alle diese Vorbereitungen getroffen wurden, war das Haus von Fremden und Verwandten angefüllt; nach allen Richtungen eilten Boten mit Tabletten und Paketen verpackten Tee´s, und ein jeder sprach mit erhöhter Stimme, so dass aus diesen Anzeichen klar zu ersehen war, dass irgendein frohes Ereignis bevorstand. Vor dem Hause war eine provisorische Bühne errichtet, und die beste Schauspielertruppe von Burma sollte an diesem Abend eine Darstellung des Vessantara-Jataka geben, – der Legende von dem letzten Erdenleben des Bodhisatta Gotama vor seinem endgültig letzten Dasein, in welchem er die höchste Erleuchtung errang und der Welt-Heiland wurde, der Bezwinger der Herzen, der Lehrer der Götter und Menschen.

Mittlerweile saß der Mittelpunkt, um den sich das ganze festliche Treiben drehte, des Kaufmanns einziger Sohn, aufgestützt in einem engen Raum, aufmerksam vertieft in das Shin-kyin-vut, das Buch von den Pflichten eines Novizen. Er war ein kleiner Knabe von zwölf Jahren, und sein Name war Maung Nyun. Während der letzten zehn Tage hatte er diesen Raum kaum verlassen und befand sich ständig unter der Aufsicht des Vaters oder der Mutter. Jetzt saß sein Vater, ein rüstiger, freundlich-blickender alter Herr, um dessen ergrautes Haar eine weiße Kopfbinde gewunden war, neben ihm; und wer den alten Maung Maung, der als der erste und gewandteste Reis-Händler in ganz Burma galt, nur in seinem geschäftlichen Leben gesehen hatte, würde jetzt gelächelt haben, wenn er ihn in seiner augenblicklichen Arbeit beobachtet hätte. Denn auch er war in das Shin-kyin-vut vertieft und versuchte seine Gedanken in die vergangene Zeit zu lenken, als dieser wichtige Tag einst für ihn herankam, und in Zwischenräumen sprach er mit der größten Innigkeit das wohlklingende Pali der dreifachen Zuflucht oder der zehn Vorschriften; Maung Nyun wiederholte gehorsam die Worte seines Vaters, bis er jeden Akzent und Laut richtig wiedergeben konnte. Eins würde dabei dem Nichteingeweihten außerordentlich aufgefallen sein: Der Vater sprach nämlich zu seinem Sohne nicht in dem familiären Tone als

sein Vorgesetzter, sondern redete ihn an als Maung Shin Laung, was soviel bedeutet als „Eure innere Heiligkeit", und wenn zeitweilig die alte Gewohnheit ihn übermannte, so dass er in den gewohnten Gebrauch von Name und Vorname zurückfiel, verbesserte er sich sogleich mit einer halb entschuldigenden Miene, in der sich Zärtlichkeit mit Ehrerbietung mischte.
Für alles das war nun auch ein zureichender Grund vorhanden. Denn morgen, am Vollmondstage des Wazo (Juni-Juli), der die buddhistische heilige Fastenzeit einleitet, sollte Maung Nyun einen anderen Namen erhalten und in ein anderes Leben eintreten; für vier Monate sollte er sein Heim verlassen und als Novize das Gelbe Gewand tragen, und es gibt ein altes Wort in Burma, welches sagt: „Einem angehenden Novizen muss auch der König Hochachtung zollen." Unter burmanischem Regime wurde dieser Grundsatz streng durchgeführt, selbst von den Königen, und es bestand eine alte Verordnung, die von jedem folgenden Herrscher erneuert wurde, dass der angehende Novize, gleichviel aus welchem Stand, an dem Tage seiner Einweihung dieselben Insignien zu tragen hat, wie ein Prinz aus königlichem Geblüt; und das zur Erinnerung an jenen Prinzen, der in altersgrauer Zeit in fürstlicher Kleidung seinen Palast verließ und seine irdische Pracht aufgab, um die Wahrheit zu finden und für die Welt Erlösung zu erringen. Daher kam es, dass der alte Vater sein Kind in einer anderen, ungewöhnlichen Ausdrucksweise ansprach, und manchmal, wenn er sich dieser unfamiliären Worte bediente, glänzten Freudentränen in seinen Augen. Er hatte so lange auf diesen Sohn gehofft, welcher seine abnehmenden Jahre verschönen sollte; und nun wird er ihn morgen vor sich sehen im Gelben Gewande und wird von den Lippen seines eigenen Kindes die Gelübde des geistlichen Lebens entgegennehmen. Dann, so dachte er, kann er in Frieden sterben, denn er hat nun getan, was seine Pflicht als Haushalter ist, und hat seinen Sohn auf dem Pfade der Gerechtigkeit gesehen.
Während der letzten Tage ist der junge Maung Nyun sorgfältig beobachtet und bewacht worden; denn der Burmane vergisst nie, wie der neidische Mara (=Satan) die große Entsagung des Prinzen Siddhattha zu verhindern suchte, und die Nats, Mara´s Diener, sind auch heute noch bestrebt, den Novizen zu schädigen, wenn er es wagen sollte, sich ihren Schlupfwinkeln im Walde, am See oder Fluss zu nahen. So hatte der Knabe die letzten vierzehn Tage im Hause verbracht; sein leisester Wunsch wurde beobachtet, und er durfte vor allen Dingen nicht ohne Beschäftigung sein; denn es galt, alle die Pflichten eines Novizen mit dem Herzen aufzunehmen, und sein

Geist war in ernste Gedanken vertieft im Hinblick auf das neue Leben, das er nun antreten sollte, jenes Leben, das ihn zur Menschlichkeit leiten und ihn zu einem wahren Nachfolger des Großen Meisters für immer weihen wird.
Bisher hatte der Orden des Gelben Gewandes außerhalb seines Lebensganges gelegen, er war für ihn ein erhabenes und heiliges Etwas gewesen, das seinem Herzen tiefe Ehrfurcht einflößte, dabei aber zu heilig war, um in das Gebiet seiner Erfahrung zu fallen. Und nun nahte der große Tag, da er selbst der mächtigen Bruderschaft beitreten und das Gelbe Gewand tragen sollte, das der Meister einst trug; nun sollte auch er seine Nahrung erbitten, wie es der Buddha getan, und in die erhabene Lehre des großen Weisen eindringen und jenes Wissen erlangen, das ihn würdig machte, ein Mann genannt zu werden. Es war eine feierliche Zeit für den jungen Maung Nyun, erfüllt von ernsten Gedanken und hohen Gefühlen, und das fröhliche Lachen seiner Schwestern im unteren Gemach klang fremd und seltsam an sein Ohr, gleich als ob es aus einer anderen Welt käme, aus einer Welt, die er beinahe verlassen zu haben schien, aus dem Meere des Lebens, aus dem er morgen eine Zufluchtsstätte und den Pfad zum Frieden suchen sollte.
Der Tag rückte vor; die Boten gingen eilig und kamen wieder, bis Maung Maung's gesamte zahlreiche Verwandtschaft zum Feste geladen war. Die jungen Männer des Stadtviertels waren ebenfalls von der bevorstehenden Weihe in Kenntnis gesetzt worden; denn sie hatten, wie wir noch sehen werden, bei den Vorgängen des nächsten Tages eine wichtige Rolle zu spielen. Ungezählte Vorbereitungen wurden in dem großen Hause getroffen; allerlei Delikatessen wurden von Maung Nyun's Schwestern und hilfsbereiten Helferinnen gekocht; Matten wurden ausgebreitet als Sitzplätze für die Zuschauer bei dem geplanten Festspiele, während die Herrin des Hauses in einer Ecke eines kleinen Gemaches mit eigener Hand viereckige Stücke weißen Tuches zu einem dreifachen Mönchs-Gewand zusammennähte, welches dann in einem großen Kessel gelb gefärbt werden sollte. Ihr Sohn, sagte sie, sollte kein gewöhnliches, in einem Bazar gekauftes Gewand tragen, so lange ihre Hände noch nähen und färben könnten.
Die Nacht brach an und mit ihr wurden alle die Herrlichkeiten des Hauses jedem gezeigt, der eintreten wollte, und der angehende Novize war der Mittelpunkt einer bewundernden Menge. Punkt acht Uhr verkündeten weittönende Pfeifen den Beginn des Jataka-Festspieles, und alle eilten ins

Freie, wo vor der provisorischen Bühne Matten für die Zuschauer ausgebreitet waren, und hier saß nun auf dem Ehrenplatz Maung Nyun mit gedankenvollem Blick und wartete auf die Darstellung des großen Jataka, dessen Lehre sagt, dass Nächstenliebe die größte Tugend in der Welt ist. Für den Knaben wie für alle Burmanen war keine realistische Szenerie notwendig, um sich in den Geist des alten Dramas zu versenken. Wie bei den alten Griechen, so ersetzte auch hier eine angeerbte, tiefe Vorstellungskraft die Szenerie, und als das Schauspiel begann, verschwand die Form der einfachen Bühne und verwandelte sich in einen wunderbaren orientalischen Palast voll Gold und Edelgestein, in die schwüle Schönheit des lebensprühenden Urwaldes oder in die friedliche Stille der einsamen Höhle des Einsiedler-Prinzen. Der Knabe hörte, wie der Bodhisatta, Prinz Vessantara, den großen Entschluss fasste, alles, selbst das eigene Leben, dem Bittenden zu geben, um in der „Tugend der Nächstenliebe" vollkommen zu werden, in jener Tugend, die allein ihm die Wahrheit bringen konnte, nach der er suchte um der Erlösung der Welt willen, und in seiner kindlichen Phantasie sah der Knabe den Prinzen Vessantara bereits umgeben von dem in sechs Farben strahlenden Heiligenschein eines Buddha. Er sah die verschlagenen Brahmanen, wie sie am entfernten Königshofe Ränke schmiedeten, um Vessantara's Land zu bekommen, und wie sie, als sie von des Prinzen Gelübde hörten, zu ihm kamen und ihn um den wunsch-gewährenden weißen Elefanten baten, der das Reich vor allem Unglück beschützte. Maung Nyun zitterte bei dem Zorn von Vessantara's königlichem Vater, als dieser von der allzu großherzigen Gabe seines Sohnes erfuhr; er weinte mit der Bevölkerung von Jetuttara, als der Prinz, nur von Maddi und seinen zwei reizenden Kindern begleitet, die Stadt als ein heimatloser Mann verließ, um nicht sein Gelübde der höchsten Nächstenliebe zu verletzen. Die Nacht rückte vor, und das wundervolle Schauspiel nahm seinen Fortgang, bis es dem Knaben vorkam, als sei seine Person verschwunden und als lebe er in jenen alten Zeiten, „als Brahmadatta König in Benares war"; er jauchzte mit Vessantara's kleinen Kindern, wenn sie im herrlichen Walde sich tummelten, er weinte mit ihnen, als der grausame Brahmane Sucaka den hochherzigen Prinzen um sie als Geschenk bat, welch' letzterer auch in seiner waldeinsamen Zuflucht keinen Bittsteller abweisen durfte, sondern alles opfern und hingeben musste, damit er fähig werde, der Welt den Pfad der Erlösung zu weisen. Und dann schmolz allmählich die ganze Erzählung dahin, zerfloss in glückselige Träume, die keinen Anteil an dem Drama Vessantara's mehr hatten, aber von ihm hervorgezaubert wurden, Träume, in denen der kleine Schläfer glaubte in den Tusita-Himmel aufgenommen zu sein, wo der Bodhisatta seines Erscheinens harrt, wo das stille, ehrwürdige Antlitz Metteyya's, des Buddha, der da zukünftig sein soll, mild auf ihn herab lächelt inmitten einer Schar reiner Wesen. Der leidenschaftliche Protest der Prinzessin Maddi, der tiefe Donner der Stimme Sakka's des Götterkönigs, der laute Jubel der Untertanen des Prinzen, als er nach all den schweren Prüfungen in sein Königreich zurückkehrte, das alles erreichte nicht mehr das taube Ohr des kleinen Schläfers, und als dann das Schauspiel zu Ende ging und das erste Morgengrauen am östlichen Himmel sich zeigte, da nahm der Vater den Knaben, der noch schlief und in seinem Schlummer lächelte, und trug ihn in sein Gemach; und hier träumte der Kleine weiter bis alles bereit war zu den Feierlichkeiten des Festtages.

Als er erwachte, schien die Sonne schon hell und leuchtete über den Wipfeln der schlanken Palmen, die hinter dem Hause standen, und mit freudigem Gefühl erinnerte er sich, dass nunmehr der größte Tag seines Lebens gekommen sei. Aus dem unteren Raume erklangen leise die harmonischen Töne der Laute, in das sich die Töne der Pfeife und Trommel mischten. Die Festlichkeiten hatten bereits begonnen, und ein Gemurmel vieler Stimmen wurde hörbar: es kam aus dem Kreise der Gäste, die auf das Kommen Maung Nyun's warteten. Eilig wusch er sich und kniete nieder am Fenster, wo ihm die goldig-strahlende Spitze des Shwe-Dagon-Tempels aus der Ferne winkte, und ehe er sich von seinen Knien erhoben hatte, traten sein Vater und ein alter, in den schwierigen Fragen höfischer Etiquette wohl bewanderter Saya ein und wünschten ihm Glück und Segen zu diesem Tage. Dann half ihm der Saya beim Anlegen des zu diesem Zwecke verfertigten kostbaren Gewandes und zeigte ihm, wie ein Prinz gehen, sitzen und sich benehmen muss, und nach diesen kurzen Unterweisungen wurde Maung Nyun hinabgeführt. Sein Eintritt wurde mit einem festlichen Tusch begrüßt, auf den eine tiefe Stille folgte. Der Gefeierte nahm seinen festlichen Sitz ein, jeder Zoll ein Prinz.

Vor ihn stellte man einen scharlach-rot gedeckten Tisch, auf dem ein Schwert mit gold-verzierter Scheide lag, ferner das Salwe von zwölf Schnüren, ein burmanischer Schmuck, übernommen von der heiligen Schnur der Khattiyas und nur von Leuten in hoher Stellung getragen, dann eine Prinzen-Krone und andere fürstliche Insignien. Mit diesen wurde unter langem Gemurmel sanskritischer Mantren, alten Formeln, die bei der Weihe und Investitur eines Khattiya-Königs früher gebraucht wurden, der

Held des Tages von einem alten Brahminen feierlich eingekleidet, und nun kamen zu dem mit den fürstlichen Insignien Geschmückten seine Freunde und brachten ihre Glückwünsche dem gedankenvollen kleinen Prinzen dar, dessen Gedanken sich ganz abseits von diesem Schaugepränge bewegten und versunken waren in die Betrachtung des Lebens, das er nun bald führen wollte.
Er nahm allein das für ihn hergerichtete Mahl ein, das das einzige an diesem Tage war, und dann kündigte ein lautes Freudengeschrei die Ankunft der jungen Leute des Stadtviertels an, von denen die meisten mit ihm befreundet waren, und die nach einer uralten Sitte seine Hüter bei dem „Verlassen des Heimes" sein mussten. Ein prachtvoll geschmückter weißer Pony wurde zur Erinnerung an Kanthaka, das weiße Ross des Prinzen Sidhattha, an das Tor geführt, und ihn bestieg er, während sich eine lange Prozession formierte. An erster Stelle gingen die Alten, fast alle Freunde des Vaters hatten sich eingefunden, und plauderten fröhlich von dem Tage, da auch sie einst „das Heim verlassen hatten." Dann kam Maung Nyun auf seinem weißen Pony, umgeben von seinen Spielgefährten und den jüngeren Männern, von denen zwei an jeder Seite je einen weiten, gelben Schirm über sein Haupt breiteten, während zwei andere Schirme geschlossen hinter ihm getragen wurden. Darauf folgten in einem schicklichen Abbstand Shin-Laung´s Schwestern und ihre Freundinnen, festlich geschmückt und in glänzende Seide gekleidet, und ganz zuletzt, in einem Wagen, fuhren des Knaben Mutter und einige alte Damen aus dem Kreise der Verwandten und Bekannten; diese folgten der Prozession nur eine kleine Strecke und gingen dann voraus in den Tempel, damit dort alles bereit wäre.
Unter den festlichen Klängen der Pfeifen und Trommeln zieht der junge Eintags-Prinz und sein Gefolge durch den Ort; wieder und wieder macht man an der Tür eines Verwandten oder Freundes Halt und wartet, bis der Haushalter hervortritt, um den angehenden Novizen zu beglückwünschen und zu Ehren des Festtages eine Spende darzubringen. Diese Gaben sind alter Gewohnheit gemäß als Gebühren für die begleitenden jungen Männer bestimmt; denn der Held des Tages trägt ja bald das Gelbe Gewand, und da darf er nicht einmal eine kleine Münze annehmen. So nehmen die jungen Männer und Knaben in der Regel die Opfergaben für sich an, ausgenommen den Fall, wenn die Eltern des angehenden Novizen unbemittelt sind und das geopferte Geld für die Bestreitung der Unkosten des Festes verwandt wird.
Hin und wieder, wenn der Zug auf einer Straße Halt machte, stimmte einer

oder der andere der Spielgefährten des Knaben ein Lied an, wie es bei solchen Gelegenheiten vorgetragen zu werden pflegt. Der Eine sang sein Lob als das Lob eines Prinzen, den er mit den Lichtern des Himmels verglich; ein anderer spielte nach beliebtem Brauch die Rolle einer imaginären Geliebten, und sang das Lied, das Nanda's Geliebte sang, als ihn an seinem Hochzeitstage der Meister an seine Seite rief, das Lied, in dem sie ihm zuruft, doch bald zu ihr zurückzukehren, um in menschlicher Liebe und fürstlicher Pracht ein größeres Glück zu finden, als es das heimatlose Leben zu bieten vermag. Darauf erwiderte ein anderer zu Shin-Laung's Verteidigung und berichtete in einem Liede, wie eitel irdische Liebe, wie vergänglich ihre Schönheit und Freude ist, dem flüchtigen Morgennebel gleich – wie viel größer als ein Weltbeherrscher derjenige genannt werden muss, der sein Selbst bezwang, – wie das heimatlose Leben des Mendikanten der sichere Weg zu diesem stolzen Siege, und sein süßes Ziel der unsterbliche Friede ist.

Und so zogen sie mit Musik und Gesang dahin, bis sie an der niedrigen Mauer angelangt waren, die das geweihte Areal des Klosters abgrenzte, und sobald der angehende Novize am Tore hielt, verstummte der Lärm. Hier stieg er ab, und indem er Krone und Schwert seinem liebsten Spielgefährten übergab (zur Erinnerung an die Episode des Prinzen. Siddhattha und seines Dieners Channa), begab er sich in das Rast-Haus, wo das Volk an heiligen Tagen zu meditieren pflegt, um dort die letzten Abschiedsgruß aller seiner Freunde entgegenzunehmen. „Leb´ wohl", sagten sie, „leb´ wohl, lieber Maung Shin. Leb´ wohl, und kehre bald wieder zu uns zurück". Denn er trat ja nun eine lange, lange Wanderung an, unser Maung Shin, eine Wanderung nach einem Reich, das jenseits der Menschenwelt liegt. Aus dem nahen Kloster drangen die feierlichen Klänge eines geistlichen Liedes und verhallten im Raume, die älteren der anwesenden Leute gelobten, wie es an Festtagen Sitte ist, die Beobachtung der „acht Vorschriften", und die leise gemurmelte Zufluchtsformel „Ich nehme meine Zuflucht zu dem Buddha" schwebte wie ein Seufzer durch die heiligen Hallen.

Nun war alles vorbereitet, und der Knabe, noch in prinzliche Gewandung gehüllt, ging an der Hand seines Vaters in die innere Halle des Tempels, wo viel Volks anwesend war, das auf Matten in verschiedenen Ecken des weiten Raumes saß oder kniete. An dem einen Ende der Halle befand sich eine Erhöhung, wo die Mönche saßen, und dahinter auf einer mannshohen Plattform erhob sich eine gewaltige, imposante Alabaster-Statue des

Meisters und lächelte unerforschlich aus der geheimnisvollen Dämmerung des hohen Raumes herab. Sie gingen durch die Mitte der knienden Andächtigen bis zu der Erhöhung; hier saß der Senior (sein Titel ist Thera) der Mönche des Klosters mit niedergeschlagen, auf den Rosenkranz gerichteten Augen, ganz vertieft, gleich als lebte er in einer Welt, die nichts mit den Wegen der Menschen gemein hat. Ihm gegenüber auf einem Lack-Tischehen lagen die acht Requisiten eines Mönches, die einzigen Sachen, die er sein eigen nennen darf: eine Almosenschale, worin er die Nahrung empfängt, die ihm menschenfreundliche Hände spenden, ein Wasserseiher, eine Nadel, ein Schermesser, ein Gürtel und die drei Teile eines gelben Gewandes, des gelben Gewandes, an dem Maung Nyun's Mutter die vorhergehenden Nächte so emsig genäht hatte. Außer diesen acht Requisiten lagen noch ein paar andere dort, deren Besitz dem Einsiedler gestattet ist: eine Matte zum Schlafen, einige Bücher zum Studium, ein großer Schirm aus Palmblättern zum Schutze gegen die Sonne und gegen Eindrücke aus der Sinnenwelt und ein Rosenkranz für die Meditations-Übungen. Diese wenigen Sachen sollte der im Schoss des Reichtums groß gewordene Knabe während der Zeit seines Noviziates sein eigen nennen.
Vater und Sohn knieten gemeinsam vor dem Thera nieder, und nach der üblichen Verbeugung sprach der Vater einige einleitende Worte in burmanischer Sprache, in denen er bat, dass sein Sohn als Zögling im Kloster aufgenommen werde. Nachdem ihm die Zustimmung erteilt war, legte er das dreifache Gewand behutsam auf die Arme seines Sohnes, und jetzt trat plötzlich eine tiefe Stille ein, denn der Augenblick war gekommen, wo die sakramentalen Worte gesprochen werden sollten, und es war Sitte, dass die Anwesenden andächtig und aufmerksam diesen Worten lauschten.
Und nun wiederholte der kniende Knabe, die Gewänder vor sich haltend, die alt-ehrwürdige Pali-Formel, eben jene Worte, die in grauer Vorzeit an das Ohr des Großen Meisters gedrungen waren, so oft Menschen aus seiner Hand die Jünger-Weihe zu empfangen wünschten, die ihnen den Weg zum unbegrenzten Licht zeigen sollte:
„Als eine Zuflucht aus dem Elend des unendlichen Kreislaufes der Wiedergeburten, als ein Mittel, um in den seligen Frieden des Nibbana einzugehen, gewähre mir, Heiliger, deine erbarmende Hilfe, nimm diese Gelben Gewänder entgegen, lass mich der Welt entsagen!"
Ein plötzliches Leuchten kam über das verwitterte Antlitz das greisen Mönches, als er, zum ersten Male an jenem Tage, da das Volk zum Tempel strömte, seinen Blick erhob und voll in das Auge des erwartungsvollen,

bittenden Knaben schaute. In dem stillen Leben des Bhikkhu bedeutet es immer ein großes Ereignis, wenn ein neuer Schüler kommt, um das Gelbe Gewand zu nehmen, und so verhältnismäßig klein der Kreis der älteren Mönche ist, verstehen sie doch die Tatsache, dass in der Belehrung ihrer Schüler die Entwicklung eines neuen Lebens liegt, die Festlegung eines Zieles und die Erhaltung des Glaubens. Auch hatte der Thera gerade an diesem Noviziat ein besonderes Interesse; denn Maung Maung war sein jüngerer Bruder, und er hatte lange nach dem Tage ausgeschaut, an dem er dessen Sohn in die heilige Bruderschaft aufnehmen sollte. Er beugte sich vor und nahm die dargereichten Gewänder, die der Knabe in seiner Hand hielt, dann sprach er in burmanisch einige Worte über das Glück und die Süßigkeit des heiligen Lebens; er wies darauf hin, dass der Duft des Lotus und Jasmins nur dorthin dringe, wohin der Lufthauch ihn treibt, während der wundervolle Duft eines gerechten und reinen Lebens nach allen Richtungen sich ausbreite und die ganze, weite Welt mit Glück und Seligkeit erfülle.

Nachdem diese kurze Ansprache beendet war, legte man rote Reiskörner in die ausgebreiteten Hände des zukünftigen Novizen, und indem sich dieser wiederum dreimal zu des Thera Füssen geneigt hatte, bat er von neuem: „Als eine Zuflucht aus dem Elend des unendlichen Kreislaufes der Wiedergeburten und als ein Mittel, um in den seligen Frieden des Nibbana einzugehen, gewähre mir, Heiliger, deine erbarmende Hilfe, verleihe mir jene Gelben Gewänder, die du entgegengenommen hast, gestatte mir, in das heilige Leben einzutreten."

Ein zweites und noch ein drittes Mal hallten diese heiligen Worte klar durch die große, schweigende Halle; und dann legte U Pandavan – so war der Name des Thera – die Gelben Gewänder in die Hände des Knaben und den Gürtel um dessen Nacken zum Zeichen für die bindende Verpflichtung der Gelübde, die er auf sich nehmen wollte.

Und nun ging ein Geflüster durch die Reihen, denn alle Pali-Formeln waren genau und richtig gesagt, das Gesuch war bewilligt und Maung Nyun war jetzt berechtigt, das Gelbe Gewand anzulegen.

Von seinem Vater geleitet verließ der Knabe den Tempel und ging in die entlegene Ecke des Tempel-Grundstückes, wo der alte Ziehbrunnen stand, der bei der Szene der endgültigen Verwandlung eine Rolle spielte. Es folgten viele Frauen, die gern ein Andenken an Maung Nyun haben wollten, an den Knaben, der nun bald nicht mehr Maung Nyun sein sollte, und sie alle stellten sich rings im Kreise um ihn, seinen Vater, seine Mutter und seine nahen Verwandten auf. Dann schnitt die Mutter mit einer großen Scheere das lange Haar des Knaben ab, das der Stolz der burmanischen Jugend ist, und indem sie die schönste Locke für sich behielt, verteilte sie in gerechter Weise die übrigen an die Umstehenden. Dann legte der Knabe die prinzlichen Kleider ab und hüllte sich in ein helles Seidengewand; sein kurzes Haupthaar wurde mit einem Scheermesser ganz abrasiert, und Krüge frischen, klaren Wassers aus dem Brunnen wurden über ihn ausgegossen als Sinnbild der Reinheit, die jeder, der in das heilige Leben eintreten will, in sich tragen sollte.

Indem dann der gewesene „Prinz" leise die „Meditation über die Gewandung" flüsterte, legte er sich selbst das Gelbe Gewand an; sein Vater nahm ihn auf die Schulter und trug ihn, damit auch nicht ein Staubkörnchen seine Füße beschmutze, im Triumph in den Tempel zurück. Nun war alles für die erbetene Weihe bereit.

Als alle sich gesetzt hatten und Stille eingetreten war, kniete der Knabe abermals vor dem Senior nieder und sprach dreimal die letzte Bittformel: „Als um eine Freistatt in all dem Elend des unendlichen Kreislaufes der Wiedergeburten bitte ich dich Heiliger, um die Weihe; gewähre mir deine erbarmende Hilfe, gib mir die „Dreifache Zuflucht" und die „Zehn Vorschriften" eines Samanera (Novize)."

Dreimal wiederholte des Knaben klare Stimme die uralte Bittformel, und dann wurde abwechselnd von dem Thera und dem Knaben die „Dreifache Zuflucht", das Credo der Buddhisten, dreimal feierlich gesprochen:

„Ich nehme meine Zuflucht zu dem Buddha, dem Meister höchster Weisheit.
Ich nehme meine Zuflucht zu dem Wahren Gesetz.
Ich nehme meine Zuflucht zu der Heiligen Bruderschaft."

Eine kurze Pause lautloser Stille trat ein, denn, jetzt sollten die Worte erschallen, durch welche die Weihe des Bittstellers vollzogen wurde. Der Knabe sprach dem Thera die „Zehn Vorschriften" eines Samanera nach: „Ich beobachte ernstlich die Vorschrift, mich des Zerstörens von Leben zu enthalten.

Ich beobachte ernstlich die Vorschrift, von Diebstahl abzustehen.
Ich beobachte ernstlich die Vorschrift, mich der Unkeuschheit zu enthalten.
Ich beobachte ernstlich die Vorschrift, von unwahrer und schlechter Rede abzustehen.
Ich beobachte ernstlich die Vorschrift, mich des Genusses berauschender und betäubender Mittel zu enthalten.

Ich beobachte ernstlich die Vorschrift, mich des Essens zu unrechter Zeit zu enthalten (d. h. nach Mittag; es heißt, dass das Essen nach dieser Zeit leicht unreine Einflüsse verursacht).
Ich beobachte ernstlich die Vorschrift, mich des Tanzens, Singens und des Besuches von Schauspielen zu enthalten.
Ich beobachte ernstlich die Vorschrift, mich des Gebrauches von Schmuck, Kränzen, Wohlgerüchen und Salben zu enthalten.
Ich beobachte ernstlich die Vorschrift, mich des Gebrauches hoher oder breiter Sessel zu enthalten (Hohe oder breite Sessel sind bei den Orientalen die Kennzeichen irdischer Größe und Macht).
Ich beobachte ernstlich die Vorschrift, mich der Annahme von Gold und Silber zu enthalten.
„Der dreifachen Zuflucht und der zehn Vorschriften stetig eingedenk, mögest du durch ernste Anstrengung der Erlösung teilhaftig werden!", schloss der Thera. Und nun erschallten laute Rufe aus dem Kreise der Knienden; denn das „Verlassen des Heimes" war nun vollbracht, und ein neues Mitglied des Heiligen Ordens war geboren. „Sadhu!" (bedeutet: Heil Wohlgetan! Es ist ausgezeichnet!) riefen sie, so dass der Raum es widerhallte, und wieder: „Sadhu!" bis der Knabe auf die Einladung des Thera hin die für Mönche bestimmte Erhöhung betrat. „Dein Name ist Nyana, kleiner Bruder," sagte der greise Senior, als der Knabe vor ihm kniete. „Nimm nun deinen Platz hier unter den Novizen ein."
Nun galt es nur noch, dem neuen Mitglied des Ordens Ehrerbietung zu erweisen. Sobald also Shin Nyana sich an dem einen Ende der Mönchs-Reihe niedergesetzt hatte, kamen sein Vater und alle Anwesenden und baten ihn mit demütiger Stimme, von ihnen die dreifache Zuflucht und die fünf Gelübde entgegenzunehmen. Als das in würdiger Weise geschehen, war nun endlich des langen Tages Werk zu Ende geführt.
Bald hatten alle Laien-Anhänger den Tempel verlassen, und Shin Nyana blieb zurück, um den ganz fremdartigen Geschmack eines anderen Lebens zu kosten, eines Lebens, das kaum einen vertrauten Zug aufwies, um ihn zu erheitern, und das noch rätselhafte Wege in sich barg, die er noch kennen lernen musste. Trotz des freundlichen Entgegenkommens seiner Mitschüler, trotz des gütigen Zuspruches des Seniors am Abend fühlte sich der Knabe völlig vereinsamt, ganz verlassen in einer fremden Welt, gleich als hätte er an diesem Tage eine neue Geburt durchlebt, und als nun die Nacht hereinbrach und er sich in seinem Gelben Gewande neben der offnen Tür zur Ruhe niederlegte, da schien es ihm, als sei die ganze Welt, die er bisher

gekannt, für immer erloschen und habe nichts zurückgelassen, was ihm einst vertraut und lieb gewesen war. Nur die schweigenden Sterne, die dort droben strahlten, erschienen ihm als ein Widerhall aus dem vergangenen Leben; sie waren an diesem Tage mit seiner Welt nicht untergegangen, sondern thronten noch in stiller Majestät am weiten Himmelszelt.

4. Der erste Tag im Tempel.

Lange vor dem Morgengrauen des nächsten Tages erwachte Shin Nyana aus einem glücklichen Traum, in dem er abermals den Tusita Himmel besucht hatte. Dort schien die ganze Luft in süßen Harmonien zu Ehren des Bodhisatta zu erzittern, in Harmonien, die sich, als der Knabe erwachte, mit neuen, ungewohnten Klängen vermischten. Für eine Weile verwunderte er sich wegen dieser Musik, denn er glaubte sich daheim; und dann, als die Wirklichkeit des neuen Lebens, in das er eingetreten, ihm klar wurde, lag auf ihm nicht mehr das Gefühl des Alleinseins, das ihn am Abend zuvor bedrückt hatte. Dieses Klingen, das ihn erweckte, war ja die Musik der Nats, das Zusammenläuten der Glocken auf den Tempel-Dächern, in welches eine noch süßere Melodie von der luftigen Spitze des Shwe Dagon hineinklang. Die Götter der Morgenluft raunten in den goldenen Glocken und verkündeten des Meisters Reich in den Herzen der Menschen; und für den jungen Einsiedler, der ihr Läuten während der Nacht zum ersten Male vernahm, war es, als ob sie durch die Dunkelheit in trauter Freundschaft zu seinem Ohre sprächen. Er war jetzt gleich ihnen zum Dienste des großen, erhabenen Lehrers bestimmt, und es lag nun an ihm, sein Leben zu einer Harmonie der Liebe und Güte zu gestalten und der Welt einen kleinen Teil der Botschaft zu spenden, von welcher die Tempel-Glocken dort in der finstersten Stunde vor dem Morgengrauen erzählten.
Plötzlich verkündete vom angrenzenden Tempel, wo das große Bild des Meisters von einer sieben-stufigen Pyramide herablächelte, eine gewaltige Glocke mit vier tiefen Schlägen die vierte Stunde, und kaum war das letzte Summen verhallt, da weckte der wirbelnde Ton des Kaladet, der hölzernen Trommel, die dazu dient, die Insassen eines burmanischen Klosters zusammenzurufen, die schlafenden Novizen, die in der heißen, tropischen Nacht an den zahlreichen Türen auf ihren Matten geruht hatten. Eilend erhoben sie sich und setzten das Kloster für den Tag instand, während einer,

der dem jungen Nyana als Mentor bestimmt war, diesem zeigte, wie die Waschungen vorzunehmen und die Gewänder sorgfältig in Ordnung zu halten seien, wie er die ihm überwiesene Stelle des Klosters fegen und bereit sein müsse, wenn das Kaladet zur Versammlung riefe. Dies war bald der Fall; die Mönche und Novizen fanden sich im Tempel ein, und nachdem ein jeder sich vor dem Bilde des Meisters, dann vor dem Senior und endlich vor dem Sangha im Allgemeinen verneigt hatte, nahm ein jeder seinen Platz nach dem Alter seiner Mitgliedschaft ein. Die Novizen sagten die zehn Vorschriften und sangen zusammen mit den Mönchen die vier Betrachtungen – über den rechten Gebrauch des Gewandes, der Wohnung, der Nahrung und der Heilmittel. Daran schloss sich das Metta-Sutta, das Herabrufen der Liebe auf alle Wesen nah und fern, und als diese Morgen-Andacht beendet war, leuchtete hell am östlichen Himmel das Morgenrot.

Dann wurde Shin Nyana von seinem Mentor schnell unterwiesen, wie er das Gewand für einen Weg außerhalb des Klosters zu falten, wie er die Almosenschale auf dem Bittgange zu halten und darin die Gaben zu empfangen habe, und nach dieser Unterweisung begab er sich auf den freien Platz vor dem Kloster, wo Mönche und Novizen sich in einer Reihe aufgestellt hatten, zum Bittgange bereit.

Bald darauf setzte sich die kleine Prozession in Bewegung, die jüngeren Mönche an der Spitze, (der Thera war zu alt, um selbst mitzugehen), dann die Novizen und Shin Nyana als letzter, während an der Seite der gelbgekleideten Bhikkhus zwei kleine „Söhne des Tempels" schritten, die einen an einem Bambusstabe befestigten Speisekorb auf ihren Schultern trugen; denn in Burma wird nur fein gekochter Reis in die Almosenschalen getan, während alle anderen Gaben in kleinen Schüsseln in den von den Tempel-Knaben getragenen Speisekorb gelegt werden.

Die Mönche gingen in die Stadt, und indem sie hier und dort Halt machten, wo Nahrung gespendet wurde, empfingen sie schweigend die dargereichten Gaben; und während sie so gemessenen Schrittes dahin gingen, schlug das Herz des jungen Novizen hoch; denn er erinnerte sich, dass auch der Große Meister selbst seine Nahrung zu erbitten pflegte. Es dauerte nicht lange, bis die Almosenschalen genügend gefüllt waren, und die Mönche kehrten auf einem anderen Wege zum Tempel zurück, wo nach einer kurzen Ruhepause die täglichen Unterweisungen ihren Anfang nahmen. Für unsern jungen Novizen waren diese heutigen Unterweisungen einfach genug; denn er hatte noch manches über das rechte Benehmen eines Novizen zu lernen, und der Morgen verging unter Belehrungen über Kleidung, Art des Gehens und über Entgegennahme von Almosen. Er wusste nun wie er das mönchische Gewand beim Ausgehen zu falten hatte, wie er sich des großen Palm-Fächers bedienen musste, um sich gegen Regen und Sonnenstrahlen, sowie gegen allzu weltliche Sinneseindrücke zu schützen; und als dann der Klang des Kaladet zur zweiten Versammlung rief, war er in allen den kleinen äußerlichen Pflichten eines Novizen wohl bewandert.

Wieder fanden sich die Insassen des Klosters vollzählig im Tempel ein, und es wurden dieselben Devotionen vollzogen wie bei dem Früh-Dienst, außer dass die zehn Vorschriften nicht rezitiert, und anstelle des Metta-Sutta ein anderer Hymnus vorgetragen wurde. Nachdem die Feier zu Ende geführt war, nahmen der Thera und die Mönche das von den Novizen auf kleinen Lack-Tischen aufgetragene Mahl ein und als die Mönche ihre Mahlzeit beendet hatten, aßen die Novizen. Die Speise, welche die edelmütigen Burmanen den Bhikkhus verabreichen, pflegt gut zu sein, und ein altes Sprichwort sagt: Mag in einer Stadt auch Armut herrschen, so ist doch noch genügend Nahrung da, um die burmanischen Tempel zu unterhalten.

Nach dem Mahle wurden die Almosenschalen gewaschen und bis zum nächsten Tage beiseite gesetzt; Kloster und Tempel wurden nochmals gefegt, und dann folgte eine halbe Stunde der Erholung. Shin-Nyana wanderte mit seinem jungen Mentor Vimala Hand in Hand unter dem Schatten der Mangobäume im Klostergarten. Die beiden waren nun innige Freunde geworden, und sie sprachen jetzt von dem Leben, das sie führten, von seinem Ernst und seiner Schönheit. Shin Vimala lebte schon nahezu ein Jahr das heilige Leben, und er rang ernstlich mit dem Entschluss, ob er überhaupt in diesem Leben verbleiben sollte oder nicht. Er war ein geweckter Kopf und hatte sich in den Pali-Prüfungen als tüchtigster unter den vielen Schülern seines Standes gezeigt. In seinem Herzen lebte eine starke Neigung, sich ganz dem Forschen zu widmen und später den hohen Titel eines Patamagyaw, des ersten Gelehrten von ganz Burma zu erhalten und schließlich ein Lehrer des Guten Gesetzes zu werden. Der junge Nyana war nicht ganz derselben Meinung. Es sei sehr gut, meinte er, für eine Zeitlang ein Novize zu sein und in den Orden einzutreten, es sei unschön, im gesegneten Burma geboren zu sein und jenes nicht zu tun. Aber immer, das sei ganz etwas anderes. Es würde sehr schwierig sein, immerdar so zu leben, wie ein Mönch leben muss, und dann wünschten ja auch sein Vater und seine Mutter, dass er einmal ein großer Mann in der Welt werden möchte. Ja, es würde sehr schwierig sein. „Aber", sagte der Knabe zu seinem neuen Freunde, „wenn du ein Patamagyaw wirst, und ich kehre in

die Welt zurück, dann lass mich, heiliger Bruder, dein weltlicher Helfer sein; und ich werde dir ein schönes Kloster und einen Tempel bauen und werde, wenn ich alt bin, zu dir kommen, um von dir das Gesetz zu lernen." Das Kaladet rief wieder zur Versammlung, und die am Morgen gelernt hatten, kamen zu dem Raum des Thera und sagten ihre Lektion auswendig. Nachdem das pflichtgemäß geschehen war, rief der Thera Shin Nyana in seine Zelle und sprach zu ihm lange und gütig von dem Werk, das vor ihm lag: „Siehe", sprach der greise Mönch, „siehe, wie die Palm-Bäume auf dem Erdboden dort draußen wachsen. Der eine", und hierbei zeigte er auf einen schlanken Areka-Baum, der gerade und aufrecht stand, wie ein vom Himmel geschossener Pfeil, „der eine wurde, als er noch sehr klein war, Tag und Nacht gehütet und gepflegt. Damals war ich ein Novize wie du, kleiner Bruder, als ich den Samenkern pflanzte, aus dem der große Baum hervorgegangen ist; und weil ich mich um ihn kümmerte und ihn allezeit pflegte, wurde er so schön und groß, und jetzt, da ich alt bin, schenkt er mir Früchte zum täglichen Leben. Aber dort unten", des Knaben Augen folgten seinem Blick dorthin, wo in einer Ecke des Areals ein traurig verkümmerter, unfruchtbarer Baum stand, „dort unten siehst du die Folgen der Vernachlässigung. Jener Baum hat niemanden, der ihn pflegt, und das Getier fraß seine Blätter, als er jung war, und die Steine engten sein Wachstum ein, so dass er missgestaltet und schlecht wurde. Gerade so verhält es sich mit dem Herzen und Leben des Menschen. Behüte sie in der Jugend mit Heiligkeit, wässere sie mit dem süßen Gesetz der Gerechtigkeit; dann werden sie wie die Palme, die ich gepflegt habe, aufrecht wachsen und groß und stark und zu einem Segen für die Mitwelt werden, indem sie die Früchte ihrer Liebe spenden und wie ein Finger aufwärts zum Himmel weisen. Vernachlässigst und übersiehst du sie aber und lässt du schlechte Gesellschaft ihre zarte Frische ersticken, und die schädlichen Steine der Trägheit und Unachtsamkeit ihr Wachstum hindern, dann werden sie für die Welt ein Übel, ein trauriger Anblick: ihr Leben gleicht jenem unfruchtbaren, nutzlosen Baume. Junger Bruder; was gedenkst du aus deinem Leben zu machen? Du bist es, der du dein Leben gestalten kannst, wie du willst. Ich kann zu dir nur von dem Wege sprechen, du selbst musst den Pfad beschreiten; strebe allezeit danach, die Lehre unseres erhabenen Meisters praktisch zu betätigen, auf dass dein Leben groß, edel und voll von Liebe werde; denn dies sind die Früchte, deren Erzeugung und Pflege Er uns gelehrt hat."
Und dann legte er in des Knaben Hände seinen eigenen Rosenkranz mit

einhundert und acht auf einem seidenen Faden aufgereihten Kügelchen; er zeigte ihm, wie er den Rosenkranz bei den Meditations-Übungen zu gebrauchen habe und lehrte ihn die neun Vortrefflichkeiten der ehrwürdigen Bruderschaft und die drei Merkmale, denen jegliches Leben unterworfen ist. „Es ist alles fließend, mein kleiner Bruder, fließend und leidvoll und ohne Seele, – dieses Leben, das wir leben. Bewahre mein Geschenk allezeit, und so oft du es gebrauchst, gedenke dieser Worte; denn durch stetige Anwendung wirst du zum Verständnis gelangen und dem Frieden näher kommen." Und der kleine Novize, halb begreifend, halb von ehrfürchtiger Scheu erfüllt, eilte zu seinem neuen Freunde, um ihm den Schatz zu zeigen, der ihm geschenkt war.

Als der Abend kam und die Sonne im Westen dem Untergang zueilte, gingen der Thera, die Mönche und Novizen zusammen zur Großen Pagode, um ihre Verehrung zu bezeugen. Sie stiegen die breiten Stufen am südlichen Eingang empor, wo die Leogryphen Aufsicht und Wache halten; sie wandelten durch die lange Flucht von Gängen, an deren Seiten sich verschiedene kleine Kaufstände befanden, und sobald die Inhaber dieser Stände den Thera erblickten, nahten sie sich und spendeten Blumen und Kerzen, damit er und seine Schüler nicht mit leeren Händen an den Altar treten möchten. Und dort am Schrein knieten sie vor dem Bilde, das das Abscheiden des Meisters darstellt, nieder und sangen gemeinsam, Blumen und Lichter in der Hand haltend, den alten, lieben Pali-Hymnus, der mit den Worten beginnt:

> Allen den Buddhas in der Zukunft Schoss,
> Allen den Buddhas der Vergangenheit,
> Allen den Buddhas in der Gegenwart
> Nah ich mich ehrfurchtsvoll zu jeder Zeit.
>
> Nicht kennt mein Herz sonst eine Zufluchtsstatt,
> O einz´ge Zuflucht, hehrer Meister, Du,
> Durch dieser Worte hohe Wahrheitskraft
> Such´ ich den Sieg, Nibbana´s tiefe Ruh.

Die Klänge zerflossen in dem Schweigen der Nacht, und während die Mönche knieten und in uralten Rhythmen von des Meisters herzdurchdringender Rede Zeugnis ablegten und verkündeten, wie Er lebte und alle lebenden Wesen in Seine Liebe einschloss, so dass am Ende seines Wirkens selbst die hohen Götter klagten: „Zu bald, zu bald, ach, ist der erhabene Herr geschieden; gar zu bald hat das Auge der Welt sich geschlossen!", füllte sich für den neuen Novizen die Luft mit anderen Stimmen und hallte von ihnen wieder, gleich als stimmten die Geister der Großen Pagode mit ein in den wunderbaren Gesang, bis der ganze geweihte Platz von unsichtbarem, außerhalb menschlichen Denkens liegendem Leben erfüllt zu sein schien. Dann wich plötzlich die Flutwelle des Gesanges von ihm hinweg, eine seltsame Stille senkte sich auf sein Herz und siehe, die knienden Gestalten im Kerzenlicht, die geschmückten Altäre, die lächelnden Buddha-Figuren verschwanden vor ihm und eine augenblickliche Furcht überkam ihn, denn es herrschte nur Stille und Dunkelheit. Und dann ergoss sich in des Knaben inneres Schauen flutendes Licht, wie irdische Augen es nie gesehen, heller als die strahlende Pracht von Sonne, Mond und Sternen; kein Zwielicht, kein Tageslicht, kein Dämmerschein, sondern Licht über Licht, das der Geist nicht zu fassen, nicht zu ertragen vermochte, bis der Schatten des Lebens, der Sinne und Gedanken sich in dem Glanz auflöste und ihre Erinnerung in der Leere zerrann; keine Welt war mehr, kein dies und das, nur helles, strahlendes Licht, unermessliche Seligkeit; nur die Stille, nur Friede …

Dann schwand schneller, als der Gedanke eilt, die Vision hinweg, wieder lasteten für einen Augenblick Dunkelheit und Furcht auf ihm und vergingen dann. Er fiel – fiel durch die Fernen von Sternen und Milchstraßen, durch die Räume ungeborener Welten, und eine Stimme, die aus unvordenklicher Vergangenheit zu kommen schien, raunte ihm zu:

„Kehre zurück, kehre zurück!" Plötzlich kamen die wirbelnden Sterne zum Stillstand und ordneten sich wieder in bekannter Form, und dann wurde er gewahr, dass er noch vor dem Altar der Großen Pagode kniete. Die Mönche erhoben sich langsam, und Shin Vimala rief ihn, in den Tempel zurückzukehren.

Halb geblendet, folgte er, und seines Freundes Hand in der seinen haltend, stieg er in der halben Dunkelheit die steilen Stufen hinab. Shin Nyana sprach kein Wort, bis sie beide im heimatlichen Kloster sich zur Ruhe niederlegten, es schien ihm eine Entweihung zu sein, das, was er gesehen, in Worte zu kleiden. Dann dachte er daran, dass diese Verschwiegenheit vor seinem neuen Freunde nicht angebracht sei, und indem er sich in der Dunkelheit zu seinem Lager hinüberschlich, flüsterte er: „Lieber Bruder, ich habe gesehen."

„Still," erwiderte Shin Vimala leise, „still, ich weiß es. Ich sah es in deinen

Augen, als die Hymnen heute Abend beendet waren. Aber sprich nie davon, es gibt keine Worte dafür."

„Du bist immer weise," antwortete der Knabe, „aber sage mir, hast du es gesehen? Sage mir, Bruder, wie oft?"

Es folgte für eine Weile keine Antwort, und der Knabe fürchtete, bei seinem Freunde Anstoß erregt zu haben. Aber dann kam die geflüsterte Antwort: „Einmal, nur einmal. Und ich habe es seitdem so oft versucht. Aber vielleicht, wenn ich immer in der Bruderschaft lebe, werde ich es wiedersehen, vielleicht..."

5. Das Noviziat.

Preisen will ich das heimlose Leben,
Wie es der Herr der Schauung gelebt,
Als er, meidend der Leidenschaft Streit,
Hinter sich ließ die Stätte des Heims.

Pabbajjā-Sutta, 1.

Eilend verrannen für den neuen Novizen in dem kleinen Tempel bei dem Shwe Dagon Heiligtum die Stunden und Tage, wie glückliche Stunden und Tage immer schnell verfliegen. Seit jenem ersten Tage seiner Einführung, als er in dem Schein königlichen Prunkes die Welt verließ, um das Gewand des Bettlers anzulegen, das zu tragen des Burmanen höchster Stolz ist, war Shin Nyana mehr und mehr vollständig in den stillen, friedvollen Geist des Klosterlebens eingedrungen, bis der Kreis seiner täglichen Pflichten ein wesentlicher Teil seines Daseins geworden zu sein schien und sein Laien-Leben vor seiner Ordination ihm vorkam wie die bloße Erinnerung an einen vergangenen Traum. Und im Verlauf der Tage wurde seine Freundschaft mit Shin Vimala immer inniger, und täglich wurde seine Kenntnis der heiligen Schriften tiefer und tiefer, bis all sein Denken und innerstes Wesen von der Lehre des Großen Meisters erfüllt und durchdrungen war, von der zu Herzen dringenden Schönheit des Gesetzes, das Er gelehrt, und von der ganzen wundervollen Erinnerung an Sein Leben der Aufopferung und Liebe. Niemals, auch nicht damals, als er in der englischen Schule lernen musste, niemals war das Leben des Knaben beschäftigter gewesen; denn in den vier kurzen Monaten seines Noviziates war viel zu lernen, die gesamte grundlegende Kenntnis der großen Religion, welche ihn in seinen späteren Tagen leiten und trösten sollte. Jeder Tag brachte etwas Neues zu lernen; eine neue Predigt oder Parabel in der klangreichen Sprache, in welcher der Meister einst lehrte, war dem Gedächtnis einzuprägen. Jeden Morgen musste der Almosengang unternommen werden, und am Abend fand der Besuch in der Pagode statt mit seinen feierlichen Devotionen und Versammlungen.

Der neue Novize war von dem Thera des Tempels der Obhut U Pannajoti's, des „Senior Gastes" übergeben worden, und dieser gab dem Knaben seine täglichen Aufgaben, die an jedem Abend nach der Andacht vor dem Thera wiederholt wurden. Auch diesen neuen Lehrer lernte der Novize mit der ganzen Hingebung eines kindlichen Gemütes lieben; denn der Senior Gast entsprach vollkommen seinem Ideal eines Mönches: Er war edel in seinem Auftreten, ein tiefer Kenner der heiligen Lehre und erfüllt von jener höheren Weisheit und unaussprechlichen Ruhe im Reden und Tun, welche denen eigen ist, die Meditation geübt haben und viel in der Einsamkeit gewesen sind.

U Pannajoti war nur ein neuer Ankömmling in der Stadt der Großen Pagode, ein für kurze Zeit in Rangun sich aufhaltender Mönch, der nach Abschluss der Fastenzeit wieder in seinen alten Tempel im Norden des Landes zurückkehren wollte, voll von Erinnerungen an die fremdartigen Straßen der großen Stadt, und doch glücklich, bald wieder in der Stille zu sein, in der weiten Stille von Wald und Dschungel. Er war ein Mönch aus Sagaing in Ober-Burma, jetzt eine kleine Stadtgemeinde, einst die Hauptstadt Burmas, und die, welche die Verhältnisse kennen, werden uns sagen, dass die Mönche von Sagaing nicht wie gewöhnliche Menschen sind. Dort, wo sich der große Fluss wie eine Silberader von Ava zum heutigen Mandalay hinzieht, erhebt sich eine Kette kleiner Hügel, denen wohlbekannt, die den heiligen Pfad suchen; jedes Berglein trägt auf seiner Kuppe eine glänzend-weiße Pagode, und mancher Tempel erhebt sich dort, eingebettet in grünende Schluchten oder an steile Bergabhänge sich anschmiegend; zahlreiche kleine Höhlen befinden sich dort, teils natürlich entstanden, teils von liebenden Händen geschaffen, um denen, die mit des Lebens Täuschungen gebrochen haben, eine Stätte des Friedens zu bereiten: eine wahre Metropole heiligen Lebens, die sich Meile für Meile an dem Saume des Flusses ausdehnt, zum größten Teile von Mönchen und Novizen bewohnt, hin und wieder eine kleine Nonnen-Ansiedlung. Das Leben der Bewohner ist ganz dem Streben nach Frieden geweiht; ihr höchstes Gut ist jene Seligkeit der Versenkung, welche in dieser heiligen Stille über der Schwelle des Geistes schwebt.

Hier nun hatte U Pannajoti alle seine Tage verlebt, und von der Zeit an, da er als ein Kind von sieben Jahren als Novize das Gelbe Gewand genommen hatte, bis jetzt, wo er fünf volle Jahre zählte (= 25 Jahre, denn die höhere Weihe kann man erst ab diesen Alter erlangen), hatte er sein ganzes Leben nur religiösen Dingen geweiht, zuerst, in seiner Kindheit, der Erforschung des Gesetzes, so dass er die ganzen Vinaya, Sutta und Abhidhamma inhaltlich Seite für Seite mit absoluter Korrektheit angeben konnte, und dann später der Praxis jener tieferen Meditationen, durch die allein eine wahre Erkenntnis des geschriebenen Wortes erlangt werden kann. So war es verständlich, dass man sich zuflüsterte, dass er tatsächlich etwas von der „Höheren Weisheit" erlangt hatte, dass er Dinge zu sehen und zu hören vermochte, die für andere Menschen ungesehen und ungehört sind, und dass er in den Herzen der Menschen lesen konnte, gleich als lägen sie wie gedruckte Bücher vor ihm. Nach Ablauf des fünften Jahres, wann der Zeitpunkt gekommen ist, dass der Mönch zum ersten Male seinen Lehrer verlassen und unabhängig von der Instruktion leben darf, hatte ihn ein großes Verlangen überkommen, Burmas heiligste Stätte zu schauen und dort seine Andacht zu verrichten; und so war es gekommen, dass er, mit einem Briefe seines Lehrers an den Thera des Klosters bei Shwe Dagon versehen, langsam die vielen Meilen von Sagaing nach Rangun gewandert war; seine Nahrung hatte er sich auf seinem Wege in jedem dort und Städtchen erbettelt, und sein ganzer Besitz bestand in den acht Requisiten eines Mönches: den Gewändern, mit denen er bekleidet war, der an der Schulter befestigten Almosenschale, dem Wasserseiher, und das übrige trug er, ausgenommen zur Zeit des Mahles, in der Almosenschale. So war er Tag für Tag weitergewandert, indem er eine Ortschaft verließ, wenn die Sonne tief genug gesunken war, um ein bequemes Gehen zu ermöglichen, und er erreichte dann Abends den nächsten Tempel; sein Blick war gesenkt, wie es sich für einen Mönch geziemt, und sein Herz ruhte, von der Welt abgeschlossen, in der Betrachtung über den Meister und sein Gesetz. Eine jede Ortschaft, die er berührte, hieß ihn willkommen, und die Mönche des Klosters eines Ortes sorgten für seine Ruhe und Bequemlichkeit; so ist es immer in dem gastfreundlichen Burma, wo mancher Mönch während seines ganzes Lebens (die vier Fasten-Monate ausgenommen) von einem Ort zum andern wandert, frei wie der große, weite Himmel, der zu Zeiten sein einziges Schutzdach ist. Viele Mönche reisen, so beständig; denn von den vier „Stellungen", in denen der Mensch seiner Natur entsprechend die geistige Konzentration und die Seligkeit der Meditation zu erlangen vermag, ist die stehende oder gehende „Stellung" für die meisten die leichteste. In ihr ist nämlich der reisende Mönch, der nichts weiter als die acht Requisiten bei sich führt, von den Versuchungen des an einen Ort gebundenen Lebens befreit, von dem Verlangen nach dem Lob der Welt, von der Anhänglichkeit an die Stadt oder das Kloster, und namentlich von der Täuschung, die dem Toren gar leicht den Gedanken einflüstert: „Das und das sind meine Gönner, so und so viele Schüler unterrichte ich, hier will ich leben und sterben, dies ist mein Kloster, das sind meine heiligen Schriften." Denn der Mönch muss von allen Menschen am meisten nach der Erkenntnis jener Wahrheit streben, dass ein „Ich" oder „Mein" überhaupt nicht vorhanden ist, sondern nur ein in fortwährendem Fluss begriffener Komplex von Eigenschaften, der von der Unwissenheit der Welt als „Ich" oder „Mein" bezeichnet wird, wie schon der Weise in alter Zeit gesagt hat:

> „Leid existiert gewiss, doch niemand, der Leid duldet;
> Täter sind nicht, nur Taten werden vollbracht;
> Sicher ist Friede, doch keine Person erlangt ihn;
> Der Pfad ist da, doch Wanderer gibt es nicht."

So führte der Senior Gast seinen neuen Schüler in die tieferen Geheimnisse des Lebens ein; er erklärte ihm, dass dieses „Ich" und „Mein", an das die Gier der Welt sich anklammert, nur der Schatten eines Traumes ist, und dass der, welcher den heiligen Pfad beschreiten will, diese gesamte täuschende Vision hinter sich lassen muss, bis das Selbst im Nicht-Selbst sich verliert und dieses ganze universale Leben als eines geschaut und erfahren wird; bis dann endlich die Welt zu dem jungen Novizen nicht von dem „Ich" oder „Er", von dem „Dies" oder „Das" sprach, sondern all sein Leben in dem Leben des Alls zu versinken und sein Tun und Denken nur ein Teil des verbundenen Ganzen zu sein schien. Oftmals wenn er in der tiefen Dunkelheit meditierte, die dem Morgengrauen vorausgeht, und auf den Ton des Kaladet wartete, der ihn zur Versammlung rief, kam es dem jungen Shin Nyana vor, als ob er, mit den äußeren Klängen der Tempel-Glocken mitschwingend, des Meisters Liebe verkündete, oder als ob er in dem sanften Gurren der Tauben auf den Dächern des Tempels von dem Großen Aufgeben flüsterte, und manchmal kam ihm, während er halb lächelte, der Gedanke: „Ich bin auch die große Glocke im Rasthause und jetzt will ich dreimal laut klingen," und stets antwortete dann seinen Gedanken die große Glocke; denn so ist es immer, wenn wir auch nur zu einem geringen Teil jenen Sinn des Sonderseins, der uns an die Ketten der Illusion schmiedet, verloren haben; all die tausend Stimmen der Natur sind die unseren, sobald der Sinn des Getrenntseins vergangen und verschwunden ist.

Und dann kamen Tage, an denen Nyana und Vimala die Lehrbücher beiseite legten und die Erlaubnis erhielten, sich einen freien Tag zu machen, wenn an den Feiertagen viel Volks im Tempel war oder wenn der Thera oder der Senior Gast das Gute Gesetz an einem fernen Orte predigte. Dann verlebten die beiden Knaben im Gelben Gewande auf der Plattform der Pagode lange, glückliche Tage; Shin Vimala erzählte viele, viele Geschichten, die auf den zahllosen Altären an der Großen Pagode in Holz geschnitzt und in Stein gemeißelt waren, wo das ganze Leben des Meisters geschrieben steht für die, welche zu lesen verstehen, nebst mannigfachen anderen Legenden aus alten Zeiten, aus Zeiten, die für den kindlichen Glauben des Burmanen noch leben und lehren; denn ein Gestern kennt nur die Illusion, und für den klar Sehenden besteht allein das Jetzt.

Der Novize Vimala war ein guter Erzähler, das musste man ihm lassen. Von jedem Gegenstand an der Großen Pagode wusste er die Bedeutung und die Lehre, die derselbe gab. An beiden Seiten der verschiedenen kleinen Schreine am Fuße von Shwe Dagons goldenem Spitzturm stehen zwei weibliche Figuren; das Haar ist gelöst und von den Marmor-Fingern umklammert, gleich als wollten sie das Wasser aus den strömenden Locken ausringen. Diese Figur hatte lange den jungen Nyana beschäftigt, denn er hatte sich noch nicht nach ihrer Bedeutung erkundigt. Nun erzählte ihm Shin Vimala die dazu gehörige Legende:

Vor langer, langer Zeit, als der Meister unter dem Bödhi-Baum saß, versuchte Mara, der Versucher, ihn von dem Thron der Weisheit zu stürzen; es war in jener Nacht, in der er die Buddhaschaft erlangen und der Lehrer der Menschen und Götter werden sollte. Vergeblich versuchte der Böse, der in aller Menschen Herzen lebt, solange sie die Befreiung noch nicht errungen haben, den Meister mit lockenden oder furchtbaren Visionen zu versuchen und zu schrecken, bis alle Heerscharen der Hölle zum Kampfe sich einfanden und die mitternächtliche Luft von grauenvollen Gestalten erfüllt zu sein schien. Aber durch die Kraft der zehn Tugenden, die der Bodhisatta während fünfhundert und fünfzig Leben geübt hatte, um die

Buddhaschaft zu erlangen und die Erlösung der Welt zu erringen, wurde die Macht des Versuchers überwunden, und alle seine Pfeile verwandelten sich in Blumen, die gleichsam zur Huldigung zu des Meisters Füssen herabfielen. Schließlich aber nahm Mara, der Böse, dennoch den Weisheits-Thron für sich in Anspruch, indem er darauf pochte, dass er ihn in vergangenen Lebensläufen durch seine große Nächstenliebe verdient hätte; niemand habe ihn im „Geben" übertroffen, so dass der Weisheits-Thron ihm gebühre auf Grund der unüberwindlichen Kraft der Nächstenliebe. Und dann sprach der Meister, indem er sein ruhiges Auge auf den blendenden, argen Prunk des Bösen richtete; denn dieser Anspruch durfte nicht unerwidert bleiben, da in allen den drei weiten Welten keine Siddhi stärker ist als die Kraft der Nächstenliebe: „Wo sind deine Zeugen, o Vasavatti, wo sind die, welche Zeugnis ablegen wollen von den Gaben, die du in der Vergangenheit geopfert hast?" Und mit unzähligen, donnergleichen Stimmen riefen die Heerscharen des bösen Dämons: „Wir sind die Zeugen, wir sind die Zeugen," bis selbst die Götter, die von fern diesem Kampfe zuschauten, entsetzt flohen; denn sie glaubten, dass Mara jetzt sicher den Weisheits-Thron erringen würde. „Diese sind meine Zeugen, Siddhattha," schrie der Böse, „diese alle bezeugen die Gaben, die ich in alten Tagen dargebracht habe; du hast keine Zeugen zur Hand für deine Nächstenliebe, gib also zu, dass der Weisheits-Thron mir gehört!" Doch der Prinz erwiderte ohne Furcht: „Wahrlich, o Vasavatti, ich habe hier weder Vater, noch Mutter, noch Heerscharen, die von meinen früheren Opfern Zeugnis ablegen könnten; aber diese festgegründete Erde hier soll Zeugnis geben von meiner Erfüllung der Tugend der Nächstenliebe." Und während er sprach, reckte er seine Hand unter seinem Gewande abwärts und berührte die bloße Erde zu seinen Füssen. Und siehe, da erschien die Göttin der Erde; ihr Haar war noch nass von all dem Wasser der Gaben-Spenden, die der Bodhisatta in früheren Leben dargebracht hatte, und indem die Göttin ihr strömendes Haar vor dem Thron der Weisheit ausrang, ergoss sich daraus ein großer Strom der Kraft der alles überwindenden Macht der Nächstenliebe des Bodhisatta, den Versucher Mara und seinen Dämonen-Tross aus dem Umkreise des Heiligen Baumes hinwegspülte. Und dann erstrahlte der Vollmond hell und licht am Himmelszelt, und ein großer Friede senkte sich auf die Erde, während in des Meisters Geist das zwölffach gegliederte Geheimnis der Entstehung aus Ursachen sich enthüllte und zur Klarheit gelangte und das Mysterium des Kreislaufes des Lebens endlich offenbar wurde. Und Avijjä, die Finsternis des

Nichtwissens, verschwand vor dem strahlenden Licht der unsterblichen Weisheit, und Er, der Meister hatte die Buddhaschaft erreicht, so dass sich das Tor der Erlösung auftat allen Wesen, die Leben haben. (Anmerkung: Es ist eine uralte, allgemein verbreitete Sitte im Osten sowohl in den buddhistischen als auch in den hinduistischen Ländern, bei Gelegenheit der Spendung einer Gabe aus einer Schale Wasser auf die Erde zu gießen, wobei der Geber eine Formel spricht, in der er die Erde als Zeugin der dargebrachten Gabe anruft, damit diese niemals für ihn verloren gehe. Dieses Wasser heißt „Wasser der Spende", und die schöne Idee, die der hier erzählten burmanischen Version der Erlangung der Buddhaschaft zu Grunde liegt, ist die: Die Nächstenliebe des Bodhisatta in vergangenen Lebensläufen ist so groß gewesen, dass sogar das „Wasser der Spende", welches er auf die Erde gegossen hat, zu einem Strom wurde, der den Versucher und seine Scharen hinwegraffte. Die Kenner der Nidana-Katha, in der sich diese Erzählung findet, werden die Legende von der Erdgottheit und ihrem strömenden Haar als eine spätere Hinzufügung erkennen; aber diese ist so schön, und ihr Sinn von tiefster Wahrheit so erfüllt, dass ich sie für durchaus würdig hielt, an dieser Stelle wiedergegeben zu werden.)
Es kamen auch Tage, an denen die Mutter des Knaben in dem Gefühl der Vereinsamung infolge der Abwesenheit ihres Sohnes den Thera bat, seinem Schüler zu gestatten, das Mahl in ihrem Hause einzunehmen, damit es ihr vergönnt sei, ihre Augen wieder einmal auf der kleinen Gestalt im Gelben Gewande ruhen zu lassen, die sie für eine Zeit nicht mehr ihren Sohn nennen durfte. Dann erkannte der junge Nyana mehr als sonst, wie viel er in diesen wenigen Monaten der Lehre gelernt, und wie groß die Kluft war, die zwischen dem Träger des Gelben Gewandes und allem dem lag, was ihm in früheren Tagen lieb und vertraut gewesen. Denn dann sprach seine Mutter zu ihm mit gesenktem Haupt und gefalteten Händen, wenn sie ihn bat, sich an dem östlichen Ende des Gemaches zu setzen, und es hieß nicht mehr: „Möge der gute Kleine seinen Reis essen," sondern: „Will der heilige Bruder die Freundlichkeit haben, sein Mahl einzunehmen."
(Anmerkung: Für alle mehr vertraulichen Handlungen eines Mönches oder Novizen besteht in Burma eine besondere respektvolle Ausdrucksweise. Es heißt nicht: „Er isst Reis," sondern „er nimmt sein Mahl ein"; er „geht" nicht, sondern er „wandelt" und so ähnlich mit den meisten seiner täglichen Handlungen; und wenn er endlich den Weg alles Fleisches geht, so heißt es nicht, wie bei den Laien, „er stirbt," sondern „er kehrt zurück", d. h. er kehrt zurück in jene Stätte, aus der es keine Wiederkehr mehr gibt; denn in

der burmanischen Ausdrucksweise der Höflichkeit ist jeder Mönch ein „Rahan", d. h. ein Araha in petto, während ein wirklicher Araha mit dem vollen Wort „Rahanta" bezeichnet wird.)

Und auch die alte Mutter schien verwandelt zu sein, wie denn die ganze Welt sich verwandelt hatte; sie war für ihn zwar nicht weniger geliebt oder vertraut als vordem, aber doch etwas anderes, gleichsam ein Teil von ihm selbst geworden; und es kam ihm vor, als spräche er mit ihren Lippen und liebte mit ihrem Herzen, bis er sich plötzlich die Erinnerung zurückrief, dass er Shin Nyana, der Novize sei und nicht in das Antlitz derjenigen, die ihn so liebte, blicken dürfe. Und die seltsame Vermischung der Persönlichkeit verschwand dann so schnell, wie sie gekommen war, und er antwortete auf die besorgte Frage der Mutter, wie er sich befinde: „Sehr gut, sehr gut, o Unterhalterin des Klosters."

Bei solchen Gelegenheiten lud seine Mutter hin und wieder seine alte Tante, die eine Methila oder Nonne geworden war, ein, ihn zu sehen.

(Anmerkung: Es gibt heute keine wirklichen buddhistischen Nonnen d. h. Bhikkhunis; denn der von Buddha gegründete Bhikkhuni-Orden starb, wie der Meister richtig vorhergesagt hatte, etwa fünfhundert Jahre nach seinem Parinibbana eines natürlichen Todes. Aber es gibt in Burma viele Frauen, welche sich ganz dem religiösen Leben widmen und dieselben Gelübde auf sich nehmen wie die Novizen. Diese Frauen tragen ein weißes Kleid mit einem weißlich-gelben Obergewande, ganz verschieden von dem Gelben Gewande der Mönche, welch letzteres kein Nichtgeweihter tragen darf; das würde als eine Profanierung angesehen werden. In den großen Städten gibt es oft ganze Kolonien solcher Nonnen, von denen manche sehr wohl unterrichtet und gelehrt sind. Man sieht sie immer bei den berühmtesten Schreinen Burmas, wo viele von ihnen die meisten ihrer Tage in Meditation verbringen. Die Zahl der Nonnen ist aber natürlich im Vergleich zu derjenigen der Mönche sehr gering.)

Diese bejahrte Frau war sehr bewandert in dem geschriebenen Wort, und Shin Nyana rezitierte dann nach beendeter Mahlzeit alles das, was er gelernt hatte: er begann mit den zweiunddreißig konstituierenden Bestandteilen des menschlichen Körpers, die auswendig zu wissen sehr nützlich ist, weil nichts sonst uns besser von der Hinfälligkeit unseres Körpers zu überzeugen vermag. Dann kam das Metta-Sutta, das hohe Lied der Liebe, welches die höchste Glückseligkeit für alle Wesen herbeiwünscht, für ferne und nahe, für bekannte und unbekannte in den drei weiten Welten. Den Schluss bildete das Mahasatipatthana oder die „Große

Meditation", die uns lehrt, wie wir unsere Handlungen, Worte und selbst die Gedanken und Gefühle, die in unserem Geist sich erheben, zu beobachten haben, bis wir schließlich bei diesem Training die tiefste Einsicht in das Wort des Meisters erfahren: „Das ist kein Ich, das ist nicht Mein, kein Selbst ist darin." Und die alte Methila lobte laut und sprach: „Gut gesagt, gut gesagt, jüngere Schwester! Dein Sohn wird in seinem Leben noch eine große Leuchte werden!" Sie war sehr fromm, diese Nonne, Shin Nyana's Tante, deren Denken nur auf die Religion gerichtet war. Aber die Mutter dachte anders: „Sprich nicht so, teure Lehrerin, sprich nicht so. Mein Herz brennt, wenn ich im Hause mich umblicke und meinen Sohn nicht sehe."

Dann kamen die Tagu-Festtage, wo jedermann Wasser trägt – ausgenommen natürlich die Träger des Gelben Gewandes, und die beiden jungen Novizen gingen gemeinsam, um – jetzt als Außenstehende – das Fest der „Loskaufung des Lebens" zu beobachten, welches an dem burmanischen Neujahrstage im April seinen Anfang nimmt und in ganz Burma, namentlich aber in Rangun am heiligen Wingaba-See, nicht fern von Shwe Dagon, gefeiert wird. Dann kaufen die Leute Fische, welche in den Städten meist von schlauen Hindus gehalten und feil geboten werden, tragen sie in irdenen, mit Wasser gefüllten Behältern zum heiligen See, lassen sie dort in die klare, kühle Flut und füttern sie mit gerösteten Weizen-Körnern, die von Krämern am Ufer des Sees verkauft werden. Dieser heilige Wingaba-See hat eine herrliche Lage; er ist umsäumt auf allein Seiten von herabhängenden Bäumen, in deren Grün viele Rasthäuser eingebettet liegen, von denen aus man die Fische füttern kann. Zahlreiche Pagoden und Klöster erheben sich dort hoch über dem See auf kleinen, von drei Seiten von Wasser umspülten Vorgebirgen. Es ist ein Platz wie geschaffen zur Ausübung der Liebe den Tieren gegenüber, ein Werk, das während des ganzen Jahres geübt wird, hauptsächlich aber bei diesem großen Fest, an dem das ganze Burma sich beteiligt, um Leben zu retten. Hierher kamen auch unsere Novizen, um „Verdienst zu säen", mit ihren großen Almosen-Schalen, die von der Mahlzeit noch halb mit Reis gefüllt waren. Sie riefen: „Komm, komm, komm," und verteilten die Nahrung an die in bunten Scharen sich tummelnden Fische und an einzelne Schildkröten, die ihren Kopf über das Wasser steckten, um einen Brocken zu erhaschen.

So ging für Shin Nyana die Zeit seines Noviziates dahin in ernstem Forschen, aber auch von Festtagen und Erholungen unterbrochen, aus denen er an der Hand seines jungen Mentors nicht weniger lernte als aus seinen Studien in der Tempel-Schule. Eilende, glückliche Tage waren es, von Freude erfüllt und erleuchtet von dem Glanze des großen Gesetzes der Liebe, das der Meister der Welt als Erbteil hinterlassen hat. Und für jeden Mann in Burma naht einmal dieses Noviziat mit seinen erhabenen Lehren, und soviel ist sicher: Solange jene alte Sitte besteht, die jeden Burmanen für eine gewisse Zeit in das Kloster ruft, solange wird auch die Herrschaft des Großen Meisters bestehen bleiben, dessen Lehre und leuchtendem Beispiel der Burmane alles das verdankt, was den edelsten Teil seines Lebens und Strebens ausmacht.

6. Der Pfad zum Frieden.

Möge er alle Gerechtigkeit erfüllen,
möge er jenem Frieden des Herzens sich hingeben,
der aus dem Innern kommt,
möge er nicht die Seligkeit der Versenkung zurückweisen,
möge er alle Erscheinungen mit seiner Einsicht durchdringen,
möge er viel allein sein!

Akankheyya-Sutta.

Ein Schweigen, ein neues, ungewohntes Schweigen herrschte in dem kleinen Kloster nahe bei Shwe Dagon, dessen Mauern während vier langer Monate widergehallt hatten von den lauten Stimmen der Novizen, welche ihre Lektionen lernten, und von den Stimmen der Laienanhänger, welche Feiertag an Feiertag reihten, und von den Predigten über das Gute Gesetz an den Sabbathtagen. Die heilige Zeit des Thadingyut war ja nun vorüber und die buddhistische Fastenzeit zu Ende; Shin Nyana, das Herz voll Freude über die Herrlichkeit des Einsiedlerlebens und voll von den Lehren, die in seinen Geist eingegraben waren und die hinfort auf allen seinen Wegen sein Trost und Leitstern sein sollten, war unter allgemeiner Freude in sein Vaterhaus zurückgekehrt, jetzt wieder Maung Nyun mit dem erworbenen Ruhm der neuen Manneswürde. Auch Shin Vimala war gegangen, zwar nicht aus dem Bereiche des Ordens, sondern nur in ein neues Kloster von Mandalay, wo er zu den Füssen des Thathanabaing selbst das Gesetz besser lernen und die heilige Sprache gründlicher studieren konnte. Und so war das Kloster fast gänzlich vereinsamt; nur der alte Thera saß darin, zählte die Kügelchen seines Rosenkranzes in dem verlassenen Tempel und war bestrebt, seine flüchtigen Gedanken zu sammeln, welche, ob er wollte oder nicht, sich in geschäftigen Erinnerungen an die vergangene Fastenzeit ergingen, an die Fastenzeit, welche zu der langen Geschichte seiner Ordensmitgliedschaft eine neue Geschichte hinzufügte und ihn wieder dem Tore des Todes und der Geburt um ein Jahr näher gebracht hatte. Während jener verflossenen Monate hatte er neue Gesichter und neue Freunde kennen und lieben gelernt: Shin Nyana, in dessen liebenswürdigem Wesen und in dessen Höflichkeit wieder die Erinnerung an seine eigene Kindheit aufgelebt war; U Pannajoti, den Gast aus Sagaing, mit seiner umfassenden Gelehrsamkeit und tiefen Kenntnis des Meditationspfades, mit dem er sich häufig, wenn die Novizen sich zur Ruhe begeben hatten, über die tiefere Lehre des Abhidhamma unterredet hatte, die denen allein gehört, die das weltliche Leben aufgegeben haben; Shin Vimala, der jetzt alles das gelernt hatte, was der Thera ihn lehren konnte, und noch manchen – anderen Freund, Laien, Novizen und Mönch, deren Leben während der vergangenen wenigen Monate sein eigenes erfüllt hatte. Und nun hatte heute als letzter von allen der Senior Gast ihn verlassen, und es schien ihm nichts von Freundschaft oder Teilnahme im Leben geblieben zu sein. Das ist der Weg des Einsiedlerlebens, Freundschaft in einer Fastenzeit und Teilnahme in wenigen glänzenden Monaten, die mit den eilenden Tagen schnell vergeht: Das Rad rollt vorwärts, eine andere Fastenzeit ist vorüber, und die vertrauten Gesichter und geliebten Stimmen sind nur noch in der Erinnerung geblieben, als wollten sie in Wahrheit die ernste Lehre verkünden, die der Thera in seinen Kügelchen fand: Die Lehre von der Vergänglichkeit, dem Leiden und der Wesenlosigkeit alles Daseins. Und des alten Mannes Geist wurde von tiefen, inneren Fragen erfüllt: Hatte er das Gesetz den jungen Nyana so gelehrt, dass es alle seine Wege erleuchten und sein Leben zu einem Schritt dem Ziele entgegen gestalten konnte; hatte er tatsächlich mit allen seinen Mitmönchen so während der Regenzeit in Liebe und Eintracht gelebt, dass er die Worte der Entlastung bei der Pavarana-Feier mit gutem Gewissen hatte sprechen können, bei jener Feier, zu der alle die Mönche, die während der Fastenzeit unter demselben Dache geweilt haben, sich versammeln und jeder der Reihe nach die Versammlung bittet zu sagen, ob er frei sei von allen unziemlichen oder unfreundlichen Worten und Handlungen, oder ob man solche bei ihm gesehen, erkannt oder vermutet habe, oder ihm eine Busse aufzuerlegen für irgend etwas, womit er die Vinaya-Regel verletzt habe?

Müde war auch das Herz des Senior Gastes, als er von Rangun nordwärts reiste; müde von der neuen, fremden Welt, in welche ihn sein Schicksal während der letzten Monate gestellt hatte; müde von dem Trubel und dem Lärm der großen Stadt, die ihm zuerst so wundervoll erschienen war; sein Herz lechzte nach Frieden, nach Stille, nach Einsamkeit; nach dem Anblick der schreinbedeckten Hügel von Sagaing und dem breiten Silberstrom, der sich zu ihren Füssen windet, nach dem Rauschen des Waldes und den sanften Stimmen der Menschen, die sich dort in der Meditation üben; er sehnte sich danach, um das Getöse und den Lärm der Stadt aus seinem Gedächtnis zu löschen. Alles war ihm so nutzlos vorgekommen: die tatkräftige Aktivität, das geschäftliche Leben der Stadtbevölkerung, mit der er während der letzten paar Monate in Berührung gekommen war – nichts als ein närrisches Streben nach Ruhm und Reichtum: nach Ruhm, welcher alle Zeit Schuld und Tadel nach sich zieht, nach Reichtum, der die Menschen eher zu den Sorgen als zum Frieden leitet, und von dem kein Mensch, mag er noch so reich sein, aus dieser Welt auch nur die kleinste Münze mitnehmen kann. Sicherlich, so dachte er, ist das Menschenleben zu kurz, dieses größte aller Leben, in dem man so leicht den heiligen Pfad betreten kann, um die flüchtigen Stunden damit zu vergeuden, nach vergänglichen Dingen zu streben; und sein schneller Tiefblick hatte ihn bald gelehrt, dass diese geschäftigen Weltleute in ihrem eigenen Leben weniger glücklich und weniger freundlich sind, als die ungelehrten Menschen, unter denen er bisher gelebt hatte. Er hatte auch gesehen, eine wie armselige Vergeltung der Lohn alles dieses Strebens nach Ruhm und Reichtum ist wie gerade diese Menschen von ihren Nächsten wegen des Besitzes dieser Dinge am meisten beneidet werden, die Kümmernisse und Sorgen nach sich ziehen: Kümmernisse, die sie am Abend ihres Lebens in das Kloster treiben, welches sie vordem gemieden haben; Sorgen, die aus dem Reichtum selbst entstehen und welche die Sorgenbeladenen am Abend der Feiertage in das Ohr des Thera's flüstern, nach menschlicher Sympathie suchend, die eben jener Reichtum von ihrer Schwelle getrieben, und nach des Meisters Lehre als dem letzten Trost lechzend um ihre Herzwunden zu heilen, die all ihr Reichtum nicht zu stillen vermocht hat. Vor allen Dingen aber schien es U Pannajoti befremdlich zu sein, wie Menschen, welche so nach weltlicher Macht und nach Reichtum streben, zu der schweren Bürde des Lebens nur noch andere Bürden häufen und all ihr Leben in dem eifrigen Verfolgen dieser Chimären zubringen, und wie sie, trotzdem sie sehen, dass der Reichtum dem Hause des Nachbars nur Sorge gebracht und ihm statt Liebe und Freundschaft und Pietät nur Gier eingetragen hat, dennoch denken konnten, dass bei ihnen es anders sein könnte, dass Gold ihnen Liebe und Glück und Freundschaft verschaffen, oder die Last des Leidens im Dasein erleichtern, oder ihren Fuß auch nur einen Schritt weiter auf dem Pfade bringen würde.

Und so war es gekommen, dass nach der ersten kurzen Periode, in welcher dieses Stadtleben dem Mönch nahe getreten war, eine große Müdigkeit das Herz des Senior Gastes befallen hatte, ein Müdigkeit, welche, als die Tage zu Monaten wurden, schier unerträglich zu werden drohte. Sein einziger Trost, das einzige Ziel seines Besuches in Rangun war die große Pagode; hier war Friede und Ruhe und die stille Luft der Heiligkeit, in welcher allein ein Mensch in die Meditation einzutreten vermag. Hier in einsamen Ecken der weiten Plattform mit ihren zahlreichen Altären hatte U Pannajoti manche glückselige Stunde verbracht, zeitweilig allein mit seinen Gedanken und entrückt von der Welt in der Seligkeit der Vertiefung; oftmals mit dem jungen Nyana und Shin Vimala, sie ihre täglichen Aufgaben lehrend, oft freilich unterbrochen von neuen Besuchern; oder von ihren Lippen die Erzählungen hörend, die jeder Schrein und jedes Türmchen von Shwe Dagon zu berichten hat. Aber mit den dahineilenden Tagen wuchs seine Müdigkeit, und sein Verlangen nach Einsamkeit und Frieden wurde immer stärker, so dass er zuerst beschlossen hatte, Rangun sieben Tage vor dem Ende der Fastenzeit zu verlassen, dem frühesten Zeitpunkt, an dem ein Mönch das Kloster verlassen darf, in dem er während der Fastenzeit gelebt hat. Aber der greise Thera hatte ihn so inständig gebeten, doch noch ein wenig länger zu bleiben, dass er es nicht über sich bringen konnte, ihm die Bitte abzuschlagen, und so kam es, dass er als letzter der zusammenwohnenden Mönche das Kloster verließ. Bescheiden lehnte er das Anerbieten eines liebenswürdigen Laienanhängers ab, der ihm ein Fahrbillet zu seiner Reise nach Sagaing angeboten hatte; denn er wollte vor allen Dingen wandern, allein sein in seiner Meditation. Kurz vor seinem Weggange hatte er noch einen letzten Besuch der Shwe Dagon Pagode abgestattet, und zum letzten Mal hefteten sich seine Augen auf ihren goldenen Strahlenglanz, auf ihre zahlreichen Schreine und auf Mahasughanta, die große, heilige Glocke; und dann begann er, nachdem er von dem Thera Abschied genommen, allein seine lange Wanderung nordwärts.

Hinter den letzten Ausläufern der Stadt verlangsamte er seine Schritte, und auf die weiße, staubbedeckte Straße vor sich hinblickend, dachte er über alles das nach, was er in diesen ereignisvollen Monaten der Fastenzeit

gesehen und gehört hatte, über die Zeugnisse der Entsagung und Barmherzigkeit, die das Leben so groß und erhaben macht, über das Leben und Treiben der Bewohner jener großen, ruhelosen Stadt, die sich für so glücklich halten, dabei in Wahrheit aber häufig viel weniger glücklich in ihrem Innern sind, als die einfachen Menschen der Dschungel-Dörfer. Er sah, wie ihr Leben zum größten Teil dahinfloss im Suchen und Streben nach Dingen, die dem Menschen nimmer Glückseligkeit und Frieden bringen, und er wunderte sich sehr, dass dies alles so sein könne: dass die Menschen nicht zu sehen vermöchten, dass in diesem weltlichem Hasten und Jagen der Weg zur Glückseligkeit nicht liegt, dass schon in diesem Leben die Früchte der Macht und des Reichtums immer anders sind, als ihre Erwerber wünschen. Schon in diesem Leben, und später? Später, wenn die Ernten der in diesem Leben gestreuten Saaten zur Reife gelangen? Zu was für einem neuen Leben können in der Wiedergeburt Strebungen sich entfalten, wenn die auf das unbegrenzte Feld der Zukunft ausgestreute Saat zum großen Teile durch Begierde befleckt war? Und halb lächelnd und halb seufzend erinnerte sich der Wanderer daran, wie ihm in seiner Kindheit der Vater erzählt hatte, dass die Motten, welche zu ihrer eigenen Vernichtung um das goldene Licht der Lampe flattern, wiedergeborene Menschen alter Tage seien, Wesen, die in ihrem menschlichen Dasein von Habsucht erfüllt waren und ihr ganzes Leben nur nach Reichtum und Erwerb gegiert hatten; und jetzt sind sie durch ihr eigenes Denken dazu verurteilt, in der brennenden Flamme umzukommen, die ihnen Gold zu sein scheint, Gold, das sie einheimsen und besitzen wollen. Motten gleich, die zur Flamme fliegen, so dachte der Wanderer, ohne sich auf eine allzu wörtliche Auslegung der Lehre seiner Kindheit einzulassen, Motten gleich, die zur Flamme fliegen, sind in ihrem Leben die Reichen und Mächtigen; und er dachte wieder an das Leid, von dem diese Menschen zu sagen wissen am Abend ihres Lebens in der Klosterzelle. Und in seinem Herzen klang wie eine Stimme aus ferner, ferner Vergangenheit die Lehre, die der Meister einst den Feuer-Anbetern zu Gayasisa am Neranjara-Fluss gab: „Brennend, ihr Mönche, sind alle Dinge: Formen, Töne, Düfte, Geschmacksempfindungen, Tastungen und Vorstellungen. Und mit welcher Flamme brennen sie alle? Mit der Flamme der Begierde, mit der Flamme des Hasses, mit der Flamme des Wahnes; sie lodern auf mit den Leiden der Geburt, des Verfalles, Todes, Jammers und der Klagen, mit den Leiden der Schmerzen, des Kummers und der Verzweiflung."
Und während U Pannajoti so dahinschritt und sann, erhob sich in seinem

Innern ein überwältigendes Gefühl des Mitleids und der Glückseligkeit, beide zu einem vereinigt. Mitleid angesichts dieses so nutzlos scheinenden weltlichen Hastens und Jagens, das nicht einmal die armseligen Ideale, denen es nachstrebt, zu erreichen vermag, und die Glückseligkeit der Vertiefung, welche zeitweilig jene erfüllt, die sich von allen den beschwerlichen Fesseln der Welt befreit, und die den erhabenen Pfad beschritten haben, der zur Befreiung führt. Es ist das die Freude über jene unvergleiche Befreiung von dem unreinen weltlichen Treiben, die erste Frucht des heimlosen Lebens, von dem die Ariyas alter Tage sagten:

> Eitel ist des Weltlings Weg,
> Unrein, voller Sorgen;
> Frei, dem weiten Himmel gleich,
> Ist des Jüngers Wandel.

So schritt der Wanderer dahin, der Welt um ihn her entrückt in tiefer Meditation, welch letztere im Geiste des Menschen alle die niederen, minderwertigen irdischen Dinge auszulöschen oder doch auszuschalten vermag; und wie er so dahinschritt, wurden die Schatten, die die Abendsonne warf, länger und länger, während in seinem Innern das Dunkel vor dem dämmernden Lichte der Weisheit zu schwinden begann. So vertieft war er in seiner Kontemplation, dass die Vorübergehenden, als sie seinen mit Worten nicht zu beschreibenden Blick gewahrten, der in Stunden tiefer Meditation sich einstellt, nicht wagten ihn anzureden, wie es sonst in Burma üblich ist, oder ihn zu fragen, wohin er wandere und wo er diese Nacht zu rasten gedenke. So kam es, dass, als die zunehmende Dunkelheit ihn wieder zur Erde zurückrief, er sich selbst ohne irgendeine Erinnerung an den beschwerlichen Weg, der hinter ihm lag, weit entfernt von irgendeinem Wohnort gewahrte, kein Haus, kein menschliches Wesen weit und breit. Seine Schritte beschleunigend ging er weiter inmitten der tiefen Stille des tropischen Nachtanbruches, wann die Vögel ihren Tagesgesang beendet haben und die Geschöpfe der Nacht eben erwacht sind. Die weiße Straße vor ihm schimmerte matt im Sternenlicht, und tief am Horizont vor ihm wies ihm das Siebengestirn seinen Weg in nördlicher Richtung.
Und nun erhoben sich wie auf ein geheimnisvolles Signal von allen Seiten rings um ihn her die unsichtbaren Stimmen der Dschungel: das tiefe Quaken der Frösche das durchdringende Gekreisch des Nachtvogels, der schrille Schrei der Zikaden, und hin und wieder aus der Ferne herhallend

das dumpfe Gebrüll eines Raubtieres, das seine Genossen zu dem blutigen Werk der Nacht herbeirief. Er hörte auch Stimmen, die durch das Dunkel schrien und sich gegenseitig zuriefen, Stimmen, die das Ohr des Abendländers nie gehört hat, die aber die Kinder des Dschungel kennen und fürchten, die Sprache der nichtmenschlichen Wesen, welche den Urwald und die nächtliche Zeit lieben, gleich wie böse, unheilvolle Gedanken im Dunkel des menschlichen Herzens wandern und schreien. Aber selbst diese einst so gefürchteten Töne vermochten es nicht, dem ruhigen, friedvollen Geist des Mönches Schrecken einzuflössen, denn noch ruhte der große Segen der Meditation auf ihm: er hatte ja all die weltlichen Dinge hinter sich gelassen, er war aufwärts gedrungen zu den Höhen des Lebens der Freiheit, und er hatte in jenen kurzen Stunden der Meditation nur zu gut erkannt, dass es nur die inneren Stimmen und die Gefahren des Herzens sind, die gefürchtet und bekämpft werden müssen, und so flößte ihm alles, was aus der Welt der Großen Täuschung kam, überhaupt keinerlei Schrecken mehr ein. Und während er so durch die unheimliche, von dämonischen Stimmen wiederhallende Nacht dahinschritt, lächelte er.

Die Stunden verrannen, und die Meilen, die sich dem Wanderer in demselben Grade immer weiter ausdehnten, als seine Gedanken sich unter der Last der Müdigkeit wieder mehr der Erde zuwandten, gingen vorüber, bis er endlich in der Ferne durch die Nacht die Lichter eines kleinen Dorfes schimmern sah, welches aus einer Reihe von Häusern auf beiden Seiten der Straße bestand. Bald hatte er das Rasthaus des Ortes gefunden (ein Kloster befand sich nämlich nicht in der Nähe), und U Pannajoti versank, von der langen Wanderung ermüdet, in tiefen Schlaf.

So folgte Tag auf Tag und Nacht auf Nacht während der Senior Gast weiter reiste, den Blick nordwärts gerichtet und das Herz gestimmt auf jenes Leben, das jenseits der Wege der Menschen liegt. Sich immer in der Nähe des großen Irrawddy-Stromes haltend, wanderte er von Dorf zu Dorf, von Stadt zu Stadt. Bei Pagan, der jetzt in Trümmer liegenden früheren Hauptstadt von Burma, verweilte er kurze Zeit, um die Ruinen und die zerfallene Pracht der einst so herrlichen Tempel und Pagoden zu schauen, und dann nahm er seine Wanderung wieder auf. Seinen Unterhalt bekam er in jeder Ortschaft, in der er übernachtet hatte, und ihm wurde wie jedem in Burma, die freundlichste Hilfe und Gastfreundschaft von allen Seiten erwiesen. Und endlich, nachdem mehr als ein Monat seit seiner Abreise aus Rangun verstrichen war, wurden jenseits des silbernen Stromes die alten, verwitterten Sagaing-Hügel sichtbar, und bald befand er sich wieder in der ihm vertrauten Umgebung. In welcher er seit den Tagen seiner Kindheit an gelebt hatte. Er sah wieder in das verehrte und geliebte Antlitz derer, deren Leben jenseits von dem Leben der Menschen liegt. Dort, in Sagaing's stiller Einsamkeit und friedvoller Ruhe betrat U Pannajoti von neuem den Pfad der Meditation, jenen Weg, auf dem allein das Menschenherz Weisheit zu gewinnen, oder die Befreiung aus dem endlosen Kreislauf des Lebens zu erringen vermag. Es sind ihrer viele, die dort mitten im Herzen der Natur danach streben, durch mancherlei Mittel den Pfad zu finden, der zu der Friedensstätte des Nirvana führt: Einige durch Vipassana, den Weg der Einsicht, indem sie durch tiefes Suchen und Forschen alle die Täuschungen der äußeren Welt durchdringen, bis dieselben als trügerisch und eitel erkannt werden und der Schleier des Nichtwissens vor dem suchenden Blicke fällt; andere durch Samatha, das Schweigen des Herzens, in dem schließlich das Geheimnis des Universums sich enthüllt; wieder andere, die einer schnelleren Auffassung und Konzentrations-Kraft ermangeln, suchen Sammasati, rechte Geistesklarheit, zu erringen, indem sie jede Handlung, jedes Wort, jeden Vorgang sorgfältig bewachen und so ihre flüchtigen Gedanken trainieren, bis ihnen klar und offenbar wird, dass alle Formen, Empfindungen, Vorstellungen, Strebungen und die Bewusstseinsinhalte vergänglich, mit Leid behaftet und nicht wesenhaft sind. In dieser Erkenntnis liegt die Pforte des erhabenen Pfades, wie im „Sutta der Geistesklarheit" gesagt wird. Dort wird gezeigt, wie ein Mensch, der diesen Weg einschlägt, denken muss, wie er z. B. beim Gehen jeden einzelnen, zur Ausführung gelangenden Akt innerlich erleben soll, indem er sich gegenwärtig hält: „Jetzt wird der rechte Fuß erhoben und jetzt der linke; jetzt bewegt sich der Körper vorwärts und jetzt steht er still." Indem so der Mensch alle seine einzelnen Handlungen zerlegt und scharf beobachtet, hat er in seinem Innern stets die Formel zu wiederholen: „Das ist kein Ich, das ist nicht Mein, kein Selbst ist darin." Durch eben denselben Geistes-Training muss er es dahin bringen, ebenso von allen Dingen zu denken, die in das Bereich seines Bewusstseins fallen, mag es sich nun um Formen, Töne, um andere Sinnes-Funktionen oder um seine eigenen Gedanken handeln. Es waren ihrer viele, die diesen Weg beschritten haben, denn die heiligen Bücher sagen, dass, wer diese Praxis sieben volle Jahre übt, endlich sicher die erste Stufe des Pfades betreten und ein Sotapanna werden wird, d. h. einer, „der in den Strom gelangt ist", in jenen Strom des „Höheren Lebens", der zwischen dieser und der anderen Welt dahinfließt, und wer in diesen Strom gelangt, wird gewisslich „Nibbana's anderes

Ufer" (Nirvana) erreichen.

In den buddhistischen Schriften werden im Ganzen vierzig Methoden der Meditation angeführt und erläutert, und zwar ist für jeden Menschen je nach seiner Veranlagung die eine Methode leichter und passender als die andere. In alten Tagen, so heißt es, damals, als viele lebten, die tatsächlich zum „anderen Ufer" gelangt waren und, wie der Meister, von Mitleid für alle lebenden Wesen bewogen, die befreiende Lehre ihren Mitmenschen predigten, damals gab es Menschen, die durch Entwicklung ihrer inneren Sinne, während eines der Selbstzucht geweihten Lebens in den Herzen der Menschen wie in einem Buch zu lesen verstanden und ohne weiteres wussten, welche Methode der Meditation für ein jedes nach Licht suchende Individuum die geeignetste war. Damals übten bereits die Samaneras Meditation, und es gehörte zu den notwendigen Pflichten des Acariya oder Lehrers, seinen Schüler so zu unterweisen, dass für ihn das Beschreiten des Pfades nach Möglichkeit leicht wurde. Aber heute liegen die Dinge ganz anders, und die mystische Einsicht ist für den größten Teil der Menschen, auch der im Gelben Gewande lebenden Brüder, verloren gegangen, und so kommt es, dass die meisten Menschen genötigt sind, aus der Kenntnis der heiligen Schriften und ihrer eigenen Natur heraus die Methode zu wählen, die ihren Fähigkeiten am meisten entspricht, oder die am geeignetsten ist, jene Manifestation des Nichtwissens (Avijja) zu überwinden, die in ihrem Charakter dominiert.

Wenn z. B. der Aspirant nach einer tiefen Ergründung seines Gemütes findet, dass er noch den Körper als ein Selbst betrachtet, oder dass er irgendwie durch eine Schönheit in der Welt der Form gefesselt ist, dann wählt er als Gegenstand seiner Meditation eine der „zehn Unreinheiten". Er richtet seine Gedanken fest auf das Schicksal dieses geliebten Körpers nach dem Tode, er betrachtet die unvermeidliche Folge von Verfall und Verwesung, der die Leiblichkeit anheimfällt, und auf diese Weise erhält er einen starken Widerwillen gegen dasjenige, was einem so schnellen, furchtbaren Verfall unterworfen ist.

Oder wenn jemand unter Übelwollen (Dosa) zu leiden hat, so dass sogar die geringfügigen Übel des Lebens seinen Zorn wachrufen und gar leicht seinen Hass entfachen, dann wählt er die „Meditation der Liebe". Abseits sitzend bei seiner Vertiefung betrachtet er zunächst alle jene Wesen in dem östlichen Teile der Welt, denen er in Liebe zugetan ist, bis sein Herz ganz von liebevollen Gedanken erfüllt ist. Dann erweitert er seinen geistigen Wirkungskreis und gedenkt mit Liebe aller der Wesen in dem betreffenden

Teile der Welt, denen er sonst indifferent gegenübersteht, die er aber lieben sollte; und endlich zwingt er sein Gemüt, das in einer durchaus liebevollen Stimmung verharrt, dazu, mit freundlichen, gütigen Gedanken bei denen zu verweilen, die er in seinem Nichtwissen für Feinde hält und die ihm irgendwie Leid bereitet haben; während der ganzen Zeit wiederholt er für sich, damit sein Geist leichter bei den Gedanken der Liebe verharre, die Stellen des Sutta-Pitaka, die sich auf diese Meditation beziehen: „Und er durchstrahlt einen Teil der Welt mit liebevollem Gemüte, mit weitem, tiefem, unbeschränktem, unermesslichem. Gleichwie ein starker Posaunenbläser ohne Schwierigkeit in allen vier Richtungen gehört wird, gerade so ist unter allen lebenden und gestalteten Wesen auch nicht eines vorhanden, das er übersieht, sondern er gedenkt ihrer aller mit befreitem Gemüte, mit tief gefühlter Liebe." Und so ist es der Fall mit allen sechs Richtungen: Süden, Norden, Westen, oben, unten, bis alle seine Gedanken von dem Abglanz der Liebe erfüllt sind, in welche er sich versenkt, und bis der Hass, der das große Hindernis für seinen geistigen Fortschritt war, hinwegschmolzen wie die Nebel vor der aufgehenden Sonne.

Für andere wiederum ist das hauptsächlichste Hindernis für ihre Erkenntnis des „Dhamma" die erste der „vier erhabenen Wahrheiten": diesen Naturen scheint es tatsächlich unmöglich zu sein, dass jede nur denkbare Existenz Leiden ist, und zwar wegen ihres intensiven Lebensdranges, wegen ihres Willens zum Leben, welcher eine der tiefsten Begierden des menschlichen Wesens ist. Und der Grund hierfür ist darin zu suchen, dass wir mit unserem ganzen Wesen so sehr an die Welt, in der wir leben, gefesselt und an ihr interessiert sind, dass es oft scheinen will, als ob der Verlust dieser Interessen das denkbar Schrecklichste wäre, selbst dann, wenn unser Leben voll der offenkundigsten Leiden ist. In wem diese Empfindung sehr stark ist, der wählt als Gegenstand seiner Meditation die Erinnerung an die Vergangenheit und versucht den Horizont seiner Erinnerung so zu erweitern, dass selbst die Einzelheiten von nunmehr vergangenen und vergessenen Lebensabschnitten wieder emportauchen. Und die Methode dieser meditativen Praxis ist folgende: Täglich zu einer bestimmten Zeit setzt sich der Aspirant nieder zum Meditieren. Nachdem er seinen Geist in einen konzentrierten Zustand versetzt hat, denkt er an seine letzte Handlung, die er getan hat, bevor er sich zum Meditieren niedersetzte; dann gedenkt er der Tat, des Gedankens oder der Empfindung, die jener vorausging, und so schreitet er in seinen Gedanken rückwärts durch die Zeit des ganzen Tages. Dann gelangt er bei dem Augenblicke an, als er an jenem Morgen erwachte, und darauf folgt eine, vielleicht durch die Erinnerung an einige Träume unterbrochene leere Periode, eine Zeit, in welcher der Geist während des tiefen Schlafes in das Halbbewusstsein des Bhavanga untergetaucht ist. Indem der Aspirant in seinen Gedanken diese Zeit durchgeht, aus der keine Erinnerungen vorhanden sind, kommt er zu anderen Träumen, zu den letzten Gedanken vor dem Einschlafen und weiter zu den Gedanken und Handlungen des vorhergehenden Tages, bis er zu dem Zeitpunkt gelangt, da er gestern seine Meditation begann. In dieser Weise fährt der Aspirant fort; er beschränkt sich zunächst auf einen Tag, und fährt dann in dem Grade, wie sein Gedächtnis (die am leichtesten zu entwickelnde geistige Fähigkeit) stärker wird, fort, sein geistiges Gesichtsfeld zu erweitern, bis er imstande ist, eine Woche, einen Monat, ein Jahr zu überblicken, ohne irgendein wichtiges Detail seines Lebens auszulassen. Und dann immer weiter in der Zeit zurückschreitend, beginnt er endlich, sich an Dinge zu erinnern, die für die große Mehrzahl der Menschen vergessen sind: an Gedanken aus den Tagen seiner Kindheit, die zurückreichen bis zu dem Aufdämmern des Bewusstseins bei der Geburt. Er erinnert sich der Qual, die das Zusammenschließen der halbdunklen Sinne bereitet, der Verwirrung des sich entwickelnden Kinderbewusstseins, welche die früheste Lebenszeit zu einer so schmerzvollen gestaltet. Und er geht noch weiter zurück, bis seine Erinnerung bei dem Augenblick der Geburt anlangt. Jenseits dieses Augenblickes dehnt sich eine leere Periode aus, ähnlich der Zeit des tiefen Schlafes, aber weit schwerer zu überbrücken, und lange mag es dauern, vielleicht jahrelang, bis der Aspirant imstande ist noch weiter rückwärts zu schauen. Aber indem er wieder und wieder den Versuch macht, seinen Lebensweg rückwärts zu verfolgen, wird schließlich der Zeitpunkt kommen, wo die verborgenen Erinnerungen seines früheren Seins wieder aufleuchten, und plötzlich macht er innerlich die Erfahrung, dass er sich des Sterbens einer einstmals lebenden Person erinnert, deren Leben irgendwie sein eigenes, und doch ein anderes war, und er ruft langsam, Schritt für Schritt, die Einzelheiten jenes vergangenen Lebens in sich wach. Aber während seine Erinnerung an das gegenwärtige Leben für ihn anziehend ist, insofern er persönlich daran noch interessiert ist und an den darin zum Ausdruck kommenden Wünschen Anteil nimmt, erscheint ihm die Erinnerung an das vergangene Leben nur voll von Leid; denn die Interessen jenes Wesens berühren ihn nicht mehr. Es ist, als ob ein Genius zwei menschliche Geister vertauschte, z. B. den Bischof von London und einen chinesischen Mandarinen. Der

Genius lässt jedem von beiden seine eigene Natur mit all ihren Wünschen und Strebungen und versetzt jeden nur in den Körper des anderen. Jeder würde in dem neuen Leben, in dem er sich befindet, alles Leid dieses neuen Lebens bis zur Neige auskosten, ohne imstande zu sein, seine Freuden zu genießen; denn alle Interessen, die ein jeder hatte, seine Wünsche, Liebhabereien und Freuden würden nun vergangen sein, und gerade die Dinge, welche dem Bischof und dem Mandarinen in ihrem eigenen Körper Wohlgefühl und Glück bereitet hätten, würden jetzt für beide nur Quellen des Leides sein. Indem wir so die Erinnerung an vergangene Lebensläufe erwecken, erfahren wir im vollsten Masse ihr Elend und erleben schließlich innerlich jene Tatsache, die von so wenigen Menschen hier auf Erden erlebt wird, dass alles Leben voll ist von Leiden, und dass nur unsere Täuschung und unsere Selbstheit irgendein Glück darin finden kann.

Inmitten einer Siedlung von Menschen, die in dieser Weise vorwärts strebten und nach Weisheit rangen, überblickte nunmehr der ehemalige „Senior Gast" U Pannajoti sein Leben; jetzt, nach seiner Pilgerfahrt während der Fastenzeit und nach seinem Kontakt mit der Welt war er um so mehr imstande, das Leiden und die Eitelkeit der Wege der Weltkinder zu begreifen. Jetzt erkannte er deutlich, wie kurz das Leben ist und wie selbst das edelste Streben des Menschen mit dem Nahen des Alters abnimmt; und so setzte U Pannajoti alle seine Kraft an den schweren Kampf mit dem Gemüte, welches, wie der „Reinheitspfad" (Visddhi Magga) lehrt, einem eben entwöhnten Kalbe gleich, gewöhnt ist, durch die Gebiete der Sinnlichkeit zu streifen und welches unstet hierhin und dorthin eilt und bestrebt ist, das Band der Kontemplation zu sprengen, durch das es an den Gegenstand der Meditation geheftet wird. Es kamen auch Zeiten, in denen er, während er in seiner einsamen Höhle saß oder auf dem sandbedeckten Fußweg vor seinem Kloster auf und abging, zu dem innerlichen Erleben des Nimitta, d. h. der drei großen Merkmale alles Daseins gelangte; das waren Augenblicke, in denen diese anscheinend so festgefügte Sinnenwelt vor seinem schauenden Augen hinwegschmolz und er innewurde, dass Vergänglichkeit, Leiden und Nichtwirklichkeit in allen Welten herrschen, ähnlich wie ein Mensch kurz vor dem Zeitpunkt des Erwachens die Eitelkeit und den Wahn eines schweren Traumes gewahr wird. Dann durcheilte er die **vier Stufen – den Tattwas entsprechend – der Vertiefung**, deren erste eine tiefe Entzückung ist, die über den Meditierenden kommt, jene innige Freude der winkenden Erlösung, verbunden mit dem Fortbestehen der Denk-Funktion. Ihr folgt die zweite

Vertiefung, in welcher alle Reflexionen zum Stillstand gelangen und der Geist in tieferer Schauung den Gegenstand der Meditation unentwegt festhält. In der dritten Vertiefung verschwindet Freude und Leid, und „Viraga", das Nicht-Haften, behält allein das Übergewicht, während in der vierten Vertiefung absolute Konzentration des Geistes und völliger Gleichmut allein zurückbleibt. Manchmal, in seltenen Augenblicken, kam dem Mönch, wenn sein normales Bewusstsein zurückgekehrt war, die Erinnerung an die Gegenwart einer erhabenen Gestalt, welche, von dem eigenen Geiste nach dem Bilde des Meisters geschaffen, ihn leitete und ihm auf seinem inneren Pfade zur Seite stand; und dann wieder die Erinnerung an zahllose Scharen von Wesen, die der Weise kennt als den „erhabenen Schatz des Ordens aller Welten und Zeiten; dieser verbleibt, wie die dauernde Überlieferung jedes buddhistischen Landes bezeugt, in dieser unserer Welt während der Sasana-Periode als ein Hüter der Religion und ein Leiter des Jüngers auf dem Pfade, der zur höchsten Weisheit führt.

So war das Leben U Pannajoti´s, so ist das Leben derer, die sich dem Meditations-Pfade geweiht haben, die Quelle innerer Kraft für den burmanischen Sangha, welchen keine Macht der Erde überwinden wird, solange noch eine Handvoll von Mönchen vorhanden ist, die alles das geschaut und erkannt haben. So verhält es sich nun mit manch einem stillen Mönch, der bis jenseits des Horizontes des Lebenstraumes vorgedrungen ist und an der Grenzscheide des Bewusstseins steht. Ein solcher hat, wenn auch von ferne, das andere Ufer des Lebensstromes gesehen, und wer in diesen Strom eintaucht, schaut schließlich das Ziel des Daseins, die Ursache des Leidens und den Pfad zum Frieden.

7. Der Ursprung des Buddhismus.

Die nationale, früher staatlich gepflegte Religion von Burma ist ein Buddhismus von außerordentlich reinem Charakter. Dieser Religion gehörten zur Zeit der letzten Volkszählung (1901) 9.184.121 Personen, d. h. 88% der Gesamtbevölkerung an, wobei ein bedeutender Teil fremder, sowohl wilder als halbzivilisierter Stämme (Chins, Kachins, Karens, etc.), die die entlegenen Gebiete des Landes bewohnen, einbegriffen sind. Der Buddhismus vom nationalen Typus verdient in der Tat das Bindeglied zwischen den bei den zivilisierten Hauptrassen, die das Land bewohnen, genannt zu werden, zwischen den echten Burmesen, d. h. dem Kern der zivilisierten Bevölkerung Ober-Burmas und der Mon- oder Palaing-Rasse, die zum größten Teil in Nieder-Burma sesshaft ist. Dieser Buddhismus ist ferner auch in den Shan-Staaten vorherrschend und hat in den letzten Jahren beträchtliche Fortschritte unter den halbwilden Karens gemacht, während der in China herrschende Typus des Buddhismus (der, wie wir bald sehen werden, von dem hiesigen stark abweicht) vertreten wird durch die zahlreiche und wichtige Gemeinde der direkt aus China Eingewanderten, und durch ihre Nachkommen aus Ehen mit burmesischen Frauen.

Die burmesische Religion wird von abendländischen Gelehrten dem südlichen Buddhismus zugezählt. In Wirklichkeit jedoch sind die Ausdrücke „nördlich" und „südlich", wenn sie die verschiedenen Typen des Buddhismus bezeichnen sollen, irreführend und abzulehnen erstens: vom historischen Standpunkt aus, da beide Richtungen buddhistischen Denkens gleicherweise in Indien ihren Ursprung haben und sogar in China und Japan nur in geringem Masse verändert worden sind und zweitens durch die einfache Tatsache, dass, während wir von der sogenannten, in Burma, Ceylon und Siam vorherrschenden „südlichen" Schule als von einer durch Lehre und Ethik einzigen und einheitlichen Jüngerschaft reden dürfen, wir keineswegs eine solche Einheitlichkeit in den nördlichen buddhistischen, China, Japan, Korea, Tibet und viele andere nord- und ostasiatische Länder umfassenden Gebieten finden. Es gibt in der Tat keinen nördlichen Buddhismus, sondern nur eine große Zahl stark differierender Sekten, die allein in den Grundfragen des Buddhismus übereinstimmen, sowie darin, dass sie als Gründer und Lehrer den Buddho für sich in Anspruch nehmen. Eine andere, von den abendländischen Gelehrten getroffene Einteilung, die das Bestreben hat, die heute vorherrschenden buddhistischen Schulen gegen einander abzugrenzen, ist die Klassifikation nach Fahrzeugen, welche den nördlichen Buddhismus als „größeres Fahrzeug" oder Mahayana und den südlichen Buddhismus als „kleineres Fahrzeug" oder Hinayana definiert. Diese Ausdrücke sind in der Tat buddhistischen (und wie man annehmen könnte nördlich buddhistischen) Ursprungs, aber, welch Unterschied auch früher durch diese Ausdrücke gemeint sein mochte, es ist sicher nicht derselbe Unterschied, wie er heute zwischen nördlicher und südlicher Schule besteht. Denn Ceylon gehörte und hat sicherlich immer zu dem südlichen Typus der Religion gehört; und doch berichten uns chinesische Pilger, die Indien und Ceylon besuchten, dass ein guter Teil der

Mönche dieser Länder zur Mahayana-Schule gehörten.
Die einheimische und richtigste Benennung der reinen Form des Buddhismus, wie er in Burma, Ceylon und Siam herrscht, ist Theravada, die „Überlieferung der Ahnen", oder wie wir es richtig wiedergeben könnten, die traditionelle, ursprüngliche oder orthodoxe Schule. Unglücklicherweise geschah es, dass die europäische Wissenschaft während des vergangenen, so hoch bedeutsamen Jahrhunderts, dessen Kennzeichen die allgemeine Ausdehnung des geistigen Horizontes, ist, nicht mit dem einfachen und reinen Buddhismus der Theravadaschule zuerst in Berührung kam, sondern mit den verschiedenen Lehren und Schriften der zahlreichen nördlichen Sektierer, und die anfängliche Arbeit der abendländischen Gelehrten auf dem Gebiete des Buddhismus war vorwiegend dem Studium und der Übersetzung einer Menge von Schriften der vielen nördlichen Sekten gewidmet, Übersetzungen aus dem Sanskrit, dem chinesischen, tibetanischen usw. Das Ergebnis war ziemlich dasselbe, wie es sein würde, wenn eine Schar nichtchristlicher Gelehrter, die sich die Erforschung von Natur und Ursprung des Christentums zur Aufgabe machen, zuerst nicht die wahren Quellen dieser Religion, die kanonischen Schriften des neuen Testaments untersuchten, sondern die späteren, parteiischen, und von Wundern wimmelnden Schriften mittelalterlicher Mönche. So kam es, dass sich Buddhismus dem Abendlande als orientalische Mystik extravagantester Art darstellte, und sein Gründer nicht als eine historische Gestalt, sondern als eine Fantasiegottheit, die sich auf Sonnenmythen aufbaute. Der menschliche Geist hält unglücklicherweise derart hartnäckig an den ersten Eindrücken fest, dass, als später die Pälischriften der Theravadaschule mit Kommentaren den abendländischen Forschern bekannt wurden, es trotzdem viele gab, welche noch an der früheren ungenauen Anschauung festhielten und sie, der neugewonnenen Erkenntnis über den Buddhismus zum Trotz, auf die verblüffende Behauptung stützten, dass die Paliliteratur das Werk des Buddhagosha und anderer buddhistischer Geistlicher sei, welche einige hundert Jahre nach der Zeit lebten, in die man des Buddho Leben rechnet.
Glücklicherweise wurde ein weiterer Beweis durch die Entdeckung der berühmten Asoka-Inschriften aus Indien gebracht – Inschriften, deren Schriftzeichen derart waren, dass kein singhalesischer Mönch des 10. Jahrhunderts nach buddhistischer Zeitrechnung sie hätte lesen können, selbst wenn er von ihrer Existenz gewusst hätte. Und der Inhalt dieser Edikte, die in derselben Palisprache abgefasst waren, wie die Schriften des

Theravada-Buddhismus, bewies zur Evidenz die Glaubenswürdigkeit der Palisammlung, ihrer Kommentare und der singhalesischen Chroniken. Spätere archäologische Entdeckungen in Indien brachten überraschende Bestätigungen, sogar hinsichtlich der Namen buddhistischer Missionare, von denen den Chroniken und Kommentaren nach feststeht, dass sie vom 3. großen Glaubenskonzil ausgegangen waren, auch hinsichtlich der Gebiete ihrer Missionstätigkeit. Und die starke Überzeugungskraft dieser Entdeckungen und anderer nicht buddhistischer Quellen, sowie die große innere Glaubenseinigkeit der Paliliteratur selbst, erlauben uns, von Zweifel unantastbar, zu behaupten, dass wir in dem heutigentags in Burma herrschenden, Theravadabuddhismus die reine und ursprüngliche, vom Buddha gegründete und innerhalb fünfundzwanzig Jahrhunderten unveränderte Religion finden und in den Palipitakas, den kanonischen Glaubensschriften, die echte Lehre des Meisters besitzen, die in der Sprache überliefert ist, die er sprach, und zum größten Teile in den Worten abgefasst ist, die er im Laufe seiner religiösen Mission gebrauchte.

Damit der Leser die ungeheure Ergebenheit eines Volkes, wie des Burmesischen, eines jungen entwicklungsfähigen, eifrigen, fleißigen, keinen Zwang duldenden Volkes für die buddhistische Religion verstehe, deren Leitmotiv Selbstüberwindung und Selbstlosigkeit ist; und damit die Wichtigkeit klar erkannt werde, die darin liegt, das genialste Erzeugnis arischer Denkarbeit unser einem mongolischen Volke zu erhalten, wird es nötig sein, zunächst die Umstände und das Milieu zu betrachten, aus welchem dieser Gedanke geboren wurde. Wo auch immer die Heimat und die Wiege der großen arischen Rasse gelegen haben mag, so können wir doch kaum zweifeln, dass sich diese Rasse zu einer sehr frühen Zeit ihrer Geschichte in zwei große Auswandererströme teilte, deren wahrscheinlich jeder aus mehreren hintereinanderflutenden Wogen bestand. Von diesen beiden Strömen überflutete der eine den Norden und Westen – so wurde Europa bevölkert, – der andere den Süden und Norden, also Persien und das heutige Afghanistan, durchbrach schließlich den mächtigen Grenzwall des Himalaya, zog durch die Täler von Kaschmir ins eigentliche Indien und mündete schließlich in der ungeheuren und fruchtbaren Gangesebene. Je weiter dieser Halbstrom in der Eroberung Indiens fortschritt, und die Eingeborenen kraft seiner höheren Zivilisation und seines stärkeren geistigen Wachstums mehr oder weniger vollständig verdrängte, umso mehr fand sich diese Rasse in einer Umgebung, die von der des nord- und westwärts ziehenden Stromes sehr verschieden war. Unter dem warmen indischen Himmel reifte dieses Volk früher, weil es in jenem geistig fruchtbaren Klima jene Muse zum Nachdenken fand, die in der gemäßigten Zone durch ihre härteren Lebensbedingungen verwehrt ist; so gelangten die indischen Arier sogar schon vor Buddhos Zeit zu einer intellektuellen Höhe, die ihre nördlichen europäischen Verwandten erst jetzt allmählig ersteigen. In der Tat drängten die klimatischen Verhältnisse des Gangestales geradezu zu stärkerer Förderung der geistigen als der materiellen Entwicklung, und so kam es, dass die indischen Arier, die hinsichtlich des materiellen Wohlstandes den Vergleich mit Griechen und Römern allerdings nicht aushalten, diese Völker unendlich überragten in der Philosophie, der Religion und der Erfassung jener tieferen Lebensweisheit, die nur in einer Kultur erreicht werden kann, welche sich von den erbärmlichen Bedürfnissen des Lebens losgerungen hat. Nahrung, Wärme, Kleidung, alles erwarb man leichter, brauchte man in Indien weniger als in Europa; und die Muse, die die Vorbedingung alles tiefen und ernsten Denkens ist, war dort sogar dem Ärmsten gegeben.

So kam es zu der erwähnten Höhe geistiger Entwicklung; und mag auch dem gebildeten abendländischen Leser, der meist nur mit dem Gebiet der römischen, hellenischen und hebräischen Kultur bekannt ist, unsere Behauptung zweifelhaft und unmöglich erscheinen, die Tatsache bleibt bestehen, dass wir in der Pali-Literatur, die wir hier betrachten, die ungeheuerste Wissensentfaltung finden. In den Pali-Pitakas werden die verschiedenen Geistesrichtungen und philosophischen Systeme aufgezählt, welche zur Zeit Buddhos in Indien herrschten: Verzeichnisse, die von höchster Bedeutung und von höchstem Interesse für den europäischen Leser sind, da er in ihnen etwas der neusten Entwicklung des modernen Denkens Gleichwertiges findet, geradezu eine Kopie aller unserer vorgeschrittenen Philosophien, von rohesten Materialismus an bis zu den transzendentalsten, reinsten Weltanschauungen.

Der Hauptunterschied zwischen den Kulturzuständen der orientalischen und abendländischen Arier, die ihrer verschiedenen Umgebung entsprang, erstreckte sich notwendigerweise auf jede Art menschlicher Einrichtungen, denn dieselben typischen Abweichungen offenbaren sich auf jedem Gebiete des Lebens. Was die abendländischen anbetrifft, so kamen aus zwingender Notwendigkeit materieller Fortschritt, materielle Wissenschaft, materielle Entwicklung in erster Reihe; und erst als die Anwendung der Wissenschaft während des vergangenen Jahrhunderts es erreichte, den materiellen Wohlstand des Abendlandes bedeutend zu heben, erst damals fanden die weltlichen Wissenschaften zahlreiche Anhänger und raschen Fortschritt. Vor jener Zeil war der Mensch, welcher sein Geben der Wissenschaft widmete, entweder ein Hexenmeister und Zauberer, oder, wie das Volk sagte, ein müßiger Träumer. Das war der große Mann des Wissens, der am meisten besaß, der die größte Macht über Besitz und Willen seiner Mitmenschen ausübte. Im arischen Indien war alles anders, geistiger Fortschritt, geistige Entwicklung, geistige Wissenschaft, das nahm selbst in der Richtung des Volkes den höchsten Platz ein. Das vornehmste Lebensinteresse war auf Seiten der Dinge, die jenseits des Lebens liegen, und in den Augen des Volkes war nicht der der wahrhaft große Mann, der die meisten irdischen Güter besaß, sondern der, der am meisten wusste. Der abendländische Arier fragte, wenn er etwas Neuem im Leben begegnete: „Wird es sich rentieren?" Oder, was dasselbe sagt: „Was für einen Vorteil bietet es auf dieser materiellen Welt?" Der Orientale fragte unter ähnlichen Umständen: „Ist es eine Wahrheit?"

Und wenn der klare und lichte arische Geist, der vielleicht das größte tätigste, und ernsteste geistige Werkzeug ist, welches die Menschheit je auf unserer Erde hervorgebracht hat, wenn mit dieser schneidigen Waffe im Abendlande neuerdings so wunderbare Fortschritte in der Eroberung der materiellen Welt gemacht worden sind, hat es nicht weniger in Indien zu Buddhos Zeit geleistet in der Eroberung des weiten Landes des Wissens, des königlichen Landes der Wahrheit und des Reiches der tiefsten Dinge des Lebens.

Unsere abendländische Welt hat erst im letzten Jahrzehnt den ersten Schritt unternommen, jene tieferen Lebensformen zu studieren und zu ordnen, in welche das Gemüt in gewissen Zuständen der Erregung Einblick hat; in Indien waren nicht nur die drei Vorstufen geistiger Erfahrung bekannt, die Prof. James in seinem Werk behandelt, sondern acht waren so sorgfältig untersucht worden, waren so zum Gemeingut aller derer geworden, die diese Dinge studierten, dass ihre eigentliche Natur unter einer Menge stereotyper Phrasen verloren ging, die den modernen Studierenden äußerst quälen, weil ihnen die Kenntnis ihrer Einzelheiten vorangehen müsste, die er nicht besitzt; und zu diesen acht Reichen des Denkens, von denen je ein Folgendes höher steht als das Vorangehende – zu diesen acht Reichen fügte Buddha ein neues, jenes Reich jenseits allen Lebens, welches wir heute Nirwana (Nibbanam) nennen.

Der Grund für die ungeheure Hingebung der Burmesen an ihre Religion einerseits und andererseits die Bedeutung und der Wert dieser Religion an sich, wird nun dem Leser klar sein. Jene Hingebung, wie jene Bedeutung und der Wert entspringen dem Umstande, dass wir in der Religion von Burma, wenn sie sich auch in den Herzen einer mongolischen Rasse erhalten hat, die bis vor kurzer Zeit durch die natürlichen Grenzen von See und Hügelland vollständig abgeschlossen war, das erhabendste Ziel und das größte Produkt arischen religiösen Denkens finden, das endgültige Ergebnis jahrhundertelanger religiöser Zucht und Erfahrung, ein Ergebnis, das von uralten Generationen arischer Denker unter für einen Erfolg ebenso günstigen Umständen vervollkommnet worden ist, wie die Bedingungen des abendländischen Lebens für die Entwickelung moderner Wissenschaft günstig waren. Die Parallele geht nicht nur bis zur Ähnlichkeit der Bedingungen, sie lässt sich vielmehr auch zwischen den Fundamentalgrundsätzen der beiden großen Gebiete der Wissenschaft ziehen. In beiden baut sich das ganze Gedankengebäude auf dem Kausalitätsgesetze auf. In beiden wird die rohe, natürliche Auffassung des unreifen Geistes, jene Auffassung, die noch von dem früher herrschenden Animismus herstammt und derzufolge alle Erscheinungen die Wirkung der Tätigkeit irgendeines Lebendigen ist, das, wenn es geistbehaftet ist, Wesen heißt, diese Auffassung wird beiseite geschoben und wir betreten das geordnete Reich, das dem Gesetze gehorcht; und wir dürfen wirklich sagen, dass 2500 Jahre, bevor Newton seine großartige Entdeckung des Gravitationsgesetzes gemacht hatte, der Buddho dasselbe für das Gebiet der tieferen Dinge des Lebens, für das Wissen vom Leben selber geleistet hat in seiner Entdeckung und den Aussprüchen des Universalgesetzes vom Karma.

Eine Religion ohne weit entfernten äußeren Gott, welche, trotzdem sie die animistische Lehre von einer immateriellen und unsterblichen, den menschlichen Körper bewohnenden Seele leugnet, wenn auch nicht Glauben, so doch begründete Hoffnung auf eine Zukunft und ein äußerstes erhabenes Ziel geben kann; eine nicht auf unsinnige Gebete besessene Religion, die dennoch ihren Bekennern jenen Trost gewährt, der dem wahren Gebet so sicher innewohnt, eine dogmenfreie Religion, die dennoch in höchstem Grade das Gefühl der Sicherheit gewährt, die das Dogma seinen Bekennern bringt; eine auf Beobachtung und Nachdenken beruhende Religion, deren Ergebnisse jedem offen daliegen, der die erforderlichen Vorarbeiten auf sich nimmt; eine Religion, die von ihren Bekennern nicht Glauben sondern Erkenntnis fordert: Dies ist das erstaunliche Schauspiel, das die burmesische Religion bietet, ein

Schauspiel, das vielleicht nicht ohne weitgehendste Bedeutung für jenen zweiten westlichen Strom arischen Lebens ist, der vermöge geistigen Wachstums nahe daran ist, sich von allen früheren Glaubensrichtungen zu trennen.

Die burmesische Religion wendet sich bei ihren Anhängern an jedes der großen Gebiete geistiger Tätigkeit, an das Reich des Intellekts durch die Klarheit und Logik seiner Lehren, an das Gefühlsleben durch die ergreifende Geschichte von des Buddho Suchen nach Wahrheit, von seinem Mitgefühl für alle Leiden und von seiner Vollendung; und nicht weniger als durch diese Mächte, durch den höchsten Altruismus, den die tieferen Lehren dieser Religion aussprechen.

Wenn ihr einen Burmesen nach dem Grunde der leidenschaftlichen Hingebung an seine Religion fragtet, so wäre seine Antwort: „Weil sie schön und wahr ist." Und in dieser Antwort klingt der Grundton der gesamten Lehre der buddhistischen Heiligenbücher wieder; denn in diesen Büchern, in der allen Sprache, die der Meister selber redete, und die in Burma dieselbe Rolle spielt wie das Lateinische im mittelalterlichen Europa, finden wir kein Wort, das dem Worte Buddhismus überhaupt entspräche. Das ursprüngliche Wort ist Dhammo und es meint in diesem Zusammenhange sowohl Wahrheit als Gesetz; und die im Pali übliche Bezeichnung für die gesamte Religionskörperschaft kann übersetzt werden durch: „Diese Wahrheit und Lehre"; ein Ausdruck, der der Natur der Religion zum mindesten näher kommt als das moderne Wort Buddhismus. Was immer den Namen Wahrheit führen darf – den Namen tieferer Lebenswahrheit – das ist für den Buddhisten ein Teil seiner Religion; und in der Tat handhabte Buddha, der allerdings manchem damals unter seinen Zeitgenossen herrschenden Terminus technicus eine neue und besondere Bedeutung verlieh, mit seinem Worte: „Wahrheit und Lehre" manchen Gedanken, der durch die indischen Heiligen und Weisen lange vor ihm errungen worden war.

Aus der bisher gegebenen allgemeinen Kennzeichnung des Buddhismus wird der Leser schon ersehen haben, das es in dieser Religion nichts gibt, was den Dogmen und Sakramenten, die den abendländischen Gemütern vertraut sind, entspräche. Aber doch gibt es eine Formel, die, obgleich zu beachten ist, dass in ihr an sich reine spezielle rettende Macht liegt – als der formelle Eintritt einer Person in die Gemeinschaft der Laienschüler des Buddho gelten kann, und deren Aussprechung in gewissem Sinne als ein Gegenstück zur christlichen Taufe oder zur öffentlichen Annahme einer der verschiedenen christlichen Konfessionen angesehen werden kann. Diese Formel ist im Pali als Ti-ratana bekannt, d. h. dreifaches Juwel oder dreifacher Scha; sie lautet: „Buddham saranam gacchami, Dhammam saranam; gacchami, Sangham saranam gacchami." – „Ich gehe zu Buddha als meiner Zuflucht, ich gehe zum Gesetze als meiner Zuflucht, ich gehe zur Gemeinschaft als meiner Zuflucht." – Diese Formel wird dreimal ausgesprochen, und diese Worte sind die Einleitung jeder religiösen Handlung in Burma: ob nun ein Kind ein paar Blumen auf dem Heiligtum seines Dorfes niederlegt, oder ob man sich durch das Ordenskapitel des höheren Grades in die Brüderschaft der Mönche aufnehmen lässt.

Nachdem wir nun in diesen einleitenden Seiten ein Bild von dem Wesen, der Bedeutung und dem Ursprung der Religion gegeben haben, dürfen wir ihre Einzelheiten wohl mit Fug und Recht unter der dreifachen Rubrik der Glieder des Ti-ratana behandeln.

8. Der Buddho.

Das Wort Buddho kommt von dem indoarischen Wurzelwort Buddh, wach sein, gewahr werden und daher wissen, und bedeutet: Der Wache, der Erleuchtete (=der Göttliche). Daher ist es kein Name, sondern ein Titel, es ist die Bezeichnung eines Amtes, einer gewissen erreichten Höhe. Und wollen wir es ganz genau ausdrücken, so bezieht sich der oben genannte Ausdruck mehr auf das Amt selbst, als auf den, der es bekleidet: doch wie ein Untertan unserer Zeit die Wendung: „Der König" zu gebrauchen pflegt, wenn er seinen eigenen König meint, so spricht der Buddhist gewöhnlich von „dem Buddho" und denkt dabei an den ganz bestimmten indischen Weisen, der die heutige buddhistische Religion" schuf. Die buddhistische Legende erzählt, dass von Zeit zu Zeit auf unserer, wie auf anderen Erden (der Buddhismus lehrt das Vorhandensein unzähliger bewohnter Welten neben der unsrigen) ein Mann ersteht, der aus eigener Kraft höchste Klarheit, Sammasambodhi, die wahre Buddhoschaft erlangt, weil er zur Erlösung leidender Wesen den langen Weg zur Erkenntnis der Wahrheit gegangen ist; und wenn er diese höchste Stufe erreicht hat, verkündet er der ganzen Menschheit den Pfad, der sie, falls sie ihn beschreiten, demselben Ziel zuführt: vollkommener Weisheit und Mitleid mit andern. Diese jedoch, die der durch einen wahren Buddho gegebenen „Wahrheit und Lehre" folgen und in diesem Leben zu demselben letzten Ziele vollkommenen Seins gelangen, werden nicht Buddhos, sondern Arahas genannt, (das heißt, die Erlösten, die Verehrten) während eine dritte Klasse von Menschen, die durch eigene Kraft aber im Verlaufe von mehreren Leben, das Ziel der Vollkommenheit erreichen, die also den Weg für sich selbst finden, anstatt dem durch einen wahren Buddho gewiesenen Pfad zu folgen, – Pacceka-Buddhos genannt werden, – das heißt: „Die durch eigene Kraft Erleuchteten." Sie unterscheiden sich von einem wahren Buddho dadurch, dass sie die Wahrheit nicht um anderer willen gesucht haben, sondern nur für sich allein; ihnen fehlt die besondere „Iddhi des Dhammo" – die Gewalt der Wahrheit, welche einen wahren Buddho befähigt, die Worte so zu gestalten, wie sie am besten die Herzen seiner Mitmenschen bewegen können, um auch sie dahin zu bringen, den „Pfad des Friedens" aufzusuchen. Buddhismus ist in gewissem Sinne Seelenwanderungslehre, das heißt, er lehrt, dass jedes lebende Wesen bereits vor seiner Geburt gelebt hat und nach seinem Tode fortfährt, zu sein: und in Übereinstimmung mit seiner Auffassung von Kausalität erklärt er den Zustand jeder Geburt für kausal abhängig von den Taten aller früheren Leben, welche ihr vorangingen. Daher ist die erste Grundbedingung für die allmählige Erlangung der wahren Buddhoschaft ein unendliches, allumfassendes Mitgefühl für das Leiden, das allem Leben wesentlich innewohnt, und der Wunsch, eine so mächtige Wahrheit zu finden, dass man durch ihre Hilfe ewige Erlösung vom Leide der Wiederkehr erlangen kann: die zweite Bedingung ist, um dieses Zieles willen die 10 Haupttugenden auszuüben und sich in ihnen während jeder Wiederkehr durch Ergebenheit und Selbstaufopferung zu vervollkommnen; die dritte Bedingung aber ist, dass der sich selbst zum Buddho bestimmende, den unermessliches Mitleid erfüllt, und der, um der Leidenserlösung willen, nach der höchsten Erleuchtung ringt, sich in Gegenwart eines wahren Buddho dieser erhabensten Aufgabe widmet und hiernach die 10 Haupttugenden ausübt, bis der „notwendige Kraftgrad der Wahrheit" erworben ist. Ein Mensch, der diesen Bedingungen genügt und endgültig beschlossen hat, (anstatt die Wahrheit für sich selbst zu suchen, und so Nirwana und das Jenseits von allem Leben zu erreichen) Wiedergeburt auf Wiedergeburt zu erleiden und auf diesem Wege ein wahrer Buddho zu werden, ein solcher Mensch ist ein Bodhisatto oder ein zukünftiger Buddho, das ist einer, der es wird, vom Augenblick seiner Hingebung an diese Aufgabe bis zum Augenblick der Erreichung des Ziels, der

Buddhoschaft. Der in unserer jetzigen Welt als der Buddho bekannte Mensch vervollkommnete sich auf solche Weise in den zehn Haupttugenden durch 550 einander folgende Wiedergeburten hindurch (wie die Legende berichtet) – und schon in der ersten erhob er sich zu einer solch geistigen Höhe, dass er in jeder einzelnen dieser Wiedererscheinungen die Arahatschaft das Nirwana und mithin die eigene, ewige Erlösung hätte gewinnen können, wenn er nicht auf Kosten seines eigenen, für ihn allein gültigen Wahrheitslohnes, zu Wiederkehr nach Wiederkehr, zu Leben nach Leben voller Selbstaufopferung entschlossen gewesen wäre, auf dass er so den Weg zum Frieden für alle bahne.
Wenn wir nun von diesen überlieferten Einzelheiten aus den früheren Existenzen des Bodhisatto zu dem sein letztes Leben betreffenden historischen Fakten übergehen, so finden wir, das Er, dem dereinst mehr Verehrung gezollt werden sollte als irgendeinem andern der großen Lehrer der Menschheit, in Nordindien, in der 1. Hälfte des 6. Jahrhunderts v. Chr. geboren wurde als der Sohn Suddhodanos, des Königs oder Oberhauptes des adelsstolzen Stammes der Sakyas, der Fähigen. Der Raum, der uns für unsere Abhandlung gewährt ist, und die Länge, die wir ihr schon geben müssen, selbst wenn es sich um bloße Skizzierung dessen handelt, was die Religion von Burma lehrt und umfasst, machen es uns unmöglich, hier mehr als einen Umriss der Geschichte dieses Lebens zu liefern, das die Geschichte von Asien veränderte und das die Geschichte der ganzen Welt noch verändern kann. Wer sich mit seiner Bibliographie inniger vertraut machen will – und in der Tat ist der wundersame Bann, den der Buddhismus auf seine Bekenner ausübt, geradezu den zum Herzen sprechenden und die Herzen erleuchtenden Tatsachen seines Lebens zu verdanken, und ohne sie wäre eine klare Erkenntnis der burmesischen Eigenart kaum möglich – wer einen tieferen Einblick tun will, sei auf Sir Edwin Arnold's „Die Leuchte Asiens" verwiesen; sowie auf „Die Seele eines Volkes", Bigandet's „Leben und Lehre Gotamo Buddho" und auf die ganze Reihe der diesbezüglichen bekannteren Werke. Hier müssen wir uns, wie gesagt, auf einen möglichst gedrängten Abriss beschränken.
Der Sohn des Königs Suddhodano und seiner Gemahlin Mayadevi erhielt den Namen Siddhattho, „Allbeglückender", einen Namen, der seine Universalbedeutung bezeichnen sollte, denn die Brahminen hatten ihm das Horoskop gestellt, und hatten verkündet, Er würde ein Cakkavattin, ein weltbeherrschender Kaiser werden oder höchste Erleuchtung erlangen, auf irdische Macht und Heimat und Königreich verzichten, um Allgewalt im

glorreicheren Lande der Wahrheit zu erringen. Dieser junge Prinz, der im späteren Leben gewöhnlich bei seinem Stammesnamen Gotamo genannt wurde, ward von Kindheit auf mit allem Glanz und Pomp und Zeremoniell umgeben, die ein orientalischer Hof jener Tage gewähren konnte. Das weltlich fühlende Herz seines Vaters, dem derselbe Geist der Verachtung der Wahrheiten des Lebens innewohnte, derselbe Geist der aus Rücksicht auf hohe Staatsinteressen auch heutige Königreiche zu Religionswechseln bewegt, wünschte für seinen Sohn durchaus kein geistiges Reich, sondern nur die weltliche Königsmacht, die auf Kosten des Leides von Tausenden erkämpft worden war. Sein Traum war wie der Prinz Königreich nach Königreich eroberte, bis das ganze Weltall seinem Szepter sich neigte. Der Prophezeiung eines der größten seiner Weisen gedenkend, der ihm bei der Voraussage des künftigen Ruhmes seines Sohnes auch mitgeteilt hatte, dass von den zwei Pfaden des Lebens dem Prinzen nur einer, nur der Pfad geistiger Vollendung wahrhaft offen lag; und ferner des Wortes dieses Weisen gedenkend, sein Sohn würde den unwiderstehlichen Drang empfinden, die Welt zu verlassen, sobald er erkannte, dass Krankheit, Leiden und Tod das gemeinsame Erbe aller Lebenden sei, – dieser Prophezeiungen eingedenk ließ der König den jungen Prinzen in einem Palast erziehen, aus dem jeder Anblick, ja jede Erwähnung dieser Übel verbannt waren, so glaubte er ihm jeglichen Anlass zum Mitleiden zu nehmen, bis er schließlich unentwegbar in den Strom irdischer Eroberungen, menschlicher Herrschaft eingetreten wäre.

So bewahrt vor der Erkenntnis des Leidens der großen Welt, umscherzt von jungen und schönen Gespielen, die alle voll Sorgfalt bedacht waren, in keinem Worte sich zu vergessen, das ihm vom Leide jenseits dieser behüteten Palastmauern erzählen könnte, in einem Leben nimmer endender Lust, und in den Spielen und im Ernst seiner königlichen Kaste unterwiesen, wuchs der Prinz zum Manne empor, träumte niemals von Schmerz und Krankheit und Sorge, noch von Alter und Tod. Aber trotzdem er derart abgeschlossen war durch diese freundschaftliche Verschwörung, umgürtet von Schweigen und weltlicher Liebe, bemerkte sein Gefolge gewisse Zeichen, die des Königs Herz mit Furcht erfüllten. Oft, so sagte man ihm, verfiel der Prinz, aller Bemühungen seiner jungen Gefährten ungeachtet in tiefe Träumerei, in stundenlanges schweigsames Sinnen; und als er im Mannesalter die Tochter eines benachbarten Königs, Prinzessin Yasodhara liebte und heiratete, freute sich Suddhodano von Herzen, denn nun glaubte er in weltlicher Liebe sei nun die Fessel gefunden, die den

Prinzen stärker als alle Palastwachen anschmieden könnte. Mit 19 Jahren heiratete er, doch zehn Jahre lang blieb er kinderlos zum tiefsten Kummer des Königs, der ungern diese zweite Fessel, die seinen Sohn hätte ketten können, vermisste.

Aber alle Vorsichtsmaßregeln des Königs waren schließlich vergeblich, so ganz vergeblich, wie alle Pläne und Absichten weltlicher Politik und Berechnung zuletzt sind, da doch der Tod der Herr und der Lohn alles Lebens sind. Was die Gegenwart dem Prinzen nicht sagen konnte, das waren seine früheren selbstlosen Existenzen bereit, ihm zu enthüllen. Und die Geschichte meldet, wie durch allen Pomp und alle orientalische Sinnenpracht die Wahrheit sich schließlich in des Prinzen Herz heimfand. Sogar dort inmitten des beschützten Parkes des Palastes in seinem Sonnenlicht, durch das der Duft der schönsten Blumen des Lebens zog, selbst dort war die Liebe, die nicht verleugnet werden, die Wahrheit, die nicht verborgen bleiben wollte, wirksam und fand ihren Weg durch alle vorhergegangenen Leben von Selbstaufopferung für die Welt, erzählte ihm, dass alles, was lebt, der Sorge und Verzweiflung, der Krankheit, dem Alter und dem Tode unterworfen ist. Für ihn ward der Schleier, der uns das hingeschwundene Leben verbirgt, und uns von der darinnen aufgesammelten Weisheit trennt, für einen Augenblick gehoben; ihm zeigte sich eine Erscheinung, die allen Augen unsichtbar blieb; er vernahm eine Stimme aus der unentsinnbaren Vergangenheit, und sogar, als er in seinem Wagen mit seinem nächsten Freunde fuhr, fand sich die Wahrheit, die bittere Wahrheit über das Leben, sie fand sich ein.

Die Menschen waren damals in Indien zur Einsicht gekommen, dass kein Mensch den weltlichen Pfad zugleich mit dem Pfad zum inneren verborgenen Lande der geistigen Wahrheit und des Lebens gehen kann. So war es der Brauch geworden, dass, wenn ein Mann den Ruf des religiösen Lebens vernommen hatte, er alles verließ – Heimat und Freunde und alle weltlichen Verhältnisse – und mit dem gelben Mönchsgewande angetan, über die Welt hin wanderte, und während er durch die Tiefen des Reiches der Seele pilgerte, sein täglich Brot von der Milde der Ärmsten seiner Mitmenschen erbat. Krankheit, Alter und Tod traten in einer Erscheinung personifiziert vor seinen Blick und zuletzt erstand vor ihm das Bild eines der wandernden Asketen und bei all dem hatte sich die Erinnerung an die vergangenen Existenzen in seinem Herzen geregt, und er hatte gesehen und erkannt, was es an der Zeit für ihn war, zu tun. Konnte die Wahrheit in einem Palaste wohnen, in einer Stätte der Betäubung des ungeheuren

Leidens, das er auch auf den Höhen des weltlichen Lebens fand, das er damals doch lebte? Nein, nimmermehr, und da beschloss der Prinz in jener selben Nacht zu fliehen, als heimatloser Wanderer den Weg der Befreiung zur Heilung des Leidens der Welt zu gehen.
Und gerade damals, als des Königs letzte Hoffnung wahrlich in Staub zerstoben war, gerade, als er schweigsam und voller Gedanken von seiner letzten Ausfahrt heimkehrte, brachten sie dem Prinzen die Nachricht, nach welcher Suddhodano so gierig ausgeschaut hatte. Ihm war ein Kind, ein Sohn geboren worden. Auf seine Worte lauschend, hörten ihn die verständnislosen Diener murmeln: „Das ist eine neue Fessel, die ich zerbrechen muss," und daraufhin nannten sie seinen Sohn Rahulo, den Fessler; und später, als Rahulo einer von seines Vaters begeistertsten Anhängern geworden war, trug er diesen Namen sogar in der Bruderschaft. In jener Nacht, als alle im Schlafe lagen, fuhr der Prinz mit seinem getreuen Wagenlenker von Haus und Heimat, von Weib und Kind, von Pracht und Liebe hinweg; und an der Grenze des kleinen Königreiches seines Vaters warf er sein königliches Gewand ab und ging dahin, in das gelbe Gewand der Wanderer gehüllt, um nimmer wieder in das Antlitz derer zu blicken, die er geliebt, bis höchste Erleuchtung in seinem Herzen die Grenzen des Reiches der Liebe geweitet hatte, so dass es die Unendlichkeit jedes lebenden Wesens umfasste. Er, der im Schosse der Üppigkeit erwachsen war, sollte nun von der Bettelnahrung, die ihm die Milde bot, leben; der in einem Palast erzogen war, musste auf bloßer Erde schlafen. Er war nun nicht länger ein Fürst, er wohnte unter den niedrigsten der Welt, – aber sie waren auch die Heiligsten. Er hatte getan, was wahrhaft groß war: Verlassen hatte er den Weg der weltlichen Weisheit, aufgegeben die Hochschätzung für sein königliches Haus: beiseite gestoßen jenen Schaffell von Besitz, den die Kinder der Welt etwas Wirkliches nennen, hatte es getan um des inneren Lichtes der Seele willen, für das wahre Reich geistigen Besitzes.
Und doch hatte er vorerst nur für einen Traum, für eine Hoffnung diesen großen Verzicht getan. In seinem Herzen lag ein Vorrat inneren Wissens aufgespeichert, aus dem er sich für alles, was er beiseite geworfen, hätte bezahlen können; es war nur eine vor ihm aufleuchtende Hoffnung, die allerdings, das dürfen wir wohl sagen, alles, alles, nur nicht Verzweiflung war. Sicher musste irgendwo, irgendwie ein Heilmittel für alles Leiden sich verbergen.
Sechs lange Jahre hindurch suchte er sie, jene Hoffnung, die uns allen so

nahe, und die doch so schwer zu finden ist. Damals glaubten die Menschen, dass sie Weisheit nur durch Abtötung, durch Kasteiung des Fleisches erlangen könnten: wie die Asketen aller Zeilen und Länder einzig Erkenntnis zu erlangen glaubten, wenn sie den irdischen Leib als Feind ansahen. So halfen sich die indischen Mönche jener Zeit, wie schon gesagt, zu Tiefen der Erkenntnis durchgerungen, die jenseits alles dessen liegen, was der Westarier jemals gelernt hat. Sie erkannten kraft tiefsinnigster Betrachtung den Weg, aus diesem unseren wachen Zustande ebenso zu erwachen, wie man aus einem Traume erwacht: Stufe um Stufe die geistige Vollkommenheit zu erklimmen, Tiefe um Tiefe das Geheimnis des Daseins zu ergründen, sodass, während der irdische Leib noch in Zuckungen lag, die befreite Seele durch Höhen und Tiefen der Ekstase schwebte, die so mächtig war, wie unser Gedanke sie niemals ermessen kann, wie es in Träumen ist, wo wir das klarere, lebhafte Bewusstsein wachen Lebens verloren haben. Was solcherart die Grübler damals wussten, das sammelte der ehemalige Fürst mit großem Eifer, indem er von einem greisen Lehrer zum andern ging, ihre Methoden lernte und selbst die verschiedenen Arten ihrer seelischen Ekstasen und ihrer Entsagungen durchmachte, bis schließlich kein Meister, kein Heiliger mehr lebte, der tiefer in die Abgründe des Daseins eingedrungen war, als er; keiner der wandernden Mönche war so berühmt als er wegen der furchtbaren Strenge seiner Busse, wegen des strengen Befolgens der Wachen und der Fasten.

Wahrlich, er stieg hinan zu den Höhen des Daseins, zu jenem Erhabensten, jenem Äußersten des bewussten Seins hinan, das man in Indien als das Brahman oder das Paramatman kennt: Die höchste Stufe der Selbstheit, das Licht des Lebens, demgegenüber das ganze Universum sozusagen nur ein Schatten ist. Zu jenem universalen Bewusstsein rang er sich empor und kehrte zur Erde zurück in einem Zustande, der an Verzweiflung grenzte. Denn wie schon alle anderen, die jenes höhere universale Selbst kraft des Lichts ihrer allumfassenden Erkenntnis erreichten, eingesehen hatten, – so erkannte auch er, dass es selbst hier kein Ende gab, keinen unendlichen Frieden, wie er ihn zur Befreiung von allem Leiden suchte. Denn, wie erhaben, und wie außerordentlich die Gipfelhöhe des Lebens auch sein mag, die Selbstheit regiert auch hier und mithin der Wunsch, so wie es einer der atlen indischen Weisen gesungen hatte: „Im Anfang erwuchs der Wunsch in dem, was der Keim und der Urbeginn der Seele war." Verfeinert und erhaben, wie es war, stand es dennoch unter der Knechtschaft des Wunsches und es war, wie es die Rishis (Weise) lehrten, dass Brahman das

Wünschen, das ganze Universum aus sich, kraft seines schöpferischen Gedankens erneuert hatte, und wenn endlich nach dem „Zeitalter des Brahman" alle lebenden Wesen auf den zahllosen Wegen leidenden Lebens wieder einmal zu jener Gipfelhöhe des Lebens gelangt sein werden, selbst dann, nach der unermesslichen Periode der Ruhe in der „Nacht des Brahman" muss das ungestörte Wünschen aufs Neue sprossen und ein neues qualvolles Universum muss entstehen, – und so fort in Ewigkeit.
Aber von diesem fürchterlichen Kreislauf nimmer endenden Lebens, mit dem die Qual für immer verschmolzen war, wollte er, der so weise geworden, den Pfad zur Befreiung, zur Zuflucht finden; ein endgültiger Frieden, ein unverlierbares Ziel war das einzige Heilmittel für all dies leidgetränkte Leben. Er erkannte, dass in diesen einseitigen geistigen Übungen der Rishis und in den grässlichen Härten, die sie an sich selber vollführten, nicht jener sichere Frieden lag, den er zu erlangen gehofft hatte, und darum wandte er sich von ihrem System und ihren Übungen ab. Das war der Augenblick, in dem seine wenigen Jünger, fünf an der Zahl die ihm so weit gefolgt waren, ihn verließen, es war die Stunde seiner Enttäuschung und seiner Verzweiflung. Er, der seinen Leib kasteit hatte, wie niemals ein Heiliger in Indien, nahm noch einmal zur Erhaltung seines Körpers Nahrung auf. Diese fünf aber, die es wagten, wie es die kleinen Geister immer wagen, das Verhalten ihres Meisters zu verurteilen, verließen ihn in der Meinung, dass er sein Ziel nun nimmer erreichen könnte. Aber immer geht dem Morgengrauen die dunkelste Stunde voran. Und so war es auch bei dem Bodhisatto. Wir können wohl begreifen, wie nach jener anmaßenden Verurteilung und in seiner Verlassenheit seine Gedanken für einen Augenblick schwankten, sich zurückwendeten nach all dem, so wirklich erscheinenden Leben, das er weggeworfen hatte für dieses hier. Damals, als seine Jünger ihn in kleinlicher Verachtung verließen, weil er nicht nur merkte, dass die qualvolle Askese von sechs langen Jahren ein Irrtum, ein Fehler war, und dass auf diese Weise kein Pfad zur Freiheit sich auftat, sondern auch den Mut hatte, einen Weg, den er für falsch hielt, aufzugeben; damals als er geschwächt war durch lange Fasten und Wachen und der Kleinlichkeit des Lebens überdrüssig, wie es selbst der Größte sein muss und wie er müde war der Nichtigkeit selbst unseres höchsten Strebens, damals muss, das können wir wohl begreifen, sogar jener mitleidige Geist noch einmal zu dem Gedanken an alles weltliche Wohlsein, das er aufgegeben hatte, zurückgekehrt sein. Vater und Weib und Kind, befreundete Gestalten und geliebte Genossen seiner Jugend, der

Thron, der immer noch seiner harrte, die sichtbare Wirklichkeit der Königswürde, wie müssen alle diese Dinge ihm lockend zugerufen haben, ihm, dem Vereinsamten, dem man nicht mehr glaubte, und den man schmähte, weil er selbst als Besiegter keinen Augenblick auf einem Pfade bleiben wollte der wie er einmal erkannt hatte, nicht zum erstrebten Ziele führen konnte. Nicht für sich, sondern um der Menschheit, der Welt zu helfen, hatte er diese Dinge im Stiche gelassen, und doch halfen beim bloßen Scheine einer zeitweiligen Niederlage, alle jene, welche für ihn das so heiß erstrebte Reich vertraten, ihn ungläubig verlassen. Die Bücher erzählen uns, und zwar wiederum in orientalischer Bildersprache, wie diese letzte schreckliche Versuchung ihn überkam, wie Maro, der Versucher der Menschenherzen, der in jedem von uns lebende Geist der Weltlichkeit, seine Scharen zum Kampfe führte, zum letzten Kampfe zwischen dem Guten und dem Bösen seiner Seele. Dort in dem einsamen Dschungel entstand der Streit, als er unter dem, später seinem Andenken geweihten Bo-Baume saß: vor seinem Blicke sah er den peinvollen Kampf jener sechs schweren Jahre.

Hatte er nicht alles versucht, nicht jeden Weg mit eigener Kraft beschriften, und nach der höchsten Stufe des Daseins, von welcher die alten Heiligen sangen, gerungen? Er war tief vertraut mit Daseinszuständen, die so außerordentlich und wunderbar waren, dass die Menschen ganze Zeitalter damit verbringen könnten, um nach ihnen zu suchen und doch vergeblich zu suchen. Die allen Heiligen sagten, hiermit sei das Ende erreicht und über das Brahman hinaus führe keine weitere Stufe, und doch, gerade in diesem Brahma war noch eine Fessel, und gerade dieses Herz allen Lebens war noch dem Gesetze des Wandels unterworfen, weil in ihm noch das Wünschen regierte. Der Wunsch! Der Wunsch beherrschte die Höhen und Tiefen des Lebens und wurzelte in der eigentlichen Burg der Selbstheit; und wenn es von ihm sogar auf der Gipfelhöhe des Lebens in der erhabensten, das ganze Leben umfassenden Selbstheit keine Befreiung gab, wie konnte es dann dort eine Erlösung vom Leiden geben, da doch des Leidens Ursache im Wunsche liegt, im Wunsche des Selbstes. Was in der Tat nützte es, alle Güter des Lebens aufzugeben, und die Welt auf der Suche nach der Befreiung für das ganze Leben wegzuwerfen, wenn man auf die Weise nur die geringere Knechtschaft mit der höheren vertauschte, die groben Wünsche des weltlichen Lebens, das armseligere Gebiet der niederigen Selbstheit für jene allumfassende Selbstheit des Brahman; wenn man auf diese Weise das Leiden von Jahren für das von Äonen eintauschte, wenn selbst das Brahman noch Selbstheit war, noch unterworfen jenem unerbittlichen Gesetze, nach dem jeder selbstische Gedanke Leid erzeugt. So nahte dem Bodhisatto, als er einsam unter dem Baum saß, den die Buddhisten den Bodhi-Baum oder Baum der Weisheit (= Yggdrasil, der quabb. Lebensbaum. Der Hrsg.) nennen, die Große Versuchung – der Kampf mit Maro, dem Bösen und seiner Heerschar – die Macht des Bösen, die das Selbstische in seiner Seele noch einmal rief: Der Entscheidungskampf im großen geistigen Reiche um die Herrschaft zwischen den Mächten des Bösen und des Guten. Und zuletzt und so ist es ja immer, triumphierte das Gute, und das Böse erlag, um niemals wieder in jenem Herzen sich zu erheben. Eben zu jener Stunde, als er unter dem Baume der Weisheit saß, fasste er den gewaltigen Entschluss: „Nimmer will ich aufstehen von dieser Stätte und sollte mein Leib vor Hunger verfallen. Es sei denn, ich finde eine Weisheit, die größer ist, denn die Weisheit der Heiligen aller Zeiten", und als er auch die letzte schreckliche Versuchung – die Erscheinung seines weinenden Weibes, das ihn zu Lust und Liebe zurückrief, als er auch diese besiegt, als sie geflohen war, da sprangen vor seinem geistigen Auge die versiegelten Pforten zu einem neuen Pfade auf: einem Pfade, dessen bloßer Name längst dem Gedenken der Heiligsten dieser Erde erstorben war. Der Pfad war es, der zur Befreiung von aller Knechtschaft, der Pfad der Selbstlosigkeit, der an des Lebens jenseitige Gestade führt. Durch die lange Folge so manchen vergessenen Lebens sandte er seinen Blick fern hin in jene Zeit zurück, in der er, der damals Sumedho hieß und als asketischer Wanderer der höchsten Heiligkeit nahegekommen war, sich vor Dipasskaro, dem wahren Buddho unendlich fernliegender Tage, zurückgewandt hatte von dem Pfade, den dieser seinen Anhängern gewiesen, und den großen Entschluss gefasst hatte, selber ein wahrer Buddho zur Erlösung der Welten zu werden. In dem Lichte der neuen Morgenröte, die ihm nun erstrahlte, vermochte er jetzt die deutliche Ursachenkette dieses erhabenen Pfades zum Frieden zu erkennen. Nicht war es der wohlbekannte Pfad der indischen Heiligen und Weisen, der Pfad, der von Daseinshöhe zu Daseinshöhe führte, und dennoch von den Ketten einer verfeinerten Selbstheit belastet blieb; dieser so neue und doch so alle Weg erstreckte sich nicht durch die aufeinander folgenden Ebenen des Bewusstseins, nein, das war der Pfad der Selbstlosigkeit, der aus zahllosen Taten der Selbstaufopferung entspringt, dessen Grund, das Mitleid, mitleiden mit leidendem Leben, so groß und stark geworden, bis es alle lebenden Dinge umfasste. So wie ein Mensch erleuchtet wäre, dessen

Geist zur Wahrnehmung der vierten räumlichen Dimension fähig wäre, zu der der Weg von Höhen und Tiefen, von oben oder von unten aus gleicher Weise im dreidimensionalem Raum führte, so erkannte nun er, dass dieser neue Pfad gleicherweise von höchsten wie von tiefsten Regionen des bewussten Lebens aus führte. Wo kein Gedanke ans Selbst ist, da liegt jener Pfad des Friedens, so schwer zu erreichen und doch allen so nah. Und als er sich tiefer in diese abgrundtiefe Meditation versenkte, da erkannte er hinter den Kausalreihen all jener Leben die sie alle bewegende Kraft; den zwölfgliedrigen Kreis der Verursachung, das Nichtwissen, die Unwissenheit. – Das Nichtbegreifen erzeugt unvermeidlich bewusstes Leben, Wandel, Tod und darnach wiederum Leben. Und hier zeigte ihm seine wachsende Erkenntnis aufs Neue, dass das Selbst der Feind war und wie in ihm dieser ganze Kreis des sich selbst wiederholenden Wandels wurzelte; und er sah, dass, wenn das Denken und Hoffen des Selbstes erstorben wäre, dass dann mit ihm die Wirkungskraft des Gesetzes des Lebens erstürbe, die Kraft, welche hintreibt zu Geburt und Tod, erloschen wäre.

Wenn er so seinen Pfad bis zum Ende ging, gelangte er ans Ziel, in einen Zustand jenseits alles Lebens und Sterbens, wo das dreifache Feuer der Unwissenheit, des Hasses und der Selbstverblendung nicht mehr brennen kann. Dort ist das Ziel und die Hoffnung des Lebens, der Zustand des Friedens, der dort regiert, wo das egoistische Selbst tot ist. Höchste Frucht des Lebens und dennoch jenseits und anders als alles Leben, so erwächst Frieden aus der Asche des ausgebrannten Selbstes, wie aus zerstörter und zerstreuter Saat, aus Kot und Dunkelheit der Erde die Blume zur alles segnenden Sonne emporblüht. Frei von allen Fesseln, Besieger des Selbstes, Herr der verborgenen Mysterien, von Pein, Geburt und Tod, ein wahrer Buddho, ein höchst-Erleuchteter, im Herzen die große Erkenntnis, die jeden, der lauschen will, in Nibbanams Frieden führen kann.

Als nach jener schweren nächtlichen Versuchung die Sonne aufging und in seinem Herzen die herrlichere Sonne erhabenster Weisheit, da stand der Pfad des Friedens noch einmal der ganzen Welt offen. Ungezählte Millionen haben seither jenen Pfad beschritten und selbst heute, da bald zweieinhalb Jahrtausende verflossen sind, suchen Millionen den Pfad und folgen ihm als der Hoffnung und dem Licht und Ziel des Lebens. Über das Reich Burma, in dem diese Worte geschrieben wurden, herrscht diese Erkenntnis als höchste Botschaft, ist niedergelegt in Altären und Klöstern und Tempeln, ist eingeschrieben in die Herzen und in das Leben von

Männern und Frauen.
Noch 40 Jahre nach der Vollendung lebte der Meister und lehrte die wachsende Schar seiner Anhänger, bis er schließlich in das Schweigen einging, in den tiefen Frieden, zu dem er den Weg gewiesen. Die ganze Zeit der Ausübung seiner Liebe und Weisheit muss notwendigerweise hier übergangen werden; es könnte scheinen, als wäre den früheren Jahren des Strebens und Suchens zu viel Raum im Verhältnis zu jener längeren Periode gewährt, in der ihre Früchte aufgespeichert wurden. Wir können antworten, dass in diesen Jahren die geheimnisvolle Macht des Meisters über die Burmesen liegt. Als er erst ein wahrer Buddha geworden, sich zur höchsten Erleuchtung durchgerungen hatte, frei von den Ketten der Selbstheit und Herr und Lehrer der Götter und Menschen war und seine Persönlichkeit ganz aufgegangen in seinem allbeherrschenden Amt, da war eine Höhe erreicht, an die der Menschen Herzen nicht zu denken wagen, so heilig, so hoch ist sie. Aber als den Irrenden, als sich selber Quälenden in sechs langen Jahren, als den, der eigene Torheit ernannte, den die Jünger verließen, weil er nicht länger dem für unwahr Erkannten folgen konnte, als diesen können die Herzen der Menschen ihn denken, dann kann der Gedanke an ihn unser Leben zu höherem Adel erheben, kann unseres Lebens Tiefen bewegen, bis wir uns sehnen – ach, wie vergeblich, – ihm ein wenig, ein wenig ähnlicher zu werden, unser Leben ein wenig ähnlicher jenem Leben zu machen, das er lebte!
Nur etwas aus seinem hohen Leben muss noch erzählt, kann nicht ausgelassen werden, denn es ist eine Sache, deren tiefe Bedeutung erfasst werden muss, damit man die ganze unvergleichliche Geschichte des Buddhismus überhaupt verstehe. Dies ist die Tatsache, dass, als er schied, seine Schüler im Rückblick auf all jene Jahre beständiger Unterweisung und Vorbildlichkeit, sagen durften: „So ging er nun hin, der Große, der liebende Lehrer, der niemals ein zorniges oder ein grausames Wort sprach."
Nur das und doch welcher Segen für die Menschheit ruht in diesem kurzen, zusammenfassenden Urteil über ein Leben, über das erhabenste Leben aus den Lebensmyriaden der Menschen. Der Lehrer, der Gründer einer großen Religion, inmitten einer Schar, die die verschiedenartigsten Meinungen verfocht. Er, der vierzig Jahre lang neu gefundene Wahrheit lebte, durch die seine Mitmenschen zu erlösen, sein brennender Wunsch war – er sprach niemals ein zorniges oder grausames Wort. Der du dies liest, bedenke, welche Macht der Wahrheit aus diesem kleinen Satze klingt. Vierzig Jahre lang ein Leben des Lebens und niemals ein zorniges Wort, kein Wort des

Tadels oder herber Anklage der Weltlichkeit seiner Zeit; keine Höllenandrohung für jene, die den von ihm gewiesenen Pfad nicht gehen wollten. Dass seine Anhänger dieses Wort von seinem Leben sagen durften, erklärt auch, was so seltsam mir allen großen Religionen der Welt kontrastiert: dass die Buddhisten sich rühmen dürfen, dass um ihres Glaubens willen noch nie ein Tropfen Blut vergossen ward, keine Verfolgung, kein heiliger Krieg sich entspann, obgleich heute 500.000.000 Menschen zu seinem Namen, zu seiner Wahrheit sich bekennen. Und stünde diese Tatsache auch ganz allein, so wäre sie ein unübertreffbarer Beweis für die Wahrheit seiner Religion, denn wissende Menschen kämpfen nicht mehr und verurteilen nicht zornig jeden andern; wo Weisheit ist, da ist vollkommene Duldsamkeit. Die Dinge, um deretwillen die Menschen Kriege führen, sind kraft desselben Beweises falsch; wo Hass und Drohung herrschen, da lebt die Wahrheit nicht. Denkt an die spitzfindigen Wortkämpfe der mittelalterlichen Pseudowissenschaft in Europa; an die unendlichen Kontroversen, die zwischen den verschiedenen Schulen der Scholastiker damals tobten und vergleicht das mit dem relativen Frieden der modernen Wissenschaft – wenigstens wo sie fundamentale Sätze betrifft – und die Sachlage ist sofort klar. Um anerkannter Tatsachen willen – wie z. B. das Gravitationsgesetz heutzutage ist, – hat selbst der eitelste und törichteste Mensch noch nicht die zornige Hand gegen seine Mitmenschen erhoben; nur für ihren Wahn kämpfen die Menschen; nur wenn sie leere und falsche Vorstellungen verteidigen, – hassen, kämpfen sie und widersetzen sich.

Nach diesem, wenn auch kurzen Bericht über das erste der drei Juwele oder Zufluchten über den Buddho, wird das Wesen des zweiten Gliedes der Buddhistischen Dreiheit zum Teil schon klar geworden sein. In seiner letalen Botschaft an die Welt sprach der Meister zu seinen Schülern: „Denkt nicht, wenn ich gegangen bin, unser Lehrer ist nicht länger bei uns. Die Wahrheit, die ich euch gelehrt habe, sie soll euer Lehrer sein" und so ist es bis zum heutigen Tage gewesen. Des Meisters Leben und des Meisters Lehre, dies sind nur reziproke Teile einer großen Wahrheit; dass das Leben die Wahrheit ist, ausgedrückt durch menschliche Handlungen, dass die Wahrheit nur der Weg ist, auf dem wir ihm zu folgen suchen. Aus diesem Grunde wurde in dieser Abhandlung der Geschichte des Buddho soviel Raum gewährt, denn mit ihr wird seine Lehre auf einmal klar und einleuchtend, ohne sie muss schlechterdings vieles nur wenig fassbar bleiben!

9. Der Dhammo.

Der Dhammo, die zweite der drei großen Zufluchten ist also die Lehre, die der Meister uns an seiner Statt hinterließ. Das Wort wird aus einer Wurzel hergeleitet, welche „sichtbar da sein", „greifbar erscheinen" bedeutet und wir können es umschreiben durch „Die Wahrheit", wie es in diesen Seifen geschehen ist; oder durch das Gesetz, die Kausalität der tieferen Lebensdinge. Und ebenso, wie durch ein Gesetz eine Reihe von Erscheinungen getragen wird, und wie allein die klare Wahrheit uns über die pfadlosen Fluten des Lebensozeans nach dem jenseitigen Unsichtbaren Ziele tragen kann, so hat auch die Wurzel Dham noch eine zweite Bedeutung, nämlich die Bedeutung: „Dessen was trägt, oder fortträgt, oder weiter befördert." Die Summe der ganzen buddhistischen Wahrheit wurde von einem großen Schüler des Meisters in einer einzigen Strophe ausgesprochen: „Sich des Bösen zu enthalten, alles Gute zu tun; und das Herz zu reinigen, das ist die Lehre der Buddhos." Der erste Ausdruck, „sich des Bösen zu enthalten", umfasst die negative Seite der ganzen praktischen buddhistischen Ethik, man hat dafür das Wort Sila, welches Harmonie (Ausgleich), Tugend bedeutet und alle Anordnungen des Meisters bezüglich der zu unterlassenden Dinge einschließt. Die Sila erscheinen praktisch in der Gestalt der fünf Großen Vorschriften, der fünf für jeden Buddhisten verbindlichen Gelübde, deren Wortlauf gewöhnlich in der alten Sprache des Meisters nach der oben behandelten Zufluchtsformel ausgesprochen wird. Diese fünf sind: Nicht zu töten: Eigentum nicht wegzunehmen; nichts Unreines zu begehen; nicht zu lügen oder verleumden oder harte Rede zu führen; keine berauschenden Mittel zu gebrauchen. Diese fünf Vorschriften sind für einen Anhänger des Meisters unumgänglich bindend; sie stellen das notwendige Mindestmaß buddhistischer Moral dar, und wer beständig eine der fünf Vorschriften verletzt, ist kein Buddhist, wie laut er seine Zugehörigkeit auch bekenne. Buddhismus ist verstehende Wahrheit, und da wir ein wirkliches Verstehen auch in unserem Tun bewahren (so wie wir uns vor brennender Kohle hüten, weil wir verstanden haben: „Feuer ist heiß"), heißt es der verstandenen Wahrheit gemäß zu handeln. Wohl gemerkt, die Menschen sind menschlich, also fehlbar – ein Mensch kann dann und wann gegen eine oder alle Vorschriften sich vergehen, aber wenn er bei der Betrachtung seiner Lebensweise (und zu solcher Betrachtung wird ja der Buddhist beständig angehalten) findet, er habe geirrt, kann er durch wirkliche Reue den Fehler wieder gut machen, durch eigenes Bemühen, sich fortan der Sünde zu enthalten. Über dieses nicht weiter einzuschränkende Mindestmaß, über diese fünf Vorschriften, geht der buddhistische Laie häufig noch aus eigenem Antrieb hinaus und beachtet drei weitere Vorschriften: Nach Mittag keine Speise zu genießen (da man annimmt, das führe zu Trägheit und Unreinheit), keine hohen oder breiten Sitze oder Lager zu benutzen (weil das im Osten, wo man im Allgemeinen auf flacher Erde sitzt, Stolz und Üppigkeit andeutet): seine Person nicht zu schmücken noch mit Parfümen und Salben zu pflegen und sich des Tanzes, der Schaustellungen, des Theaters zu enthalten. Diesen acht Vorschriften – deren drei letzten nur für den Tag verbindlich sind, an dem man sie annimmt – unterwirft man sich gewöhnlich am buddhistischen Sabbath, einem beweglichen Fast- oder Festtag, der sich nach dem Mondwechsel richtet und ungefähr in einer Periode von einer Woche wiederkehrt. An diesen Uposatha-Tagen, und zwar während des „Buddhistischen Frühlings" (der die an der Geburtsstätte des Buddhismus, im Gangestal, herrschende Regenzeit, d. i. ungefähr Juli, August, September, umfasst) legen Männer, Frauen und Kinder, besonders die älteren, die Arbeit nieder und begeben sich in die Nachbarschaft des Klosters ihres Ortes, wo für ihre Bequemlichkeit fast immer ein Rasthaus zu finden ist. Hier bereiten am Morgen die Frauen für die Mönche und Novizen sowohl als für sich selbst und die Familien die einzige Mahlzeit des Tages, dann suchen sie die Mönche vor der Essenszeit auf, wählen die Zuflucht und die Vorschriften je nach ihrem Wunsch acht oder fünf. Im Allgemeinen nehmen die älteren bei der Geschlechter die drei besonders hinzukommenden Vorschriften, während die jüngere Generation nur die üblichen fünf nimmt, sodass sie die gewöhnliche Abendmahlzeit halten darf. Nach der Hauptmahlzeit des Tages, die für Mönche, Novizen und die Laienschaft, soweit sie die acht Vorschriften gewählt hat, vor Mittag beendet sein muss, – begeben sich meistens alle nach dem Kloster selbst, um der Erklärung des Dhammo durch irgendein älteres Ordensmitglied zu lauschen. Dann kehren sie nach ihrem Rasthause zurück, wo sie den Rest des Tages in Meditation und in der Ausübung ihrer verschiedenen Gelübde verbringen; auch entspinnt sich oft – und das ist bei der in Burma selbst unter den Laien herrschenden Vorliebe für das Studium buddhistischer Metaphysik gar nicht ungewöhnlich, – eine Diskussion über die gehörte Predigt oder irgendein besonderes Thema aus dem gedankentiefen

Abhidhammo, jenem Teile der buddhistischen Schriften, der der Betrachtung der Denk- und Lebensvorgänge gewidmet ist. Des ferneren Inhalts der Sila, das heißt der Tugend der ersten Bedeutungsrichtung des Gesetzes, wird später bei der Behandlung des dritten großen Schatzes, des „Sangho ratana" oder Schatzes der Brüderschaft gedacht werden, z. B. der zehn Vorschriften für den Novizen und der 270 Regeln für das Verhalten des Mönches. Hier wollen wir nur das all diesen Befehlen zu Grunde liegende Prinzip feststellen: in ihnen allen sind die Anfänge der Selbstzucht ausgesprochen. Sie alle sind wohlbegründet und haben ihr Vernunftfundament, weil der Inhalt aller die Zufügung von Leid, von Verlust und Schmerzen irgendeiner Art den Mitmenschen gegenüber betrifft. Daher wird der Buddhist von Geburt an, von den ersten Anfängen seines Glaubens an zur Selbstzucht erzogen und dazu angehalten, alle Handlungen, welche einem anderen Leben Verlust oder Leid zufügen könnten, zu unterlassen. So finden wir schon früh in dem Gesetze jene Lehre der Selbstlosigkeit im praktischen Leben, die, wie wir später sehen werden, das ganze Gebäude buddhistischer Lehre krönt.

Der zweite Ausdruck unseres dreifachen Dhammotextes: „Alles Gute tun", fasst kurz das nächste Kapitel der buddhistischen Moral zusammen. Hier sprechen wir von Danam, der Nächstenliebe im weitesten Sinne des Wortes, unter welchem alles einbegriffen ist, was wir die aktive Seite der Moral nennen können, gerade so, wie Sila die negative Seite bedeutete. Es ist, als beginne die Religion mit dem niedrigsten Typus des Menschen, jenem gemeinen und unwissenden Typus, der nur für die Furcht zugänglich ist, die zu ihm sprich: „Dieses Leben ist nicht alles, nichts ist, was nicht in irgendeiner Form wiederkehren müsste; nach diesem Leben musst Du sicher sterben und ebenso sicher wiedergeboren werden. Sieh, wie ungleich die Geschicke der lebenden Wesen verteilt sind, einige sind in den niedrigen und ekelhaften Formen von Insekten und Tieren gebannt und sogar unter den Menschen sind einige groß und glücklich und edel und andere arm und böse und verworfen. Keiner kann dem Tode entgehen und der Tod ist nur die Pforte zu einem anderen Leben. Gerade wie die Distelsaat nur Disteln, und wie der gute Reis nur Reis erzeugt, so ist es mit dem Leben der Menschen und Tiere. Denn über alles Leben herrscht das Gesetz der Kausalität. Wenn Du also jenem niedrigen verachteten, verworfenen und unedlen Leben entfliehen willst, und auch dem anderen Leben, von dem die Weisen wissen, das mit Grauen, Qual und Reue für längst vollbrachte böse Taten erfüllt ist, wenn Du all diesem entgehen willst, so musst Du Silam ausüben, Tugend, wahre Sittlichkeit. Das ist der eine Weg der Flucht vor all der drohenden Masse von Qual".

Aber für jenen Menschen, welcher, – handle er auch aus dem niedrigsten aller Motive, der Furcht – nichts weiter als die fünf Vorschriften befolgt, für ihn gibt es ein inneres Wachstum, das aus ihm einen anderen und darum glücklicheren Menschen macht. Denn das ganze Silam ist wirklich Selbstentsagung, und wenn des Meisters niedrigster Anhänger, der auf diese Art Meister geworden ist, die zweite Stufe des Wachstums betritt, dann verkündigt ihm das Gesetz eine neue größere Botschaft: Die Botschaft vom Danam – Barmherzigkeit und Liebe.

„Es ist nicht genug", spricht es, „deine Freiheit nur gegen das niedrigere, qualerfüllte Leben zu schützen. Es gibt noch eine größere Hoffnung. Wenn Du auch, abgesehen von der bloßen Enthaltung vom Bösen noch Gutes tun willst: wenn Du die heiligen Armen speisen willst und die Kranken und Schwachen und Greise, wenn Du die Mitwelt des Deinigen teilhaft werden lässt, dann wird das große Gesetz mit unfehlbarer Folgerichtigkeit wirksam sein. Wenn Du das Böse meidest, entgehst Du dem niedrigen und bösen Leben; übst Du aber Barmherzigkeit, so sicherst Du Dir selbst ein Leben voll Glücklichkeit und Freude, voll irdischen Segens, oder sicherst Dir ein Leben, das höher ist, als Du ermessen kannst, das Leben der strahlenden Himmelsbewohner, der Kinder des höchsten Glückes." Und so denkt dieser Mensch: „Ich werde jetzt einen geringen Teil meiner Güter hergeben, und dafür in den künftigen Leben ungezählte Reichtümer erlangen, und tut diesen zweiten Schritt, zwar noch aus keinem sehr hohen, aber immerhin nicht so gemeinen Beweggrund wie die Furcht ist; er gibt seine Güter, seinen Reichtum fort, gewährt seine Hilfe und Sorge jenen, die im Leben weniger glücklich sind als er.

Und hier sehen wir es wieder; das Gesetz des Lebens wirkt ein auf das Herz dessen, der gibt; denn dies ist ja das Wesen der Liebe, die gleich einem Magneten nur um so stärker wird, je öfter man ihn braucht, seine magnetische Kraft anderem Stahl mitzuteilen. Der erste Anfang des Gebens, und bleibe es auch ein Geben nur aus Liebe zu sich selbst, die blasse Berührung mit dem Leben und den Nöten anderer weitet die anfänglich engen Grenzen des Selbst; indem er den Armen, den Schwachen, den Verzweifelten und den Heiligen etwas gibt, wird er irgendwie des Lebens der anderen teilhaft, und so weitet sich sein anderes Leben mit jedem Tage. Dies ist die zweite, tiefere Wahrheit, die der Dhammo zu lehren hat; und nirgends in der Welt wird jene große Wahrheit tiefer erfasst und getreuer befolgt, als in Burma. Niemals war eine Menschenrasse edelmütiger, wohltätiger, als diese, was von jeher das Erstaunen jedes Schriftstellers gewesen ist, der wirklichen Einblick in die Herzen und in die Lebensweise dieses höchst interessanten Volkes gewonnen hat. Das ganze Land ist bedeckt mit dem Zeichen ihrer werktätigen Liebe; von der goldenen herrlichen Architektur der Shwe Dagon-Pagode, die in einem Abstand von nur wenigen Jahren für den Preis vieler Hunderttausende von Rupien vergoldet wird, und zwar durch freiwillige Sammlungen des Volkes, bis zu dem Dorfbrunnen oder Kloster oder Rasthause, das den zufällig durchkommenden Wanderern erbaut ist, bis zu dem kleinen Gestell, das ein paar Töpfe klaren kühlen Wassers enthält, die selbst der Ärmste am Wegerande als eine Wohltat für dürstende Pilger aufstellen kann.

In einem Lande, wo die Mildtätigkeit einen so hohen Rang einnimmt, und zwar nicht nur im Sprechen, sondern im Handeln seiner Töchter und Söhne, ist eine Armut, wie sie Indien und alle westlichen Länder erfahren, durchaus unbekannt. Allerdings ist in gewissem Sinne die Mehrheit der Bauernschaft arm, aber dies nur vom europäischen Standpunkte aus, mit seinen mannigfaltigen und unaufhörlichen Bedürfnissen.

Aber von der grausamen, bitteren, gemeinen und hässlichen Armut eines indischen Dorfes oder einer Londoner Hintergasse ist dort nichts zu verspüren. Die Armut, welche der Fluch der westlichen Dörfer ist, Verbrechen und Grausamkeiten ausbrütet, und kleine Kinder Hungers sterben lässt, sie ist in Burma unbekannt und wird es bleiben, solange die Menschen dort an ihrem liebelehrenden Glauben festhalten. Dort kann man immer Nahrung erhalten wenn nicht in dem Hause des Laien, dann im Kloster und die Türen der Rasthäuser für die wandernden Mönche stehen dem ärmsten Pilger offen, sei er ein Laie oder ein Mönch. Zwar liegt in einem großen Teil dieser schrankenlosen burmesischen Mildtätigkeit etwas wie Verschwendung: Pagode an Pagode, Altar an Altar, und allzu reich gedeckte Tische, zu reich im Verhältnis zu ihren Einnahmen und zu vieles bietend, als dass die Mönche und die Klosterarmen alles verzehren könnten, sodass, wenn alle gegessen haben, die Hunde kaum die Überbleibsel verschlingen können. Das alles ist wahr, aber der Burmese würde unverzüglich antworten, dass man nicht genug des wahrhaft Guten tun könne. Er spricht ja nicht nur von Mildtätigkeit, er lebt sie in jeder Sekunde seines Tages. Mit wachsender nationaler Klugheit, denn die Burmesen haben als junges Volk, so wohl die Lebensfreude als die

Tugenden und Fehler und den Enthusiasmus der Jugend an sich, mit größerer Erfahrung und größerem Verständnis wird der Burmese zwar nicht weniger, aber auf klügere Art mildtätig werden. Wie es einstweilen ist, so gilt diese zweite Lehre ihres Gesetzes, ihrer Wahrheit, nach welcher sie in dieser Zeit leben, allen, welche gesehen haben, was es bedeutet, als ein Wunder. Drittens, und zum Schluss lesen wir in unserem Text: „Das Herz zu reinigen"; und hier betreten wir jenes Gebiet, welches den Buddhismus von allen anderen Bekenntnissen unterscheidet, jenes Gebiet seiner Lehre, welches die Natur, den Inhalt und das Ziel des Lebens angeht, was seinen doktrinären Charakter bildet. Hier betreten wir ein Gebiet, das den abendländischen Lebensanschauungen so fremd, so seltsam erscheint, dass die meisten, die darüber geschrieben haben und die unglücklicherweise sich auch für Gegner des Buddhismus hielten, (was so viel bedeutet als: sie haben seinen Sinn nicht erfasst,) vollkommen fehlgegangen sind. Alle anderen Weltreligionen, sogar die durch die indischen Weisen geschaffenen wunderbaren Philosophien, haben sich mit der Erfahrung des Selbstes beschäftigt, indem sie das sichtbar Sinnliche im Leben allein berücksichtigten, gerade so wie in der allen Ptolemäischen Astronomie sich Sonne, Mond, Planeten und das Sternenfirmament um die beständige Erde bewegten. Das schuldige Selbst des Menschen, die unsterbliche Seele, die diesem fleischlichen Leib innewohnt und ihn nach dem Leben verlassen muss, wie ein Mensch seine abgetragenen Kleider ablegt; dieses Selbst und das erhabenere Selbst, die erhabene Seele der Gottheit, mag ihre Auffassung nun eng und persönlich wie bei den Hebräern, oder so zart und beinahe unpersönlich wie die höchste übersinnlichste Auffassung der indischen Heiligen sein: das waren die beiden Ideen, in denen die Hoffnungen und Ziele aller anderen Glaubensbekenntnisse ruhen, Ideen, die in der Tat nur als von einander abhängig und sich ergänzend gedacht werden können.

Und in der buddhistischen Lehre fehlen beide nicht nur, sondern werden sogar tatsächlich geleugnet. Gerade, wie es den Menschen im Mittelalter erging, denen Kopernicus zuerst die Lehre verkündete, dass weder Erde noch Sonne in Wahrheit der Mittelpunkt des Weltalls wären, dass es vielmehr in Wirklichkeit keinen Mittelpunkt gäbe, sondern alles ein ständiger geregelter Wechsel sei, welchen Newtons große Entdeckung bald auf ein bestimmtes Gesetz zurückführen sollte. Gerade wie es diesen erging, die zuerst in einer geozentrischen Zeit die neue Lehre von einem Weltall ohne Mittelpunkt vernahmen, und denen der bloße Gedanke daran ungeheuer und absurd, entgegen jeder sichtbaren Augenscheinlichkeit erschien (denn sehen wir nicht täglich, wie Sonne, Mond und Sterne aufgehen und die Erde in weitem Bogen umkreisen?) so erscheint die nicht um das Selbst konzentrierte Lehre vom Gesetz des Buddho allen denen, die in den sich um das Selbst konzentrierenden Glaubensbekenntnissen und Wellanschauungen erzogen wurden.

Möge der Leser nun nicht denken, dass wir uns hier nur mit einem Dogma, einer Lebensauffassung beschäftigen, die einzig in der Menschen Einbildung und Glauben existiert. In der Analta-Lehre oder, wie es übersetzt werden könnte, in der Lehre von der Wesenlosigkeit, finden wir sie als eine so tiefe Lebenswahrheit dargelegt, dass jede Handlung des Menschen, der an dieser Lehre festhält, notwendigerweise anders ausfallen muss, als es in anderem Falle sein würde. Davon hängt die ganze buddhistische Lehre ab, die dreifachen Stufen ihrer Ethik, Sittlichkeit und Barmherzigkeit und dieser dritte Ausdruck, Samadhi, oder der Seele wahrhafte Kultur, ihr verdanken wir jene vollkommene buddhistische Duldsamkeit, jenes Freisein von jedem verfolgendem und denunzierenden Geiste, und nicht wenig bezeichnend ist es, dass die Philosophie der modernen Wissenschaft die Westarier dieser Auffassung entgegenführt; da sie bereits in das Reich der Naturwissenschaften eingedrungen ist, finden sie immer größere und bereitwilligere Aufnahme bei den vorgeschrittensten Denkern der heutigen Welt. Kurz, der Fundamental-Grundsatz, auf dem des Buddho Lehre aufgebaut ist, ist der, dass es im Licht der höchsten Wissenschaft kein Ich und daher auch (im alten Sinne des Wortes) überhaupt kein Nicht-Ich gibt (da alles aus Akasha entstanden ist! Der Hrsg.). „Ob hoch oder niedrig, groß oder klein, plump oder zart, gemein oder erhaben, es gibt überhaupt kein Ich", um eine oft wiederholte Stelle aus dem Pali-Kanon zu zitieren. Und dieser erstaunliche Satz enthält den Hauptgedanken der höchsten dritten Stufe praktischer buddhistischer Ethik: Samadhi oder geistige Konzentration, die zu Panna, der höheren Weisheit der Erkenntnis führen soll. In anderen Worten ausgedrückt, bedeutet es, dass in tiefster Erkenntnis das Leben unteilbare Einheit ist, dass sich die Auffassungen „Ich" und „Nicht-Ich" oder „das Weltall" auf einen Irrtum gründen, der größer und viel umfassender ist, als es der Wahn der alten geozentrischen Astronomie war. Alles Leben ist unteilbare *Einheit,* und es gibt weder im Herzen des Menschen noch im Herzen des Himmels ein abgesondertes, unsterbliches Wesen. Denn alles ist Eins! Dieses, insofern wir uns hier damit beschäftigen, ist unlöslich verbunden mit drei großen

Zeichen oder charakteristischen Merkmalen: alles ist wandelbar, dem Leiden unterworfen, selbstlos und unbeseelt. Wie das Weltall entstand, woraus es seinen Ursprung nahm, was die erste Ursache war, (um einen Ausdruck zu gebrauchen, den der Buddhist als eine contradictio in adjecto bezeichnet, weil er einen Widerspruch in sich selbst birgt, da eine Ursache das Glied einer Reihe ist, wie ein Kreis ohne Anfang und Ende), wer oder was es geschaffen hat, alle derartigen fruchtlosen Fragen wurden durch den Buddho mit der einzig richtigen Antwort erledigt, „mit dem edlen Schweigen des Weisen," wie die buddhistischen Schriften es nennen. Die Wahrheit ist die, dass es auf solche Fragen keine Antwort gibt. Unsere Welt hatte in der Tat ihren Anfang, über den in einem allen buddhistischen Werke in einer Weise gesprochen wird, die der modernen Nebulartheorie sonderbar ähnlich sieht. Keinen Anfang aber hat das Universum. Und wie der Meister einmal erklärt hat, sind solche Fragen nicht darnach angetan, uns zu helfen; es gibt für sie keine Antworten, oder wenigstens bringt uns das, was man Antworten nennen möchte, nicht näher ans Ziel, d. h. zur Beseitigung des Leidens, zum Gipfel und der Frucht allen Lebens. „Es ist als sagte ein Mann, der in der Schlacht von einem vergifteten Pfeil verwundet wurde, zu seinen Freunden, die ihm den Arzt und ein Gegengift brächten, und ihn bäten, die vergiftete Wunde salben zu lassen, bevor das Gift in seine Adern eingedrungen wäre – als sagte ein solcher Mann: „Nein, der Pfeil soll nicht herausgezogen werden und ich dulde keine heilsame Salbe, ehe ich nicht erfahren habe, ob der Mensch, welcher mich getroffen hat, groß oder klein, blond oder schwarz, vornehm oder gewöhnlich gewesen ist." – „Dieser Mann würde sterben," sagte der Buddho zu den Fragenden, ehe eine von diesen törichten Fragen beantwortet werden konnte." Wie wahr und wie zutreffend bleiben diese Antworten auch hinsichtlich solcher Probleme, wie das vom Ursprung der Sünde, des Lebens und des ganzen Weltalls, und doch – wehe über den Dünkel menschlicher Vernunft, – gerade um solcher eitler, nutzloser Probleme willen haben die Menschen mehr Blut vergossen, mehr grausame Kriege geführt und Verfolgungen unternommen, als wegen irgendeiner anderen Streitfrage.

So finden wir in dem mehr doktrinären Teile des Dhammo jenes „edle Stillschweigen", das alle diese Probleme umfasst. Man darf aber trotzdem nicht denken, dass der Buddhismus dem modernen Agnostizismus in mehr als dieser einen Tatsache gleicht: Buddhismus ist eine Gnosis; in doktrinären Fragen hat er eine aktive wie passive Seite. Zurückblickend auf die lange Reihe seiner Leben, die vollkommene Erkenntnis befähigte den Buddho dazu, sah er, dass in ihnen allen ein konsequentes Gesetz herrschte, das Gesetz des Kammam (Karma) oder der Handlung, das Gesetz des Handelns eines Wesens mit den Folgen dieses Handelns für die Zukunft. Was die Gravitation für die Körper ist – ihre fundamentale Eigenschaft, die niemals aufhört zu wirkten, obgleich andere Kräfte zeitweilig die sichtbare Kundgebung eines Handelns unterdrücken mögen, – das alles und mehr noch ist Kammam für das bewusste Leben. Es ist das Kausalitätsgesetz, das im Reiche des Geistes – also des Lebens, – wirkt; es ist unser Charakter (wenn unser gegenwärtiger geistiger Zustand das Resultat einer ganzen langen Reihe von Leben ist), und es ist unsere Bestimmung (wenn nach buddhistischer Auffassung der Geist, der der Schöpfer und Bildner ist alles dessen, was besteht, unsere Umgebung handeln lässt, gemäß allen vorangegangenen Neigungen); und doch, wenn wir erwägen, dass es in der Natur der Kausalität liegt, einer besonderen Art von Handlung die entsprechende Wirkung folgen zu lassen, dann nimmt sie dieselbe Stelle ein wie die Gottheit in theistischen Bekenntnissen, – sie schafft Glückseligkeit für gute, und Qual für böse Taten. Wir sind unser Kammam und wie der Geist den Albdruck nach großer Unmäßigkeit im Essen zum Dämon macht, der uns verfolgt und heimsucht, so ist es auf der größeren Bühne der sichtbaren Welt um uns.

Hier aber sagt der Abendländer, der die geistige Schulung verschiedener egozentrischer Glaubensrichtungen und Ansichten durchgemacht hat, ganz natürlicher Weise: „Wie denn, wenn es nun natürlich kein Ich gibt, keine Seele, die nach dem Tode fortlebt, in irgendein Gewand feinster Substanz gekleidet, oder im Fleische einen neuen Körper annehmend, wenn es dergleichen nicht gibt, wie kann der Buddhist dann von früheren und späteren Leben sprechen; wie die Tatsachen erklären, dass der Buddho selbst, wie es in den buddhistischen Schriften steht, oft seine Erzählungen von hingeschwundenen Leben mit den Worten schloss: „Und eben jener Mensch war ich." Wie darf er dies sagen, wenn es keine Seele, kein Ich gibt, das da spricht, denkt, handelt und leidet: das da stirbt und wieder ersteht nach Maßgabe seiner Taten?" Um diese Frage klar zu beantworten, muss man sich einer Analogie bedienen.

Zwei Menschen stehen am Gestade eines großen Sees oder Ozeans, dessen Wasser unter des Windes Macht wogen. Beide sehen ein und dasselbe, aber einer ist ungebildet, ein Mensch mit offenem Kopfe, einer mit dem sogenannten „gesunden Menschenverstand"; der andere in moderner

Physik bewandert, begreift den Grund dieser Erscheinung wissenschaftlich. Der Ungebildete wird sagen: „Dort am Horizont ist eine Masse Wasser zur Woge aufgeschichtet, und diese durch die Winde so gestaltete Masse wandert heran über den Ozean und bricht sich endlich hier zu unsern Füssen. Der gelehrte Mann aber wird antworten: „Nicht so, mein Freund! Was Du siehst, ist nur eine wahrscheinliche, aber falsche Deutung der Vorgänge, die Dein Auge Dir vermittelt. In all jenem Entstehen, Leben, Sichregen und Sterben der Wellen siehst Du keineswegs eine einzelne Wassermasse, die sich über die See hinbewegt. Jede Welle ist in gewissem Sinne ein Ding, aber sie ist ein Kind der Kraft, nicht jedoch der Substanz. Der wirkliche Vorgang ist der, dass durch all diese mannigfachen Wellen die Kraft getragen und überfragen wird. Das Wasser bewegt sich zwar, aber diese Bewegung ergreift nicht die Tiefen des Ozeans. Es hebt und senkt sich nur, wenn die wirkliche Welle – nämlich die Ansammlung der Kraft, die eine zeitweilige, aber ewig-wechselnde Identität gewährt – vorwärts wandert und sich schließlich hier zu unseren Füssen brich!"

Natürlich wissen wir, dass der gebildete Mann hierbei recht hat, und seiner tieferen Auffassung entspricht die Erklärung, die der Buddhist von der Seelenwanderung (Transmigration) gibt als der Wanderung jeder einzelnen Welle des Lebens. Alles Leben ist Eines, gleich der Einen Flutmasse des Ozeans; was darinnen vorwärts schreitet, und zwar nicht nur von Tod zu neuer Geburt, sondern von Stunde zu Stunde, von Moment zu Moment, ist nur dies: eine zeitweilige Ansammlung von Lebenskräften, die man ein Wesen nennt, und die aus den in jener einen Welle wirksamen Mächten erzeugt ist, schreitet über des Lebens weise Flut, um vielleicht des Lebens fern dämmernde Küste, Nirwana, den Großen Frieden, die tiefe Ruhe, zu erreichen. Der Buddho und die andern indischen Weisen aller Zeit erkannten kraft des ferndringenden innern Gesichtes, das die Heiligen und Hohen erwerben und gebrauchen, jenes Phänomen der Lebenswellenfolge. Aber für die früheren Weisen so wie dem Ununterrichteten mit dem „gesunden Menschenverstand", gab es (wie es ihre Sehkraft ihnen offenbar vermittelte) nur eine wandellose Daseinsmasse, streng getrennt von jeder „Seele", die mit ewiger Erhaltung ihrer Selbstheit von den fernen Horizonten des Lebens über seine ruhelose Oberfläche zum Ziel wandern. Für den tieferen Blick des Buddho, der die Lebenskausalität und ihre Wirkungsart suchte, gab es keine unsterbliche, andauernde geistige Substanz oder Person – nur eine Ansammlung, einen Zusammenschluss der strömenden Kräfte des Lebens, der sich verändert – und dies nicht nur bei

Tod und Geburt, dem jeweiligen Wellental – sondern auch in jedem Augenblick des Lebens. So gab es für seinen tieferen Einblick, so wie es ja auch der moderne Physiker erkennt, kein Selbst und überhaupt keine gesonderte Lebensmasse; und was wir, zur größeren Bequemlichkeit in der Ausdrucksweise unser Selbst nennen, ist ein ewig-wechselnder Zusammenschluss der Elemente des Lebens, die kraft von Strebungen, die, aus jenem Traum des „Ich" und „Mein" erwachsen, in eins gebunden worden sind.

Von einem andern Gesichtspunkt aus können wir den Stern der buddhistischen Lehre unter die Formel der vom Meister als erste der der Welt gegebenen Lehren fassen, jene Lehre, die er jenen fünf Jüngern erteilte, als sie ihn zur Stunde, da alles verloren schien, verließen. Diese Formel kennt man als die Lehre vom Mittelwege: es ist der Weg, der weder dem durch die indischen Weisen geübten Extreme der Strenge zuneigt, noch dem den Vergnügungen der Sinne überlieferten Extrem weltlichen Lebens. Er spricht sich aus in den „vier Wahrheiten". Erstens die Wahrheit des Leidens: wie alles individuelle Leben, das, wie wir sehen, unlösbar mit Veränderung und daraus folgender Qual und Selbsttäuschung verknüpft ist, untrennbar ist vom Leiden: dass wir etwas Geliebtes, das uns gehört, kraft des unaufhörlichen Wandels in unserem Kammam verlieren; oder dass wir etwas von uns Ersehntes nicht erlangen; so entsteht wiederum Leiden. Der moderne Biologe gewinnt einen Einblick in diese „Erste Wahrheit", wenn er die geringsten Lebensanfänge betrachtet, wenn er sich erinnert, wie die niedrigsten Organismen sich bewegen und – um den modernen Terminus zu gebrauchen – nur auf Reize hin tätig sind. Die zweite Wahrheit ist des Leidens Verursachung: wie alles Leiden nur dem Wunsch entspringt, aus den Wünschen um des Selbstes willen – und sagen wir die Wahrheit: um eines Irrtums willen. Die dritte Wahrheit ist das Aufhören des Leidens: wie durch Erziehung des Geistes zum Forschen nach der Wahrheit in allen Dingen, durch beständig tiefes Bemühen, die bösen Triebe des alten „Selbstes" auszurotten und neue Saaten der Tugend und Liebe zu säen; wie dadurch Liebe, Panna, Weisheit, Einsicht kommt, in deren Licht nicht mehr die Finsternis des aus dem Selbst geborenen Wunsches wohnen kann. Die vierte Weisheit heißt die Wahrheit vom Pfade: wie in jedem Herzen ein Pfad liegt, ein Weg vom leidenden Leben zum Frieden, ein achtfacher Pfad, aus dessen Gliedern sich wiederum die dreifache innere Zucht aufbaut: die Zucht des Leibes (des Handelns), des Wortes (der Rede) und des Geistes (der Gedanken). Die acht Teile dieses heiligen Weges sind:

1. Rechte Erkenntnis, kraft derer man begreift, dass es in Wahrheit

kein Selbst gibt, denn das Leben ist Eins und nur Eins; kraft derer man das Kausalitätsgesetz des Kammam begreift, das wir jederzeit wirken sehen, wenn wir logisch und konsequent denken.
2. Rechtes Streben, der rechte Wunsch, vom Leide des Lebens abzuhelfen und durch Selbstzucht und Selbsverbesserung den großen Frieden der ganzen Welt näher zu bringen.
3. Rechte Rede, sie soll voll Liebe und Güte und Wahrheit sein.
4. Rechtes Tun, es soll Schlechtes vermeiden und Liebe üben allerwegen.
5. Rechter Beruf, d. i. unser täglich Brot auf eine Weise zu erwerben, die keinem lebenden Wesen Weh antut.
6. Rechter Kampf, d. i. beständiges Bemühen, unsere bösen Triebe zu unterdrücken und die zum Guten führenden Gedanken, Worte und Handlungen zu pflegen.
7. Rechte Wachsamkeit, die unausgesetzte Aufmerksamkeit auf all das, was wir sprechen, denken, tun, welche alles auf seine folgen hin prüft und entweder als „gut" erkennt (d. h. das Bewusstsein, des Lebens Leiden zu verringern) oder als „gleichgültig" (d. h. frei von dem Makel der Gier, des Hasses und der Selbsttäuschung und mithin unfähig, überhaupt Folgen zu haben) oder als „böse" (d. h. durch eines dieser drei Laster befleckt und daher geneigt, kausal zu wirken, in der Weise, dass es das Leiden des Lebens vermehrt). Außer dieser Aufmerksamkeit auf alle unsere geistigen Fähigkeiten usw. und der Prüfung auf ihren moralischen Wert hin, (womit der Entschluss verbunden ist, künftig das Gute zu pflegen und das Böse zu vermeiden,) umfasst die rechte Wachsamkeit die beständige Beobachtung der Lehre von der Selbstlosigheit: der Erfahrene beachtet hinsichtlich jeder Erscheinung nur dies: „Das bin Ich nicht, das ist nicht Mein, hier ist kein Selbst." Und endlich haben wir die
8. Rechte Hingabe, die Ausübung aller der in den Büchern niedergelegten Reden aller jener erhabenen Arten der Geisteskultur, welche zum „Erwachen" in den verschiedenen Bereichen des bewussten Lebens führen, und alle vom Betreten des Pfades, von der Wanderung auf dem Pfade, und dem schließlichen Erreichen der Arahaschaft handeln.

Das ist die kürzeste Zusammenfassung der dritten Stufe buddhistischer Moral, der Kultur des Geistes, eine Zusammenfassung, aus der wir aus

Mangel an Raum alle außer den grundlegendsten Zügen auslassen mussten. für den Menschen, der durch Ausübung von Tugend und Liebe an geistigem und moralischem Wachstum die Jüngerschaft erreicht hat, bringt das Gesetz hier seine endgültige Botschaft: „Durch Tugend und Liebe", so spricht es, „vermeiden wir böses Leben und erringen Gutes, aber da alle Dinge dem Wandel und dem Tode unterworfen sind, kann auch das Gute, so erreichte Kammam, nicht ewig währen. Solange wir dem Leben und dem Kausalitätsgesetz unterworfen bleiben, sind wir auch dem Tode unterworfen und sind gezwungen, gutes wie böses Kammam völlig auszuschöpfen. Wer wahrhaft weise ist, sucht jenen Bruchteil des Einen Lebens, welches gegenwärtig als Er selbst manifestiert ist, herauszulösen; den letzten Zweck all dieses wechselvollen, leiderfüllten Kreislaufes von Dasein und Wiedergeburt zu verwirklichen. Jenseits des höchsten Himmels – jenseits all dessen, was wir in diesem Traum des Lebens jemals erfassen können – gibt es einen Zustand des Friedens, den niemals mehr ein Wandel trübt, worin kein Leiden ist, der das Ziel ist und die Blüte des Lebens: die unergründlich tiefe Sicherheit des Nirwana. Wenn Du das erreichen kannst, bringst Du das ganze Leben seinem Ziele ein wenig näher; doch um es zu erreichen, musst Du die letzte Wahrheit leben, die Wahrheit, dass es überhaupt kein Selbst gibt, dass diese so fest scheinende Selbstheit nur ein Wahn ist, und die schrecklichste aller Fesseln des Geistes, des Lebens, denn alles ist eine Einheit! Beschreite denn diesen Pfad des Friedens, betritt ihn mit Selbstzucht und Selbstentsagung. Lebe, arbeite und strebe. Doch nicht mehr um des Selbstes willen, sondern aus Mitleid mit allem Leben. So kannst Du, indem Du Dich selber besserst, das Leiden aller lindern und es dahin bringen, dass Deine kleine Lebenswelle sich endlich am fernen Gestade bricht.

10. Der Sangho

Die dritte der Zufluchten ist Sangho-Ratana, das Juwel der Brudergemeinschaft – jener Bruderschaft, die der Meister für jene gründete, die da wünschten, einen zu raschem Fortschritt stärker bei fragenden Pfad zu beschreiten, als es der Weg weltlichen Lebens ist. Außer dieser Aufgabe hat er noch eine zweite: jene, die Rassenbedeutung der vom Meister gefundenen und gelehrten Wahrheit aufrecht zu erhalten, sowie die

Förderung des Dhammo, die Belehrung der Laienschaft. Aus dem Vorhergehenden wird man ersehen haben, dass der buddhistische Mönch oder Bhikkhu in keiner Weise dem Priester der theistischen Bekenntnisse entspricht; in einer Religion, in der es nur eine unerreichbare Gottheit gibt, in der Kausalität höchstes Gesetz ist, in der nichtssagende Gebet noch unsinnige theurgische Riten dem Menschen auch nur eine Spanne dem Ziele näher bringen – in einer solchen Religion ist kein Raum für den „Priester", den Vermittler zwischen dem Laien und seinem Gott. Jeder Mensch bestimmt durch seine eigenen Handlungen seine Zukunft. Aber, wie wir sehen, ist die Liebe eine wesentliche Übung des praktischen Buddhismus; und da es, wie wir wissen, in einem wahrhaft buddhistischen Lande, wie Burma, keine Menschen gibt, die aus Mangel an Nahrung sterben, wäre es schwer, für solch beständige und große Mildtätigkeit die nötigen Empfänger zu finden, wenn diese nicht durch die Ordensmitglieder gestellt würden, die hinsichtlich ihres täglichen Unterhaltes vollkommen von der Laienschaft abhängen, und ebenso hinsichtlich der Kleidung, der Bücher, Klöster, Heilmittel, überhaupt ihrer gesamten Bedürfnisse. Das Ziel des Laien bei Wohltätigkeiten ist, sich „Verdienst erwerben", sozusagen gutes Kammam anzuhäufen und es auf der Bank des Lebens niederzulegen, sodass er zu besseren und höheren Existenzformen gelangen kann, und zu anderem Lebensauftreten, in dem ihm das durch seine Begierden einstweilen unmöglich Gemachte, nämlich das Beschreiten des harten Pfades der Selbstlosigkeit, leichter erscheinen wird. Nach buddhistischer Lehre hängt übrigens die Verdienstlichkeit und Wirksamkeit der Liebestätigkeit von vielen Dingen außer dem bloßen Wert der Gabe ab: z. B. von dem Beweggrund in des Spenders Seele, von dem Grade, bis zu welchem die Gabe eine wirkliche Selbstverleugnung für ihn bedeutet, und schließlich von dem moralischen Rang des Empfängers. Unter sonst gleichen Bedingungen trägt eine Tat der Nächstenliebe umso reichere Früchte, je heiliger der Empfangende war.
Die Bruderschaft bietet also einerseits demjenigen, der bereits so weit vorgeschritten ist sein Leben ganz der Übung des Geistes zu widmen einen Lebenszustand, der frei ist von allen, dem Seelenfrieden so schädlichen, Sorgen, einmal im Orden, braucht er für sein tägliches Brot nicht länger Sorge zu tragen. Andererseits bedeutet die Bruderschaft dem nach Übung höchster wirksamer Tugend begierigen Laien, kraft der den Ordensmitgliedern eigenen besonderen Heiligkeit, ein, wie der Buddhist sagt, „Unvergleichlich Feld des Verdienstes", ein Feld, das die gute Aussaat

der werktätigen Liebe mit reicherer Ernte als irgendein anderes belohnen wird.
Die Brüderschaft besteht aus zwei Klassen; es sind zunächst die Novizen, welche die zehn Vorschriften beachten (die schon vorher erwähnten acht Vorschriften, deren eine hier in zwei geteilt erscheint, wozu eine neue Vorschrift kommt, Geld, Gold oder Silber nicht anzunehmen noch zu verwenden, sodass sich also zehn ergeben). Jedes männliche Wesen über sieben Jahre kann als Samanero oder Novize aufgenommen werden und in Burma ist ist üblich, dass jeder Knabe in ein Kloster eintritt und sich seiner Disziplin zu irgendeinem Alter zwischen sieben und zwanzig Jahren unterwirft. Jeder Bhikkhu kann einen Samanero aufnehmen, doch nur mit Einwilligung seiner Eltern oder des rechtmäßigen Behüters; nach der Aufnahme darf der Novize den Orden jederzeit wieder verlassen. Er trägt das Gelbe Gewand, nimmt Nahrung wie die Mönche nur vor der Mittagsstunde und darf kein Eigentum besitzen, es sei denn solcher Art, wie es auch Mönchen erlaubt ist. Ein Burmesen-Kind wird von seinen Eltern gewöhnlich für ein paar Monate oder ein Jahr oder auch mehr, dem Noviziat übergeben, sodass nahezu jeder Mann des Landes einige Zeit im Mönchsorden lebte, worauf die Tatsache der außerordentlichen Achtung, in der die Mönche stehen, zum größten Teil beruht. Jeder Mann kann in unmittelbare Berührung mit der Bruderschaft treten, kennt aus eigener Erfahrung den hohen Stand der Heiligkeit und Gelehrsamkeit, der dort herrscht. Auch er hat praktisch die Selbstzucht durchlebt, die – für ein junges und feuriges Volk wie das der Burmesen so schwer – mit dem mönchischen Leben verbunden ist. Im Kloster ist der Novize der Diener der Mönche, sorgt für Ordnung, bringt das Wasser zum Trinken und Baden usw.: lernt außerdem von einem dort wohnenden Mönch die Pflichten seines Standes, dringt in seine Religion mit Hilfe der Heiligen Bücher ein, und tritt schließlich den täglich meist zweimal, früh morgens und abends, stattfindenden gemeinsamen Andachten der Mönche bei. Vor den durch die indische Regierung gegründeten weltlichen Schulen lag die gesamte Erziehung der männlichen Bevölkerung in den Händen der Mönche und auch außerhalb der besonders religiöser Unterweisung gewidmeten Zeit des Noviziats erhalten sehr viele Burmesenknaben ihre ganze Erziehung im Dorfkloster.
Zum Andenken an den großen Verzicht macht man den Eintritt eines Knaben ins Noviziat oft zum Schluss einer jener öffentlichen Festlichkeiten, welche das spielliebende Burmesenherz entzücken. Selbst

arme Eltern pflegen einige Zeit lang Geld zu sparen (und das ist hart für den freigebigen Burmesen), um ihren Söhnen ein verschwenderisches „Shin-pyu" (d. i. „einen Heiligen machen") bereiten zu können. Und das Shin-pyu des Sohnes eines reichen Mannes ist oft etwas sehr großartiges. Der Knabe wird, um den Prinzen Siddhattho darzustellen, in königliche Gewänder gekleidet und gekrönt, und reitet, nachdem er alle seine Freunde in Gala empfangen hat, als kleiner Prinz rund um das dort, womöglich auf einem weißen Pferde, in Erinnerung an die weiße Kanthaka, die Stute Bodhisatto's. Eine Prozession wird veranstaltet, die beim lauten Jubel der Musik unter möglichst reicher Entfaltung königlicher Thronhimmel und Insignien, die von irgendeiner Theatergruppe gemietet sind, um das Dorf nach dem Kloster zieht. Hier muss das Prinzlein absteigen und die Musik verstummen. Nach Eintritt ins Kloster badet der Knabe und wird einstweilen weiß gekleidet und spricht dann, angetan, in aller Paliweise, die Bitte aus, dass der leitende Mönch ihm „aus Mitleid, und auf dass er zu Nirwana's Frieden gelangen möchte", das Gelbe Gewand gewähre. Der Mönch gibt ihm einwilligend das Paket der drei Gewänder, das bereit liegt. Der Knabe zieht sich zurück, um sie anzulegen, und kehrt, nachdem sein Haupt geschoren, nach dem Kloster zurück, wo die Feierlichkeit der Einreihung dadurch beendet wird, dass er das Gelübde tut, die zehn Vorschriften eines Novizen zu beobachten.

Die volle Mitgliedschaft der Brüdergemeinde kann nur einem Manne von 20 Jahren aufwärts gewährt werden; auch muss er schuldenfrei, frei vom königlichen Dienst und frei von gewissen Krankheiten und Missgestaltungen sein.

Nur die Männer können die Upasampada oder die volle Ordination empfangen. Ursprünglich gründete der Buddho einen Bhikkhuni-Sangho oder eine Nonnenschwesterschaft, entsprechend dem Bhikkhu-Sangho oder der Mönchsbruderschaft, und einige seiner hervorragendsten Jünger waren Mitglieder dieser Gemeinschaft, welche ihre eigene Vinaya-Regel und Ordination, die von der Bruderschaft getrennt war, besaß. Dieser Bhikkhuni-Sangho ging jedoch infolge der in den indischen Buddhismus einreißenden Verderbtheit sowie der rasch wachsenden brahmanischen Kaste, die die Korruption herbeiführte und schließlich der um sich greifenden Ausschließung der Frauen (ein Ergebnis der Priesterherrschaft) in Indien und auch sonst (in Ceylon gab es einst gleich viele Mönche und Nonnen) 500 Jahre nach dem Nirwana des Buddha (um das 1. nachchristliche Jahrhundert) zugrunde, wie es der Meister selbst prophezeit

hatte.
Sie kann nur durch einen Thero, einen älteren Mönch, verliehen werden, d. i. von einem dem Orden mindestens seit zehn Jahren ununterbrochen angehörenden Mönch, und dieser wiederum darf die Zeremonie nur in Gegenwart eines Sangho – einem aus nicht weniger als fünf vollordinierten Mönchen bestehenden Kapitel vollziehen. Der Ordinationstext wird, wie es schon zu Buddhos Zeit war, durch den Thero in Gegenwart des versammelten Mönchskapitels im Alt-Pali verlesen. In Burma ist es üblich, ihn auch in der Muttersprache zu lesen, da es selten ist, dass dem um Ordination bittenden Novizen soviel Pali bekannt ist. Der Thero, der die Ordination leitet, gilt danach als der Upajjhayo oder geistliche Obere des neuen Mönches, dem auch ein Acariyo oder Lehrer zugewiesen wird. Fünf Jahre lang bleibt der Mönch „abhängig" vom Oberen und vom Lehrer: hierauf ist er befugt, frei von solcher Abhängigkeit in einem Kloster zu wohnen; doch wird er nicht eher selbst ein Thero oder Älterer, als bis er zehn Jahre der Bruderschaft angehört hat; von dann an hat er das Recht, selber die volle Ordination zu gewähren, Schüler zu nehmen und als Oberhaupt eines Klosters zu wirken.
Der Mönchstitel lautet auf Pali Bhikkku, wörtlich „Bettler", doch wird in Burma dies Wort außerhalb des Ordens nur selten gebraucht. Die Laien haben vielmehr das Wort Hpon-gyi, den „Großen Ruhm" für sie, und behandeln sie mit äußerster Verehrung und Ergebenheit. Die jüngeren Mönche, die von den Novizen und den „Söhnen des Klosters" begleitet werden, (das sind Knaben, die zur Erziehung ins Kloster gebracht, aber nicht als Novizen ordiniert sind und mithin auch nach der Mittagsstunde essen dürfen) gehen gewöhnlich in schweigsamer Prozession allmorgendlich in das Dorf, um den Nahrungsbedarf für den Tag zu erbitten; wobei jeder Mönch und Novize eine große irdene oder eiserne, in einer Riementasche über die Schulter getragene Schale bei sich führt; während jeder der Söhne des Klosters eine oder mehrere große flache Schüsseln an einem über der Schulter getragenen Bambus trägt, auf der wiederum Becher und Schüsselchen zur Aufnahme für ihren Reis stehen. Die Prozession macht an jeder Türe halt, aus der dann der Hausherr oder meistens eine seiner Mägde, die schon vor Tagesanbruch den Essensbedarf kochte, herauskommt und einen Löffel Reis in die Bettelschale jedes Mönches und Novizen schüttet, und sofern irgend ein Gewürz noch benötigt wird, dieses in eine der von den Knaben getragenen Gefäße tut. Wenn der Hausherr kein weiteres Anliegen hat, tritt er hervor und bittet die

Mönche, weiterzugehen. Die ganze Runde wird in Stille abgeschritten, und wenn jedes Haus besucht worden, oder wenn bereits genügend viel Vorrat für alle Klosterleute gesammelt ist, kehrt der Zug nach dem Kloster zurück, wo das gewöhnlich durch die Knaben aufgewärmte Mahl vor Mittag eingenommen wird. Der Hauptteil des Tages vergeht den Mönchen mit der Unterweisung ihrer Schüler, mit dem Studium der Pali-Sprache und der Schriften, oder sie befassen sich damit, vermittels eisernen Griffels Abschriften heiliger Schriften auf Palmenblättern herzustellen, die seit undenklichen Zeilen bis heute das Schreibmaterial des Ostens sind. Einige Mönche widmen sich außerdem besonders der Übung der Bhavana, der Meditation, der inbrünstigen Vertiefung in einen Gegenstand zur Erreichung des einen oder anderen (der vier) höheren Zustande des Bewusstseins, wovon wir früher sprachen, und was für sich selbst ein umfängliches Thema ist, als dass wir hier darüber berichten könnten.

Der Mönch hat 270 Vorschriften zu beachten, durch die sein ganzer Lebenslauf geregelt wird und welche vom Meister selbst bei passender Gelegenheit niedergeschrieben worden sind. Einer der drei Teile des „Ti-Pitaka", der „drei Körbe" oder Sammlungen des buddhistischen Dhammo, der fünf ausgedehnten Schriften und eine noch größere Kommentar-Literatur umfasst, ist einzig und allein der Mönchsregel gewidmet. Es gibt vier Todsünden, von denen jede ipso-facto Ausstoßung aus dem Orden zur Folge hat: das Brechen der Vorschrift **absoluter Keuschheit** – woran Mönche wie Novizen gleicherweise gebunden sind; das Töten (es ist hier nur das Töten von Menschen gemeint, welches sofortige Ausstoßung bedingt, obgleich auch das Töten eines Tieres als ein schweres Vergehen gegen die Regel angesehen zu werden pflegt); das Stehlen, und fälschliches Anspruchsheben auf die Arahaschaft. Diese letzte ist mit ihren Unterthesen eine höchst segensreiche Regel, und hat dazu geführt, den Dhammo des Buddho im langen Zeitraum von 25 Jahrhunderten von späteren „Offenbarungen" frei zu erhalten, die entstanden wären, wenn irgendein Mönch erklärt hätte, er habe eine „Vision" gehabt, welche befahl, dass in „Wahrheit und Lehre" der oder jener Wechsel eintreten sollte.

Der Mönch darf nur acht Dinge sein eigen nennen – seine drei gelben Gewänder, seinen Bettelnapf (der auch seinen Teller bildet), seinen Gürtel, sein Wassersieb (das er zum Filtrieren seines Trinkwassers gebraucht, damit er nicht einem Insekt das Leben nehme), ein Rasiermesser zum Scheren (denn der Kopf des Mönchs ist gewöhnlich ganz kahl, und die Mitglieder eines Klosters erweisen sich gegenseitig diesen Dienst); und eine Nadel, um die Gewänder auszubessern.

Die Mönche von Burma stehen beim Volke in der höchsten Achtung, die durch die Reinheit ihres Lebens gerechtfertigt wird. In Oberburma besonders (wo die ganzen Sitten und Gebräuche des Volkes durch europäische Zivilisation noch nicht so sehr entsittlicht sind wie in Niederburma, wo die britische Besetzung viel früher stattfand) ist die ihnen bezeugte Ehrerbietung äußerst groß; ein Burmese pflegt dort mit einem Mönch nie anders als in unterwürfiger Stellung zu sprechen, während in ganz Burma die ganz alltäglichen Handlungen selbst der Mönche in Worten ausgedrückt werden, die höchste Achtung bekunden, so tut er nie das, was wir mit „gehen" übersetzen könnten, sondern er „schreitet", er „verkündet", wo er einfach „spricht" usw.

Die Bruderschaft in Burma stammt aus den ältesten Zeiten, obgleich Bürgerkriege und andere Wirren mehrere Male ihre Zahl so verringert hatten, dass es notwendig wurde, Siam oder Ceylon um ordinierte Mönche anzugehen, um die verringerte Parampara oder die apostolische Folge der Ordination wiederherzustellen. Etwa 250 Jahre nach dem Ableben des Buddha erstand in Indien ein großer Kaiser mit Namen Asoka (der königliche Urheber der schon erwähnten Edikte), welcher sich zum Buddhismus bekehrte und darum sein höchst begeisterter Schutzpatron ward. Er berief ein großes Ordenskonzil zusammen – das dritte, das abgehalten worden war – und nach einer Revision des Kanon wurden aus diesem Konzil Mönche als Missionare nach den verschiedensten fernen Ländern ausgesandt. Unter ihnen befanden sich Theros – Sono und Uttaro, – die nach Niederburma kamen und an einer Stelle landeten, die damals ein Seehafen war, heute aber etwa zwanzig Meilen tief im Lande liegt und Thaton heißt. So begann der Buddhismus in Burma. Es ist wahrscheinlich, dass nach Oberburma irgendeine Art entarteten Buddhismus eindrang, vielleicht eine der späteren ketzerischen Sekten, die in Indien während der Zeit des buddhistischen Verfalls entstanden und die von Norden, von Tibet aus, in Burma eingedrungen waren. Dieser entarteten Form jedoch wurde vom burmesischen König Anoratha ein Ende gemacht, der, entrüstet über die beleidigende Weigerung des damaligen Königs von Niederburma, dessen Hauptstadt bei Thaton lag, ihm Abschriften der heiligen Pali-Bücher zu geben, Thaton angriff und zerstörte; und nach seiner Hauptstadt Pagan in Oberburma den besiegten König und seine Familie schleppte, ebenso wie jede Abschrift, die von den vielbegehrten heiligen Büchern gefunden werden konnte. Später wurde er, durch das Studium ihres Inhalts zur Sühne seiner Kampfesblutschuld angetrieben, ein entschiedener Anhänger des reineren Buddhismus und erhob ihn zur alleinigen Staatsreligion, den Ari oder Priestern nur die Alternative lassend, entweder Laien zu werden oder dem echten Sangho beizutreten, der auf diese Weise in Burma herrschend wurde.

Zum Schluss wollen wir nur noch bemerken, dass das Volk der Burmesen solange und nicht länger all jene Eigenschaften, die sie jedem tiefer einblickenden westlichen Forscher achtenswert erscheinen lassen, bewahren wird, als es in seiner Ergebenheit für die Bruderschaft und die in ihr nicht ganz unwürdig verkörperte Lehre verharren wird. Der Buddhismus ist wohl geeignet, kraft seiner Schönheit sowohl als seiner offensichtlichen Wahrheit sich in den Herzen des Volkes zu behaupten; und während die Berührung mit der Zivilisation des Westens in gewisser Hinsicht eine beklagenswerte Wirkung auf den allen moralischen Hochstand des Buddhismus ausgeübt hat, sind doch schon allerseits Anzeichen dafür vorhanden, dass die Religion einen Prozess, nicht der Verminderung, sondern des Wachstums ihrer alten Kraft erfährt. Es gibt viele Beweise des Fortschritts dieses Neuauflebens des Buddhismus; das Auftreten hervorragender Mönche, z. B. das des wohlbekannten Ledi Saryadaw, die sich nicht länger in ihren Klöstern verbergen, sondern unter das Volk treten und sie mächtig bewegen, ihre Sitten zu bessern. Über das ganze Land hin entstehen im neuen Geiste der Zeit neue Gesellschaften zu religiösen Zwecken. Sogar das Thema der religiösen Erziehung, das außer durch einige wenige weitblickende Frauen und Männer, allzu lange vernachlässigt wurde, beginnt jetzt die Aufmerksamkeit auf sich zu lenken. Nicht das unbedeutendste all dieser Zeichen vielleicht ist die Tatsache, dass die Burmesen anfangen, zum alten Missionsgeist ihres Glaubens zu erwachen; und, wohl 1000 Jahre nach dem letzten Versuch in dieser Richtung, wurde vor einigen Jahren (1908 n. Chr.) eine buddhistische Mission nach England gesandt, und trotz des geringen Umfanges ihrer Tätigkeit, gelang es ihr (die aus einem einzigen Bhikkhu und einigen ergebenen Laien bestand), in jenem Lande eine kleine aber ernste Gemeinde von buddhistischen Laien zu gründen. Neben diesen englischen Buddhisten nahm die kleine Mission an der Gründung der „Buddhistischen Gesellschaft für Großbritannien und Irland" teil, einer nicht-religiösen Gesellschaft, die zwecks Studiums buddhistischer Fragen gebildet wurde, unter dem Vorsitz des Altmeisters im Buddhismus, des großen Paligelehrten Dr. T. W. Rhys-Davids, der mehr als jeder andere Mensch dazu beigetragen hat, die Kenntnis buddhistischer Ethik und Philosophie den Seelen vieler Glieder der westarischen Rasse zu vermitteln, die, wenn sie nur ihre Lehren kennen lernten, ihren Wert sicher sehr hoch schätzen würden. Endlich wurde im Oktober 1909 in Breslau die „Deutsche Pali-Gesellschaft" gegründet, deren Zweck es ist, die Kenntnis des Pali-Buddhismus in Europa zu verbreiten. Der rasche Aufschwung, den diese Vereinigung genommen hat, beweist wohl am Besten das hohe Interesse, das das Abendland unserer buddhistischen Religion entgegenbringt. Die Gesellschaft konnte vor kurzem ihre ersten Landesgruppen (Schlesien-Brandenburg) gründen. Vorsitzender ist Walter Markgraf, Breslau VIII, von dem gratis Statuten, Probehefte der Zeitschrift „Buddhistische Welt" etc. zu haben waren.

11. Rechte Erkenntnis

Als der König der Wahrheit, der erhabene Herr, dessen demütige Nachfolger zu sein wir uns bemühen, unmittelbar nach seinem Siege über das Selbst, den er zum Heile der Welt unter dem Bodhi-Baum errungen hatte, der Menschheit zum ersten Male die Botschaft jener in ihm verwirklichten Hoffnung verkündete, die der Gütige und Weise so lange vergeblich gesucht hatte, da waren es die Sätze der „Vier Heiligen Wahrheiten", die er für das Wesen seiner Lehre erklärte. Als er damals im Tierpark bei Benares zu seinen fünf ersten Jüngern sprach, die ihn früher, zur Zeit der Abtötung, begleitet und bewundert hatten, war es unnötig, dass er in seiner erstmaligen Darlegung der Lehre hätte mehr tun sollen, als das eigentliche Wesen des Dhamma in einige wenige Hauptsätze zusammenzufassen, damit wenigstens einer von ihnen zu dem eigentlichen Sinn und der außerordentlichen Bedeutung des von ihm gewonnenen tiefen Einblickes in das Leben vordringen möchte. Welche Erinnerungen und Gedankenverbindungen muss doch jedes einzelne der von ihm gebrauchten Worte in jenen fünf Männern wachgerufen haben, die gewürdigt worden waren, das Wirken dieses hoch begnadeten Geistes vom ersten Beginn seiner spirituellen Entwicklung an zu verfolgen! Waren sie doch ausersehen gewesen, unter seiner Führung und mit ihm Reich auf Reich geistiger Welten zu durchdringen bis hinauf zu jener höchsten Sphäre kosmischen Bewusstseins, in deren Erreichung die größte, den Menschen bis dahin bekannte Weisheit und Versenkung bestand. So braucht es uns also nicht sonderlich Wunder zu nehmen, dass einer von ihnen, Kondanna, als er jene so kurze Zusammenfassung des Lebensgeheimnisses, das der Meister vortrug, vernahm, durch den Schleier des Nichtwissens das Licht, den höchsten Frieden jenseits, schaute, so dass, nach dem Bericht des alten Sutta, in ihm das klare, ungetrübte Auge der Wahrheit aufging, und der Meister, der dies sah, in begeisterter Freude rief: „Wahrlich, Kondanna, du hast es erkannt." Von diesem Tage an erhielt Kodanna den Beinamen „der Erkenner".

Aber wie selten, selbst in Millionen von Leben, ist die Einsicht eines Kondanna, der gleich beim ersten Anhören der in kurzen Sätzen zusammengefassten höchsten Wahrheit zu ihrer vollkommenen Schauung durchdrang! Eine so klare Einsicht, ein so auserwähltes Vorrecht kann sich nur als die Frucht von vielen Erdenleben, die der Reinheit und dem Suchen nach Wahrheit geweiht waren, einstellen. Wir, welche die Welt Buddhisten nennt, haben ja schon oft die Sätze der Vier Heiligen Wahrheiten, die der größte der Arier zum Heile der Menschheit verkündet hat, vernommen und haben oftmals tief über sie nachgedacht. Noch ist für uns die klare Schauung der Wahrheit, die den Geist des Großen Friedens jenseits alles Lebens atmet, nicht aufgegangen, weil noch Avijja, das Nichtwissen, in unserem Geist und Herzen regiert, unseren Augen die Herrlichkeit der Wahrheit verschließt und uns ihr all befreiendes Licht verhüllt. Den Wortlaut des Dhamma, den haben wir wohl gehört, und unser Geist hat die unvergleichliche Gewissheit der Vier Heiligen Wahrheiten in allen während unseres Lebens gemachten Erfahrungen kennen gelernt und bestätigt gefunden. Und doch eröffnen sich bei tieferem Eindringen in ihren Sinn dem forschenden Geist immer neue und gewisse Wahrheiten; aber immer noch liegt ihr eigentlicher innerer Sinn in unerreichter Ferne; noch schauen wir als nach einem durch viele leidvolle Leben von uns noch getrennten Ziele nach jenem Tage aus, da endlich die volle Schauung der Wahrheit in uns aufgehen wird und wir, wie einst Kondanna, sehen und – erkennen werden.

Denn eben dies ist das Wesen unseres Buddhismus: dass es, gesondert und unabhängig von unserem klarsten Verstehen, eine neue, tiefere und gewissere Art des Erkennens oder Innewerdens, als die uns bisher bekannte, gibt. Es ist jene höhere Weisheit, jene klare innere Schauung der Wahrheit, welche, wenn sie in eines Menschen Leben einmal aufsteigt, für ihn alles Nichtwissen in volle Erkenntnis umwandelt und aus einem

Nichtseher einen Arahat, einen allverstehenden, allheiligen Menschen macht; es ist jene Art des Erkennens, die in unserer heiligen Sprache Anna: „Einsicht" oder Panna: „Weisheit" genannt wird. Es ist dies nicht die Art intellektuellen Erfassens, mit dem wir z. B. einen mathematischen Lehrsatz begreifen, sondern ein neues, tieferes Innewerden, auf das sich das Wort des Meisters bezieht: „Weil wir nicht verstanden, nicht erkannt haben; mussten wir so viele Leben, leidesvoll, durchwandern." Wer als der größte und begnadetste unter den Menschen sie zu gewinnen vermag, diese Schauung der Wahrheit, diese neue, große Weisheit, diese jenseits alles intellektuellen Begreifens liegende leuchtende Einsicht, der gewinnt zugleich mit ihr die Befreiung von der Fessel des Karma, die Erlösung von den niederzerrenden Fesseln der Täuschung des Selbstes, des Begehrens und Hasses; er weiß, dass für ihn der mühselige Kreislauf der Wiedergeburten zum Ende gekommen ist, und er dringt, wo er auch sei, zu dem nie endenden Frieden Nibbanas vor.

Dies nun ist Sammaditthi, „rechte Erkenntnis" in ihrer vollsten und höchsten Bedeutung; es ist die eigentliche Erlangung der Arahatschaft, der eigentliche Zweck und Ausgang alles bewussten Lebens in dem Aufleuchten eines Zustandes, der hocherhaben über das ist, was wir Bewusstsein nennen. Denn wie die Saat als Saat untergehen muss, bevor sie zu dem volleren, strahlenden Leben des Halmes, des Stammes und der Blüte heranwachsen kann, so auch muss das Bündel von Lebenselementen (sankhara), die wir als das Selbst bezeichnen, untergehen, bevor des Lebens Ziel erreicht werden kann; und wie die erste Bedingung für das Wachstum der Saat die Dunkelheit und die innige Berührung mit der feuchten, warmen Erde, in der sie wächst, ist, so ist Avijja, das Nichtwissen, die Begrenzung der Selbstheit mit ihrem Begehren und ihrer Leidenschaft – die erste Notwendigkeit für alles, was uns als Leben bekannt ist. Aber nicht das Dunkel und die Einzwängung, sondern das Licht und der freie Himmelsraum sind das, dessen die Blüten bedürfen, um aus dem Zerfall der Saat aufzuerstehen, und so, hat der Meister gelehrt, ist ein neuer Zustand, ein Licht, in dem das Nichtwissen verschwindet, in dem die Grenzen des Selbstes unsichtbar werden, das Kennzeichen der Heiligkeit, jenes Zustandes der Arahatschaft, dem wir alle zustreben.

Sammaditthi in diesem höchsten Sinne könnten wir übersetzen mit „volle Einsicht"; aber in der buddhistischen Terminologie wird Sammaditthi oft in einem engeren Sinne gebraucht, dessen engste Umgrenzung die intellektuelle Annahme und das Fürwahrbefinden der Hauptsätze der buddhistischen Religion, nämlich der Vier Heiligen Wahrheiten, bedeutet. Das Wort wird im Saccavibhanga definiert als die Erkenntnis des Leidens, der Leidensentstehung, der Leidensaufhebung und des zur Leidensaufhebung führenden Pfades. Nur in diesem beschränkten Sinne sind wir unmittelbar an der Sammaditthi beteiligt und in diesem Sinne kann sie wirklich als der Anfang des Pfades gelten, während sie in ihrem tieferen Sinne als „volle Einsicht" das Ende des Pfades bildet und die Mittel darstellt, durch die allein das Ziel erreicht werden kann.

Bevor wir fortfahren, mag an dieser Stelle ein häufig begegnender Irrtum hinsichtlich des achtfachen Pfades (athangika magga) seine Berichtigung finden. Es ist nicht selten von Leuten, die über Buddhismus schreiben, die Sache so dargestellt worden, dass die acht Glieder des Pfades (rechte Erkenntnis, rechtes Denken, rechtes Reden, rechtes Handeln usw.) aufeinander folgende Stufen in dem Pfade geistigen Fortschreitens darstellen. In einem Sinne allerdings wirft diese zeitliche Klassifikation einiges Licht auf den Wirkungsvorgang bestimmter geistiger Prozesse, so wenn wir das Entstehen eines einfachen Gedankens, der Ditthi vergleichbar, in Betracht ziehen, dann dessen Ausreifen zu einem Verlangen, ihn zu betätigen, was wir mit Sankappa, der zweiten Stufe des Pfades, vergleichen könnten, ferner die Auskristallisierung dieses einfachen Verlangens in eine entsprechende Betätigung, sei es in Wort oder Tat, was an das dritte und vierte Glied des Pfades erinnern würde. In dieser Reihe erkennen wir tatsächlich eine große Ähnlichkeit mit den vier ersten Teilen des Pfades, wenn man sie als zeitlich aufeinanderfolgende Stufen ansprechen wollte. Aber wo in der buddhistischen Terminologie von dem Heiligen Achtfachen Pfade gesprochen wird, müssen alle acht Glieder als gleich wesentliche Elemente des Pfades betrachtet werden, geradeso wie der Damm, der Fahrweg, das Pflaster, der Fußsteig, die Baumreihen usw. insgesamt nicht als aufeinanderfolgende, sondern als wesentliche Bestandteile einer Straße in ihrer ganzen Länge zu gelten haben. Es gibt nun allerdings, wie Buddhaghosa auseinandergesetzt hat, in den acht Elementen des Pfades eine gewisse zeitliche Aufeinanderfolge, wie wir auch, um bei unserm Gleichnis zu bleiben, bei einer Straße finden, dass in einem Teile derselben die Dämme, in einem andern die Baumreihen den hervorstechendsten Zug bilden. Aber in der Reihenfolge, wie der Mensch den Pfad verwirklicht, im Gegensatz zu der uns allen bekannten sprachlichen Formulierung des Pfades, richtet sich die Gliederung nach den drei Gesichtspunkten Tat, Wort, Gedanke (kaya, vaca, citta); und in dieser

Klassifikation kommt demgemäß Sammaditthi, da sie unter die Glieder des Citta (Denken) fällt, nicht an der ersten, sondern an der letzten Stelle der Teile des Pfades, und in diesem Zusammenhange kommt ihr die Bedeutung „volle Einsicht" zu, wie oben bereits auseinandergesetzt wurde. Im Allgemeinen aber darf der Achtfache Pfad nicht als ein aus acht aufeinanderfolgenden Stufen oder Stationen bestehender Weg betrachtet werden, vielmehr hat er als eine ihrer Natur nach achtfältige Norm der Lebensführung zu gelten, in welcher alle acht Angas oder Elemente einzelne und gleichzeitige wesentliche Bestandteile sind. Ein jedes von diesen Gliedern hat seinen niederen, mittleren und höheren Aspekt, wobei der Stand eines Lebens hinsichtlich der zeitlichen Folge der einzelnen Stadien des geistigen Fortschritts nach der besonderen Gliederung der einzelnen Pfadteile, soweit diese verwirklicht wurden, gemessen wird.

Wo wir aber in unseren buddhistischen Schriften nach einer klaren Definition des Pfades hinsichtlich der zeitlichen Aufeinanderfolge der einzelnen Stadien des geistigen Fortschreitens suchen, tun wir am besten, uns nicht an den achtfachen, sondern an den vierfachen Pfad zu halten; denn dessen vier Elemente sind tatsächlich vier zeitlich aufeinanderfolgende Stufen: zuerst die Erreichung der Stufe des Sotapanna, dann die des Sakadagamin, demnächst die des Anagamin, bis dann endlich als vierte und letzte Stufe die Arahatschaft verwirklicht ist. In diesem Bilde, das uns das geistige Fortschreiten eines Menschen vom Samsara, dem Meere des Lebens, zu dem von den Buddhisten Nibbana genannten Jenseits alles Lebens kennzeichnet, lernen wir sehr klar den Unterschied zwischen zwei verschiedenen Anwendungen des Wortes Sammaditthi kennen. Jener vierfache Pfad gliedert sich im Hinblick auf bestimmte geistige Fesseln oder Hemmungen, die überwunden werden.

Bevor ein Wesen die erste von diesen vier Stufen betreten kann, muss es die ersten drei von den zehn geistigen Fesseln überwunden haben. Unter diesen dreien steht an erster Stelle die Sakkayaditthi, die Meinung oder der Glaube an ein beharrendes Selbst oder eine Seele innerhalb der fünf Gruppen unserer Persönlichkeit in irgendwelcher Form. Wenn ein Mensch dieses Hemmnis durchbrochen hat (wie die kleine Wurzel-Fiber zuerst die harte dreifache Haut der keimenden Saat durchbricht) und dann sich von Vicikiccha, dem Zweifeln oder Schwanken zwischen zwei möglichen Wegen des Handelns, dem Zweifel an der Richtigkeit der eigenen Auffassung des Dhamma, frei gemacht und weiterhin sich von Silabbataparamasa losgelöst hat, dem Glauben, dass Riten, Rituale, Beschwörungen und Gebete die Kraft haben, eine wirkliche Veränderung unseres Wesens zu bewirken, dann hat er die erste der vier Stufen betreten: Er ist ein Sotapanna geworden, einer, der „in den Strom eingetreten ist", um Nibbanas entferntes Ufer zu erreichen.

Hier haben wir noch eine andere Bedeutung unseres Wortes Sammaditthi, nämlich eine, die in der Mitte steht zwischen der rein intellektuellen Annahme der Vier Heiligen Wahrheiten und jener Höchsten Bedeutung des Ausdruckes, die wir als „volle Einsicht" bezeichnet haben; denn das Durchbrechen dieser Fessel der Selbst-Illusion bedeutet bereits weit mehr als das bloße Festhalten an der Meinung, dass in den Konstituenten unserer Persönlichkeit ein Selbst nicht aufzufinden sei.

Obwohl man jetzt erst am Anfang des Pfades steht, so schließt doch diese mittlere Art der Sammaditthi einen sehr großen Fortschritt in dem Verständnis der das Leben betreffenden Wahrheit in sich. Es heißt in unseren Schriften, dass, wer „in den Strom eingetreten" ist und so die „rechte Erkenntnis" in dem mittleren Sinne der Wortes verwirklicht hat, vor sich nur noch sieben Leben – möglicherweise weniger, aber niemals mehr – hat. In Wirklichkeit wäre also schon die Erringung der Sammaditthi in diesem mittleren Grade eine sehr große Errungenschaft, die nur wenige unter den jetzt lebenden Menschen erlangt haben. Es ist dies eine geistige Höhe, die nur als eine Frucht vieler Lebensläufe, die ernster Wahrheitsergründung geweiht waren, betrachtet werden kann.

So haben wir diese dreifache Bedeutung des Wortes Sammaditthi erschlossen. Zuerst die rein intellektuelle Schätzung der in den Grundsätzen des Dhamma liegenden Wahrheit, eine Schätzung, die wir alle, wie ich hoffe, bereits lange voll entwickelt haben. In Ceylon, wo das Pali, die heilige Sprache des Buddhismus, bei Gelehrten und Mönchen noch eine lebende Sprache ist, wird ein Mönch, wenn man ihn nach der buddhistischen Religion fragt, diese nicht Buddhagama („das Kommen zu Buddha"), sondern Sammaditthi nennen, indem er dies Wort in seiner engsten Bedeutung gebraucht. Wenn wir oder andere uns in unserer eigenen Sprache bezeichnen wollen, nennt man uns Buddhisten; aber diese Bezeichnung, wie eingebürgert sie auch sein mag, ist nicht korrekt. Wir sind oder sollten sein Sammaditthikas, d. h, Menschen, die eine richtige Erkenntnis der fundamentalen Tatsachen des Lebens besitzen. Wir sind nicht vollberechtigt, uns Buddhisten zu nennen, es sei denn, dass wir damit lediglich unsere Bereitwilligkeit, die genannten vier Hauptsätze anzunehmen, zum Ausdruck bringen wollen; denn wenn wir das Wort bis auf seine Wurzel zurückverfolgen, bedeutet es „erwacht, erleuchtet, weise". Selbst wenn wir das Wort „Buddhist" gebrauchen, um damit einen Nachfolger der dem Buddha eigentümlichen religiösen Lehre zu bezeichnen, schließt es immer noch eine Möglichkeit zu Missverständnissen in sich; denn vieles von dem, was die Welt buddhistische Lehre nennt, war in Indien lange vor den Tagen des Buddha wohlbekannt und ist somit keine besondere Lehre des Buddha. Für einen Sammaditthika bezieht sich alles das auf die tieferen Wahrheiten vom Leben, welche, mögen sie nun erstmalig vom Buddha enthüllt worden sein oder nicht, einen Teil seiner Religion bilden, und diese intellektuelle Zustimmung zur Wahrheit können wir als einen wesentlichen Faktor in der minderen Bedeutung, in der das Wort Sammaditthi häufig gebraucht wird, gelten lassen.

An zweiter Stelle kommt jene mittlere Bedeutung des Wortes Sammaditthi im Zusammenhang mit der Sprengung der Fessel des Zweifels und des Glaubens an die Wirksamkeit von Riten, jene Bedeutung, die das „Eintreten in den Strom" in sich schließt, jenes große spirituelle Erlebnis, welches die erste Stufe des vierfachen Pfades bildet. Und doch, so gewaltig ein solches Erlebnis in unseren Augen auch sein mag, weit jenseits von ihm liegt die Sammaditthi in ihrem höchsten Sinn, die endgültige Zerstörung des Nichtwissens (avijja), die Erklimmung der Stufe eines Heiligen oder Arahat, die Gewinnung voller Einsicht in ihrem ganzen Umfang; es ist das jene höhere Weisheit, die, wie oben ausgeführt wurde, weit jenseits aller Arten der uns heute bekannten mentalen Funktionen liegt. Zwischen der bloßen Aneignung rechter Anschauung über die Tatsachen des Lebens und jener höchsten Vollendung eines Arahat liegt die ganze Masse der buddhistischen Lehre, liegt auch der ganze lange Weg geduldiger Innenkultur und langsamen Wachstums, ein Weg, der sich oft über viele Leben erstreckt und der aus allen Mühsalen und Unruhen zum Frieden führt. Jeder Buddhist hofft, dass nicht nur er, sondern alle lebenden Wesen einstmals dieses Friedens teilhaftig werden.

Wenn wir so den Pfad betrachten, wie er sich zwischen den beiden Arten der Sammaditthi ausdehnt – rechtes Verständnis an dem einen, volle Einsicht an dem andern Ende – und wenn wir, wie wir es tun dürfen, unsern eigenen geistigen Reifegrad auf der Linie zwischen den beiden Arten rechter Erkenntnis einreihen wollen, so wird es sich ergeben, dass wir dem rechten Verständnis immer noch näher stehen als der vollen Einsicht, weil unser Buddhismus immer noch mehr ein Lippen-Dienst als ein Dienst des Herzens ist. In diesem Falle eröffnen sich uns zwei höchst wichtige

Tatsachen: Erstens, dass für einen wirklichen Fortschritt im Geistigen, vorausgesetzt, dass unser Buddhismus wahr ist, der beste Gebrauch, den wir von unserm Leben machen können, darin besteht, unsern gegenwärtigen Standpunkt der Sammaditthi in ihrem mittleren Sinne immer mehr anzunähern. Zweitens: Da das nämliche grundlegende Element Sammaditthi sich an den beiden Enden des Pfades findet, liegt die Ausdehnung des Pfades, seine Richtung innerhalb des Bewusstseinsbereiches, darin, dass wir zu Reihen von immer mehr sich vertiefenden Formen der Wahrheit vordringen. Um nun den denkbar besten Gebrauch von unserm Buddhismus zu machen (und wenn wir ihn recht anwenden, zeigt es sich, dass er das Allernützlichste auf der ganzen Welt ist), müssen wir ausfindig zu machen suchen, in welcher Richtung innerhalb unseres Lebens jene Linie der sich immer mehr vertiefenden Wahrheit liegt, und müssen dann, wenn wir sie aufgefunden haben, in dieser Richtung mit Aufbietung aller Kräfte vorwärtsschreiten. Denn dies ist sicherlich der Heilige Pfad selbst, und außerhalb der in ihm vorhandenen, immer tiefer werdenden Wahrheitsschauung kann keine Befreiung von allem Leid und Wechsel des Lebens errungen werden.

Um uns zu vergewissern, was wir unter den immer mehr sich vertiefenden Formen der Wahrheit zu verstehen haben, und um inne zu werden, welcher Art die Falschheit, der Trug ist, den wir überwinden müssen, wollen wir zuerst betrachten, was es mit jenem Erkennen für eine Bewandtnis hat, das allen denkenden Wesen gemeinsam ist und das, aus eben diesem Grunde, zu tief vom Nichtwissen umhüllt ist, um dem der Wahrheit Zustrebenden wirkliche Dienste leisten zu können.

Wenn der Durchschnittsmensch die Welt, die ihm die Sinne vermitteln, betrachtet, dann beherrscht in seinem Geist eine Tatsache alle anderen, die Tatsache nämlich, dass ein wesentlicher Unterschied besteht zwischen dem, was für ihn das Selbst ist – seinen Gedanken, Worten, Handlungen und den anderen Lebensäußerungen – und dem ganzen großen Universum, das jenseits davon in der Region des Nicht-Selbst liegt.

Diese Ansicht, eine wie offensichtliche Tatsache sie auch dem unbekehrten Geist zu enthalten scheint, ist die erste falsche Ansicht, die erste große Micchaditthi, welche die durchdringende Weisheit unseres Meisters uns zu vermeiden gelehrt hat. Aber der nur durch sein angeborenes Nichtwissen, die Avijja, geleitete Mensch sieht in jener illusorischen Unterscheidung zwischen Selbst und Nicht-Selbst die fundamentale Tatsache des Lebens, und von ihr als dem Ausgangspunkt nach einer verkehrten Richtung hin hängen alle falschen Ansichten, die das Leben betreffen, ab. Wie es der Weisheit eines Kopernicus bedurfte, um für die Masse der zivilisierten Menschheit die Täuschung zu überwinden, dass die Sonne täglich um die Erde kreist, und wie die Gegner der Kopernicanischen Astronomie den Einwand erhoben, dass die Sonne sich um die Erde drehe, weil der Gesichtssinn aller Menschen dies täglich bezeuge, so auch bedürfen wir der Weisheit eines Buddha, um diese so tiefe Täuschung der zentralen Selbstheit zu zerstreuen, wobei die Gegner seiner Lehre sich ebenfalls auf das augenblickliche Zeugnis des menschlichen Geistes berufen, dem zu folge diese Selbstheit die zentrale Tatsache des Lebens sei.

Indem so die Philosophien, welche die Welt betreffen, von einem falschen Punkte ausgehen, müssen sie sich in ihrer weiteren Entwicklung naturgemäß von der Wahrheit, die sie suchen, immer weiter entfernen. Indem sie diese Selbstheit als die zentrale Tatsache des Lebens betrachten, schließen sie von den der Selbstheit angehörenden Erscheinungen auf die Existenz anderer Selbste neben dem eigenen. Der Wilde, der die Bewegung von Sonne, Mond, Sternen, Strömen und die mannigfachen Phänomene des Daseins sieht und die vielen Arten von Klängen in der Natur hört, legt jeder einzelnen Erscheinung ein besonderes Selbst bei, einen Gott oder Geist, der sie hervorbringt, genau so, wie er auf Grund seiner irrigen Lebensanschauung wähnt, er bediene sich seiner verschiedenen Organe zur Bewegung, zum Reden und Denken. Wenn der Wilde im Lauf seiner Entwicklung dann bei dem Punkte angelangt ist, wo die Familien sich zu Sippen und Stämmen zusammenschließen und diese zu Nationen, über die ein Herrscher gebietet, erwacht in seinem Innern die religiöse Idee; die Götter der Gestirne, der Erde und der Wälder nehmen allmählich die Stellung dienender Engel ein, gegenüber einem großen Selbst, ihrem Herrscher, der Seele oder dem Selbst des Raumes, worin alle diese niederen Geister ihre Wohnstätte haben. So wandelt sich das religiöse Bewusstsein des Menschen im Laufe langer Zeitepochen vom Polytheismus zum Monotheismus oder Pantheismus, bis, nach Überwindung des Zustandes der Wildheit, der Mensch zum geistigen Jünglingsalter herangewachsen ist, einem Entwicklungsstande, in dem wir seinen Monotheismus im Allgemeinen als fest begründet feststellen können, wie dies in mancher Hinsicht jetzt bei den Völkern des Westens der Fall ist.

Ein anderer sehr wesentlicher Faktor in der Formung des religiösen Bewusstseins im Menschen – denn der Ursprung der Religion ist ungeheuer kompliziert und wurzelt keineswegs in einer Gruppe von Tatsachen oder

Theorien allein – trat noch zu der genannten gemeinmenschlichen Erfahrung hinsichtlich des Selbstes hinzu, nämlich die von Heiligen und Sehern gemachte Erfahrung, dass es außer dem Bereiche wachen Lebens, in welchem wir normalerweise wirken und leben, noch mannigfache andere Bewusstseinszustände gibt. Während Seher zu allen Zeiten in dem helleren Licht des Bewusstseins, zu dem sie in ihren einzelnen Erfahrungen vorgedrungen waren, klarer sahen, indem einige von ihnen sogar die höheren Jhanas oder die auf nicht-gestaltete Welten sich beziehenden Bewusstseinszustände erreicht hatten, bezeugten sie die Tatsache, dass mit fortschreitendem Aufstieg Element auf Element von dem niederen Selbst abgeworfen wurde, bis sie, auf der nächsten Stufe des Bewusstseins, nicht mehr länger die ungezählten Selbste unserer Erfahrung, sondern ein Selbst, nur ein höchstes Selbst schauten, ein Selbst, das sie auf Grund ihrer theistischen Denkschulung mit dem höchsten Wesen identifizierten, an das ihr Volk glaubte und von dem es annahm, dass es alles Leben dieses Universums habe aus sich hervorgehen lassen. Indem sie so das kleine, armselige Selbst des Menschen in dem Licht ihrer höheren Erfahrung wirklichkeitsgemäß vergehen sahen, klammerten sie sich an ein noch größeres, weil feineres Selbst an, an eine noch viel tiefer liegende Täuschung: es war dies die Vorstellung einer letzten, ewigen, seligen höheren Selbstheit, aus der alles Leben bewusst und absichtlich emaniert worden ist und in der untertauchend ein recht geschulter Geist seine niedere Selbstheit verliert, wie der Wassertropfen sich mit der Woge des großen Meeres vermischt und in ihm untergeht.

Gleichzeitig und im engsten Zusammenhange mit dieser Masse falscher Ansichten entstand eine andere Gruppe von Missverständnissen hinsichtlich der Tatsachen des Lebens, eine Gruppe, die wir als die Theorie der Lebenslust bezeichnen können; sie ist für das unentwickelte, unreife Bewusstsein des kleinen Kindes charakteristisch. Selbst heute haben sich in den fortgeschrittensten Kreisen der am meisten zivilisierten Nationen nur erst wenige aus dieser Stufe zu der Stufe des geistigen Jünglingsalters emporgeschwungen, weil der Lustsinn vielleicht von allen der stärkste ist.

Wir wollen im Geiste zu den Tagen unserer Kindheit zurückkehren und wenn unser Erinnerungsvermögen nicht zu sehr geschwächt ist, werden wir erkennen, wie wahr das ist. Wir werden uns daran erinnern, wie wundervoll, wie fein, wie edel und gut uns das ganze Dasein erschien; wie freudevoll kam uns die Wirklichkeit vor, und das Leid war nur wie ein vor ihrem herrlichen Licht vorüberziehender Schatten. Wir wollen uns die lebhafte Empfindung des Wunders und der Freude zurückrufen, die sich in uns mit jeder neuen Lebenserscheinung einstellte, wir wollen daran gedenken, wie sogar ein zum ersten Male erblicktes Insekt einen unbeschreiblichen Jubel erweckte; wie jede Stunde, nein jeder einzelne Augenblick des wachen Lebens uns teuer und angenehm erschien, so dass wir selbst nach Ablauf des Tages den Gedanken an Schlaf hassten, weil uns der Schlaf eine Beraubung an einigen Stunden eines seligen, bewussten Lebens bedeutete. Das ist das Kennzeichen des Kindesbewusstseins, diese Empfindung der Lebensfreude, und in dieser stellt die Erfahrung, die wir als Kinder machen, nur einen Ausschnitt aus dem allgemeinen Stande des menschlichen Bewusstseins in seiner Frühzeit dar. Denn das besondere Merkmal unseres Wachstums besteht darin, dass die menschliche Individualität während der wenigen Kindheitsjahre in ihrem Leben und Denken die abgelaufene Geschichte der ganzen menschlichen Rasse, deren Erfahrung sie ererbt hat, wie in einem Ausschnitt wiedergibt. Beobachten wir das tägliche Wachstum eines kleinen Kindes genau, so werden wir das bestätigt finden: wir erkennen, wie das Leben des Kindes uns die Entwicklungsgeschichte der gesamten Menschheit erzählt, von dem auf Bäumen lebenden, noch kaum menschlichen Anthropoiden an über die Steinzeit hin bis zu dem jagenden, kämpfenden, Königreiche organisierenden Zeitalter, dem selbst heute nur die fortgeschrittensten Geister unseres Geschlechtes völlig entwachsen sind. Der Kindesgeist sieht und hört und empfindet eine tiefwurzelnde Lust an dem bloßen Sehen und Hören, aber bevor das Kindesalter nicht überwunden ist, denkt es nicht darüber nach, was das alles zu bedeuten hat. Auf diesem Umstande sowie auf der sich wieder kurz abspielenden Geschichte des Menschen in seinem wilden Zustande beruht die oftmals geradezu erschreckende Gefühllosigkeit des Kindes gegenüber fremden Qualen; in seinen Augen erscheinen die Zuckungen eines zu Tode gemarterten Tieres ungewohnt, wunderbar und deshalb „lustig"; gerade weil diese Bewegungen für das Kind etwas Seltenes und Neues sind, bereiten sie ihm Lust, und so ist es unsere erzieherische Aufgabe, die Jugend, mit Ausnahme ganz weniger Kinder, aus dem wilden Instinkt, niedere Lebensformen zu töten und zu quälen, herauszuziehen.

Diese für den jugendlichen, den geistig unreifen und gedankenlosen Menschen so bezeichnende Lust am Leben, die auch heute noch in dem menschlichen Denken eine so hervorragende Stelle einnimmt, musste notwendig die Entwicklung des religiösen Bewusstseins stark beeinflussen.

Wie wir schon andeuteten, verstehen wir unter religiösem Bewusstsein das Nachdenken des Menschen über die tieferen Fragen des Lebens, seinen Versuch, eine Lösung der Daseinsrätsel zu finden. Wenn der Mensch in seinen vom Nichtwissen umhüllten Gedanken die Beziehungen seines eigenen Lebens zu dem größeren Leben der Umwelt erwog, wurde er in der Frühzeit zu der Ansicht geführt, dass alle Inhalte des Lebens wesentlich gut seien; die Lebensfreude in seinem eigenen Herzen strahlte er auf die Umwelt aus, und im besonderen schrieb er Freude, Leutseligkeit und Güte jenem höchsten Selbst zu, von dem er später annehmen zu müssen glaubte, dass es Erde und Himmel geschaffen habe. Er selbst konnte für seine täglichen Bedürfnisse aus Stein, Holz und Erde die Gerätschaften verfertigen, die er zum Jagen, Kämpfen und Kochen benötigte; und so kam er wiederum zu der Vorstellung, dass diese ganze Weltausbreitung, die er um sich gewahrte, in gleicher Weise von jenem höchsten Wesen gemacht worden sei. Indem der Mensch an das Entzücken dachte, das er über die wohlgelungene Fertigstellung irgendeines für einen Zweck bestimmten Gerätes empfand, konnte er unschwer auf den Gedanken verfallen, die Gottheit ruhe nun von ihrer Schöpfungsarbeit aus und blicke auf die von ihr geschaffene Welt und finde, dass alles „gut" sei.

Aber die Erkenntnis wächst, und zugleich mit ihrem Wachstum kommt eine tiefere Einsicht, eine der Wirklichkeit mehr adäquate Einschätzung der wahren Natur des Universums um uns und in uns. Gleichzeitig mit diesem Wachstum des geistigen Standpunktes musste die Gottesvorstellung, diese Personifikation der letzten Kräfte unseres Wesens, notwendigerweise in der Gedankenwelt des Menschen immer mehr von ihrer Wichtigkeit einbüßen: gleichzeitig mit dem Wachsen der Erkenntnis sah der Mensch, wie außerordentlich viel zweckloses Leiden in der Welt vorhanden ist; er lernte ganz allmählich einsehen, dass in allen Lebenserscheinungen in Wirklichkeit keine Person, kein Selbst – weder eine persönliche noch eine größere Selbstheit –, sondern nur ein Kontinuum, ein Strom von Sein, eine unaufhörliche Bewegung des rastlosen Lebenslaufes festzustellen ist. Der geistige Reifeprozess verläuft in der Tat sehr langsam; noch jetzt sagen wir, auf Grund jener irrigen Lebensauffassung, „ich denke", wo wir richtig sagen sollten „es denkt".

Der Inder zu Buddhas Zeit sagte „der Gott regnet", während wir sagen, „es regnet." In diesem Falle sind wir freilich zu der intransitiven Form fortgeschritten, aber wie lange wird sich in unserer Sprache noch das Selbst behaupten, wo es sich um die Benennung menschlichen Wirkens handelt?

Und mit dieser Personifizierung der Lebenserscheinungen, unzertrennbar mit ihr verbunden und aus derselben Quelle, dem Nichtwissen, entspringend ist jene andere Theorie der Lebenslust; beiden Gedankenreihen hat der englische Dichter Ausdruck gegeben, wenn er sagt: „Gott ist in seinem Himmel, um die Welt ist es herrlich bestellt."
Dies sind die Ansichten über das Leben, die der Buddha als Micchaditthi: falsche Ansichten bezeichnet hat, jene Art des Nichtverstehens, die wir zu vermeiden suchen müssen, wenn wir auf den Titel Sammaditthika Anspruch erheben. Es ist dies an erster Stelle die Täuschung des Selbstes, die Ansicht, dass das Leben „beselbstet" sei, dass in oder hinter dem Leben eine wandellose lebendige Person existiere, einerlei ob es sich um das angenommene, ein höchstes Selbst oder um die Vielheit der Einzelselbste handelt. An zweiter Stelle steht die Theorie der Lebenslust, der Glaube nämlich, das Leben sei seinem eigentlichen Wesen nach wonnig und allein um seiner Freuden willen lebenswert, und alles, was wir in ihm an Erfahrungen durchleben, sei nicht etwa die karmische Folge des zuguterletzt leidbringenden Verlangens nach Lust, sondern eine ununterbrochene Reihe freudvoller Bewusstseinszustände, ein dauerndes Glück, das aus der fortwährenden Befriedigung des Durstes nach Leben und Erleben hervorgehe.
Dies sind die beiden großen Grundanschauungen, die aus der Avijja, dem Nichtwissen, dem Nichtverstehen der wirklichen Natur des Lebens entspringen, deren Verwerfung die Grundlage der Sammaditthi in ihrer niederen Bedeutung bildet. Bevor wir weitergehen, wollen wir einmal innehalten und darüber nachdenken, warum denn diese bloßen Ansichten über das Leben vom buddhistischen Standpunkte aus eine so schwere Gefahr für die Wohlfahrt der Menschheit bedeuten und ein so schweres Hindernis bilden, da schon die erste Stufe des Pfades nicht betreten werden kann, solange sie nicht endgültig aufgegeben sind. Beide Anschauungen haben ihre Wurzeln im tiefsten Innern des Menschenherzens; es ist für den Menschen so schön und süß und angenehm zu denken, dass er, der wirkliche „Er", wie der Attavadin sagen würde, unsterblich, wandellos, bei gerechtem Leben sicher und der Erbe eines ewigen, seligen Lebens sei; es ist so trostreich und beruhigend, sich vorzustellen, dass diese ganze Welt geschaffen sei und regiert werde von einer großen Wesenheit, die so unendlich mächtig, gütig und hilfsbereit ist, und das Leben als seiner Natur nach beglückend, erfreulich und lebenswert anzusehen. Da die Dinge so liegen, erhebt sich die Frage: Warum bildet die Verwerfung dieser Anschauungen

das eigentliche Kennzeichen des orthodoxen, von Menschen entworfenen, Buddhismus, oder wie kommt es, dass in einer so wesentlich praktischen Religion, wie der Buddhismus es ist, der rein intellektuellen Verwerfung oder Annahme bestimmter Anschauungen eine so hervorragende Bedeutung beigelegt wird?

Die Antwort auf diese Frage ist für einen, der noch kein Sammaditthika ist, die schrecklichste, die es nur geben kann; es ist eine Antwort, die, stünde sie für sich allein, keine Hoffnung, keine Hilfe, keinen Zweck in unserm ganzen Leben mehr zulassen würde; sie lautet einfach: jene Anschauungen sind unwahr, da niemand das Über-Selbst je begreifen kann! Wahrheit, das Suchen nach und das Finden der Wahrheit ist für den Buddhisten seine Religion, und niemand darf hoffen, der Wahrheit teilhaftig zu werden, der sich in einer falschen Richtung bewegt, der die Wahrheit sucht, während er sich mit dem falschen, wenn auch angenehmen Trost beruhigt, welche diese irrigen Ansichten ihm gewähren können.

Unwahr! Ist die Wahrheit denn eines so großen Opfers wert, dass der Mensch allein um ihretwillen Überzeugungen aufgeben muss, die in ihm so tief verankert und für ihn so trostreich sind? Der Buddhist antwortet auf diese Frage: Die Wahrheit verneint nicht nur das Falsche, sie geht viel tiefer, sie bestätigt das Wahre – den persönlichen Buddha. Diese Wahrheit ist so groß, für unser Leben so ausschlaggebend und in ihren höheren Bereichen von einer so gewaltigen Tiefe, dass sie aller Opfer in der ganzen Welt wert wäre. Die Wahrheit ist größer als unsere Hoffnungen, sie ist uns näher und teurer, wenn wir sie nur sehen und erkennen könnten, als sogar unser so sorgsam gehegter Glaube an die Selbstheit, an das unsterbliche persönliche Leben; die Wahrheit ist größer als der Himmel, unermesslicher als die Abgründe des Raumes, erhabener als irgendetwas, mit dem man sie vergleichen möchte. Sie ist so frei und hoch! Entsagung? Gewiss! Verlieh das Samenkorn schon zuerst in der dunklen Erde der Blume, die ihren Wohlgeruch in die Morgenluft ausstreut, ihr Sein? Hat es nicht vielmehr sein eigenes Leben dahingegeben, damit ein größeres Leben daraus erwachse?! Dies ist der Grund, warum Entsagung, Verzichtleisten der Grundton aller buddhistischer Praxis ist und warum die erste Stufe, die beschritten werden muss, in der völligen Verwerfung alles dessen, was nicht durch und durch wahr ist, besteht.

Denn im Buddhismus haben wir uns um Tatsachen, nicht um Theorien zu kümmern. Wenn immer wir unser Herz, unsern Geist zu einem würdigen Behälter des süßen Amrita der Wahrheit machen wollen, müssen wir sie zu allererst von jeder Spur von den bitteren Trugbildern, die uns Avijja vorgetäuscht hat, läutern. Unwahr, wie diese falschen Anschauungen über das Leben sind, tragen sie schon in sich selbst das Siegel und den Beweis ihrer Unwahrheit. Um das zu erkennen, brauchen wir uns nur die Früchte, die sie in der Geschichte der Menschheit gezeitigt haben, näher anzuschauen, brauchen wir nur ihre Ergebnisse in der Geschichte der Religionen zu betrachten: Die Ausbreitung des Islams durch Feuer und Schwert, die Foltern der Inquisition, die Scheiterhaufen der Hexenprozesse, die furchtbare Epoche jener finsteren Zeit, da kein Mensch seine freien Gedanken in die Luft eines geistesgeknechteten Kontinents auszuatmen wagte. Ach, und ich weiß nicht und wage nicht daran zu denken, welche Unsumme von menschlicher Agonie, Grausamkeit und Barbarei, die Früchte einzig jener falschen Anschauungen über das Leben gewesen sind. Weil die Menschen den Traum träumten, sie hätten eine zu persönlicher Unsterblichkeit (oder zu ewiger Pein) bestimmte Seele und müssten das höchste Selbst besänftigen, wie sie gewohnt waren, ihre Herren und Könige zu besänftigen, durften sie es sich herausnehmen, sogar die edelsten Geister, die je auf dieser Erde gewandelt sind, der Folter und dem Tode preiszugeben. Was kam augenblickliche Grausamkeit und Qual in Betracht, wenn sie durch eine ganze Ewigkeit des Glückes aufgewogen wurden! Eins der größten religiösen Epen der Welt, die Bhagavad-Gita stellt aber dennoch den wahren Rat dar, den Krishna seinem Schüler gab, welcher, gerade im Begriff, alle seine Verwandten und Stammesgenossen in eine mörderische Schlacht zu verwickeln, gleichwohl aber im Namen der Seelen-Theorie den Auftrag zum Töten im Kampfe erhielt, da ihm bedeutet wurde, das Selbst sei etwas Geistiges und könne zu Recht nicht zerstört werden! Denn man muss seinen Körper und seine Gesundheit schützen, wenn auch manchmal mit drastischen Mitteln.

Und warum ist das so? Wie ist es möglich, dass die genannten beiden Anschauungen den Menschen so vertieren und mehr Elend und Blutvergießen auf der Erde erzeugen konnten als irgendein anderes Werkzeug menschlicher Verirrung und Missetat? Weil, wie unser Meister uns gelehrt hat, diese beiden Anschauungen aus dem Nichtwissen entspringen, aus den ungezügelten Begierden des Menschen, weil es bloße Theorien, Ditthis, Ansichten über die Dinge sind, welche in der Wahrheit oder in der Tatsächlichkeit keinen Grund haben. Hier liegt die ganze Lösung des Problems, der Kernpunkt der Sammaditthi: Rechte Erkenntnis bedeutet rechtes Verstehen der Tatsachen des Lebens. Wer hat wegen

Tatsachen jemals gekämpft oder gehasst oder Leiden über die Lebewesen verhängt? Kein einziger von all den Myriaden, die auf der Erde gelebt haben. Wohl aber wegen Ansichten und Theorien, die lediglich in den Hirngespinsten beschränkter, vom Nichtwissen umhüllter Geister ihren Grund hatten, wegen bloßer Theorien, deren Wahrheitsgehalt niemand beweisen konnte, haben die Menschen gestritten und werden weiter streiten, bis auch die letzten Narrheiten überwunden sind und kein Mensch mehr so betört sein wird, dass er sagen kann: „Ich vertrete die und die Theorie, ich habe sie ausgearbeitet, sie zu der meinigen gemacht, und da dies mein Glaube ist, bin ich bereit, für ihn gegen die ganze Welt zu kämpfen."

Man glaube auch nicht, dass diese falschen Ansichten allein in der Vergangenheit den Fortschritt der Menschheit schwer geschädigt haben und dass wir gegenwärtig so weit fortgeschritten sind, dass ihre unheilvolle Macht aus den Ursachen der unaufhörlichen Leiden auf Erden verschwunden wäre. Auch heute noch wird im Namen der beiden falschen Ansichten unaussprechliches Weh auf die Wesen gebracht; auch heute noch strömen hunderttausend Altäre den üblen Geruch ihrer Opfer in die Lüfte aus: Wir mögen es Torheiten nennen, wenn Barbaren, indem sie in dieser und der anderen Welt nach mehr Lust und Freude verlangen, ihre eingebildeten beselbsteten Götter zu besänftigen trachten. So töricht das ist, so ist es doch weder törichter noch schlechter noch grausamer als so vieles, vieles, was inmitten der hochgepriesenen Zivilisation des Westens verübt wird. Wenn auch, wie es glücklicherweise der Fall ist, die Todesschreie menschlicher Opfer, die auf den Marktplätzen der Städte im Namen der beiden Formen des Nichtwissens lebendig verbrannt wurden, nicht mehr gehört werden, so bringen diese beiden Ansichten doch auch heute noch unter anderen Namen und Formen ungezähltes Elend über die Menschheit.

Auf die Selbst-Theorie in der Form des sogenannten Patriotismus ist die Tatsache zurückzuführen, dass ein so großer Teil der männlichen Bevölkerung unter den heutigen Nationen dem für die menschliche Gesellschaft so wertvollen Dienst in Landwirtschaft und Handel entzogen und in dem Studium und der Übung des Kriegführens geradezu verwüstet wird, was man, wenn man das Kind beim rechten Namen nennen wollte, als eine Übung in der wirksamsten Methode zur Ausübung des schrecklichsten aller menschlichen Verbrechen: des Mordes, bezeichnen müsste. Auf derselben Auswirkung der Selbst-Täuschung beruht die weitere Tatsache, dass ein so großer Teil des Vermögens und der Einnahmen der westlichen

Nationen in dem Wahnsinn der militärischen Rüstungen vergeudet wird, nur weil die Menschen den Selbst-Gedanken kultivieren, nur weil sie nicht einsehen, dass wir alle, Engländer, Deutsche, Franzosen und so fort in gleicher Weise menschliche Wesen sind, Mitgeschöpfe, Brüder, Glieder jener einen großen Familie lebender und leidender Wesen, die keinen Krieg mehr nötig haben wie die Wölfe und Wilden, wenn sie nur richtig zu erkennen vermöchten. Es ist die falsche Meinung: „Ich bin Engländer, die glorreiche englische Nationalität ist mein; daher geziemt es mir gegen Personen zu kämpfen, die eine andere Selbst-Theorie dieser Art haben und sagen: Nein, aber ein Deutscher bin ich." Diese falsche Ansicht ist es gewesen, die es notwendig machte, so ungeheure Summen für Kriegsrüstungen zu verschwenden, und die dann den furchtbaren Weltkrieg mit seinen Greueln und Schrecken zur Wirklichkeit werden ließ.

Und wie viele von unseren Leiden im Abendland müssen der falschen Ansicht von der Lebenslust zugeschrieben werden! In dem Glauben, dass wir in dem Leben nach Kräften Freude, Lust und Genuss gewinnen müssen, suchen wir, anstatt die Zahl der Dinge, von denen wir sagen „wir brauchen sie", zu vermindern, dieselbe beständig zu vermehren. Notwendige klimatische Bedingungen vergrößern die Zahl der wirklichen Lebensbedürfnisse, die hier größer sind als in den warmen Klimaten, aber außer diesen wirklichen Notwendigkeiten, außer den Bedürfnissen für Wissenschaft, Kunst und Literatur, außer diesen tatsächlichen Notwendigkeiten wird in unserer Zivilisation noch so ungeheuer viel angehäuft, was, auf Grund jenes falschen Glaubens, die Lust am Leben, sein Auskosten bis ins Kleinste vergrößern und das Anhäufen von möglichst viel Besitz und damit angebliches Glück gewährleisten soll. Und um diese unübersehbare Reihe dieser in Wahrheit nutzlosen Dinge hervorzubringen, müssen Tausende, Hunderttausende von Männern, Frauen und sogar kleine Kinder ein erbärmliches, hoffnungsloses Leben verbringen in beständiger Furcht vor irgendeiner Handelskatastrophe, die sie ihrer Nahrung und ihres Obdaches beraubt. Und ach, wie viele von diesen Erzeugern der Unnötigkeiten des Lebens haben, auch heute noch, nicht satt zu essen und müssen die einfachste Bequemlichkeit entbehren!

Wenn wir so einen Blick auf die in unserm menschlichen Dasein herrschenden gegenwärtigen Zustände werfen, erkennen wir, wie tödlich, wie voll von Gift für die Menschheit diese beiden Lebensauffassungen sind, die wir, auf die Warnung unseres Meisters hin, da wir Sammaditthikas sein wollen, als falsch und voll von Gefahr und Furcht erkennen und verwerfen müssen. Herz-Gifte im eigentlichen Sinne des Wortes sind sie, die das innerste Leben des Menschen vergiften; in einer oder der andern ihrer zahllosen Äußerungen, sei es als religiöse Dogmen oder als politische und nationale Vorurteile, sei es als Militarismus oder Kommerzialismus, ergreifen sie immer noch den menschlichen Geist mit Begier; noch gibt man ihnen große, hochtönende Namen, wie in dem alten buddhistischen Gleichnis ein Mensch, der ein schreckliches offenes Geschwür hat, aus bloßer Furcht daran denken zu müssen, es mit Lage auf Lage von Goldblatt bedeckt, so dass nach außen kein übler Eindruck erweckt wird, während die Zerstörung unten weiter frisst. Große Namen, hochtönende Worte, wundervolle Theorien über Dinge, die kein Mensch kennt, über das Wie und Warum des Lebens, das ist das Goldblatt, das die arme, leidende Menschheit auf seine fressende Wunde legt. Wie lange, wie lange soll es noch dauern, bis die Menschheit dieses Flittergold leerer, hochtönender Benennungen abstoßen und den Mut haben wird, das Leben so anzusehen, wie es in Wahrheit ist, und sich dem größten Arzt vertrauensvoll zuzuwenden, der immer bereit ist, das kreisende Gift und das Fieber unserer Wunde zu bannen?!

Sein Heilmittel, wenn es auch als ein bitterer Balsam erscheinen mag, ist Sammaditthi, die rechte Erkenntnis der Tatsachen des Lebens, das Erfassen der unser Dasein betreffenden Wahrheit, das Wegnehmen des Goldblattes und die Prüfung und Anerkennung der eigentlichen Quellen unseres Leidens. Den Mut zu haben, das Leben anzuschauen, wie es in Wirklichkeit ist – Anicca, Dukkha, Anatta: vergänglich, leidvoll und ohne Selbstheit – das ist der erste Schritt, der gemacht werden muss. Dies bedeutet das Abwerfen aller der eitlen Arten des Glaubens und Wähnens, die der menschliche Geist je ersonnen hat.

Indem wir den spezifisch religiösen Aspekten jener beiden falschen Ansichten unsere Aufmerksamkeit schenkten, haben wir bereits darauf hingewiesen, dass ihr Aufgeben auf den ersten Blick etwas äußerst Grausames und Schreckliches zu sein scheint; es ist das Abreißen des Goldblattes von der vergifteten Wunde. Einige voreilige Geister haben in der Tat den Mut gehabt, dies zu tun, und indem sie, zu ihrem eigenen Unheil, von dem Arzt und seinem Heilmittel nichts wussten, sind sie noch einer weiteren falschen Ansicht über all diese Dinge verfallen. Indem sie sahen, dass Leben mit Leiden unzertrennlich verbunden ist, indem sie die Bedeutung der Tatsache erkannten, dass in der Entwicklung des Körpers das, was wir jetzt Empfindung nennen, der direkte Abkömmling der

Reizfähigkeit, der Reaktion des Urprotoplasmas auf einwirkende Reize, ist, sind sie dazu verleitet worden, eine neue falsche Ansicht über das Leben aufzustellen, welche nicht einmal den Vorzug der Goldblatt-Methode, gefällig auszusehen, besitzt. Diese Anschauung, die unter dem Namen Pessimismus bekannt ist, kann kurz so charakterisiert werden: Es gibt keine Seele, keinen Gott, aber eine neue Art ewiger Selbstheit oder ein ewiges Prinzip, Materie genannt. Diese Materie ist an sich unempfindlich, aber irgendwie bildeten sich rein zufällig gewisse Kombinationen des Stoffes, welche so unbeständig waren, dass sich eine fortwährende molekulare Veränderung in ihnen vollzog, ein Aufnehmen neuer Moleküle auf der einen und ein Abstoßen der alten auf der anderen Seite. Kraft der Einwirkung der Umgebung hat sich dieser ursprüngliche Lebensstoff allmählich zu dem entwickelt, was wir jetzt sind, lebende, bewusste Wesen, dem Verfall und Tod preisgegeben und dazu bestimmt, ebenso nutzlos zu verschwinden, wie wir erschienen sind. Nach dieser Anschauung, die gegenwärtig glücklicherweise nur noch von wenigen vertreten wird, gibt es überhaupt kein Gesetz im Leben, d. h. kein Lebens-Gesetz als solches; unser Dasein ist rein zufällig entstanden, und eines Tages, wenn die Erde kalt oder heiß genug geworden ist, wird es in ähnlicher Weise wieder verschwinden. Im Lichte dieser Weltanschauung erscheint das Leben nicht nur als von Leid und Übel erfüllt, sondern es fehlt ihm der Sinn, die Aufgabe, die Zukunft. Wunderbar, ja unglaublich muss es einem nachdenklichen Menschen vorkommen, dass nach dieser Anschauung das Leben lediglich im Zufall und im Wirken blinder Naturgesetze seinen Ursprung haben soll; keine Hoffnung ist vorhanden, nur der Tod mit allen seinen unausgeglichenen Leiden; kein Zweck, kein Ausweg, keine Aufgabe, kein höheres Ziel!

Wir hoffen, dass sich nicht viele Menschen zur Annahme dieser schrecklichen Welt- und Lebensanschauung bereit finden werden, jedenfalls wird es kein Buddhist tun. Sie wurde an dieser Stelle nur erwähnt, um einen sehr wichtigen Punkt der buddhistischen Lehre einzuleiten, dass nämlich, vom buddhistischen Standpunkt aus betrachtet, der Pessimismus genau so verkehrt und verderblich ist wie der übertriebene Optimismus mit seinen theistischen Theorien, von denen wir oben gesprochen haben. Denn in dieser großen Frage nach dem Guten und dem Übel des Daseins verfolgt die Buddha-Lehre wie in allen anderen Dingen den Weg der Mitte. In seiner ersten Predigt hat der Buddha die Wichtigkeit der Vermeidung solcher Extreme noch dadurch besonders betont, dass er

die Lehre vom Pfade der Mitte als Norm aufstellte. Da diese Predigt vor Mönchen gehalten wurde, die gewöhnt waren, die Selbstkasteiung als das Mittel zur Erlösung vom Leiden und als den Kern des religiösen Lebens zu betrachten, wurde die Gegensätzlichkeit zwischen einem Leben der Selbstkasteiung und einem Leben der Sinnlichkeit aufgezeigt und der Weg der Mitte, der zur Wahrheit, zur vollen Einsicht führt, als der zwischen diesen beiden Extremen liegende Pfad verkündet. Aber auch hier in unserer Frage nach dem Gut und Übel des Lebens gilt die nämliche Regel: Während wir, als Sammaditthikas, die Vorstellungen vom Selbst und von der Lebenslust zu vermeiden haben, müssen wir gleicherweise das entgegengesetzte Extrem, die pessimistische Weltanschauung, verwerfen.
So ist das Leben, wie der Buddhist sagt, voll von Leiden, aber es kann ihm eine Richtung gegeben werden, die zu dem Jenseits des Lebens führt, zu Nibbanas großem Frieden, einem Zustand so gänzlich verschieden von dem, was wir als Leben kennen, dass jedes Wort zu seiner positiven Definierung unzulänglich ist und fehlgreift. Obwohl, in der rechten Erkenntnis gesehen, kein höchstes Selbst existiert, das diese Welten geschaffen hat und sie nach seinem Willen lenkt, so gibt es doch eine Kraft, eine Macht, die zum Guten treibt und alle Wesen zu größerem Licht hinführt: die Kraft der Weisheit, die Kraft jener hohen heiligen Einsicht, die wir Sammaditthi im höchsten Sinne nennen. So hat ebenso wie in der theistischen Weltanschauung das Leben auch für den Buddhisten eine Hoffnung und, wenn wir wollen, einen Zweck; diese rechte Erkenntnis verkündet die Existenz eines Zieles so hoch und hehr, dass wir es nicht einmal mit dem Namen „Leben„ bezeichnen dürfen.
Und diese große Hoffnung des Buddhismus, dieses Ziel, ohne welches alles Leben zwecklos und sein langes Leiden nutzlos und unentschuldbar wäre, dieses Ideal des Friedens jenseits von allem Leben ist kein bloßer Glaube, keine leere Theorie. Für uns Buddhisten beruht diese Hoffnung durchaus nicht auf einem bloßen Glauben oder Fürwahrhalten, wie es in den theistischen Religionen der Fall ist; sie wird von uns vielmehr aus den Erscheinungen des Lebens abgeleitet; sie ist an erster Stelle bezeugt von dem König der Wahrheit, dem großen Lehrer, der in unserer Geschichte zuerst jenen Frieden erlangte; sie ist erhärtet durch das Zeugnis jener ungezählten Großen, die, seitdem Er den Weg entdeckte, auf dem von Ihm verkündeten Pfad gewandelt sind. Sie wird endlich auch durch unsere eigene Erfahrung bestätigt, durch die Tatsache, dass wir in demselben Maße, als wir uns bemühen den Pfad der Mitte zu gehen, die höhere

Wahrheit, die immer mehr sich vertiefende Wahrheit in der gesamten Lehre des großen Meisters zu erkennen vermögen. Wenn wir mit all unseren Kräften diesen Weg verfolgen, werden wir den großen (göttlichen) Frieden finden, der in unseren Herzen zur Blüte heranwächst, und in diesem Sinne ist dieses Ideal Nibbanas für uns kein bloßer Glaube, sondern eine Wirklichkeit, die sich immer mehr vertieft, je mehr sich unser Leben in seinem Wachstum dem Gesetz annähert.

Wenn die Menschen nach jener Periode geistiger Kindheit, in der das ganze Leben so fein und freudvoll erscheint, zur geistigen Reife gelangen (wie jetzt so mancher in der westlichen Welt dieser Reife entgegengeht), verschwindet mit der Unreife zugleich der Sinn der übertriebenen Lebenslust; denn wie der menschliche Geist, so wächst auch die Erkenntnis. Der Mensch lernt sehen, dass hinter der so schön erscheinenden Maske des Lebens der Tod lauert. Er lernt begreifen, dass Leiden das eigentliche Gesetz der Evolution ist und dass die Art am ehesten überdauert, die am meisten leiden kann. Nicht länger kann einer, der das dem Leben innewohnende große, schreckliche Leiden versteht, dieses Leiden als von einer allmächtigen und allliebenden Selbstheit geschaffen betrachten; nicht länger kann jemand, der einmal in klarer Analyse in seinem eigenen Herzen nach jenem ersonnenen kleineren menschlichen Selbst gesucht hat, irgendetwas in sich als ewig, wandellos oder fest ansehen. Wenn der gereifte Geist tiefer blickt und den Beistand der vom Meister enthüllten Wahrheit nicht verschmäht, dann erkennt er, wie alles im Leben, soweit wir es erfahren, notwendig veränderlich und somit vergänglich ist; er sieht, wie die großen Folgen des Lebensgesetzes, Karma, das Leiden zu einem wesentlichen Element aller Komponenten bewussten Seins machen; er versteht, dass dasjenige, was er früher als sein ewiges, wandelloses Selbst ansah, nur eine Woge in dem großen Ozean des Lebens ist, nicht, wie der Pessimist wähnt, nach der kurzen Spanne eines armseligen Lebens auf unserem Planeten zu völliger Vernichtung verdammt, sondern dazu bestimmt, am Ende seines langen Laufes durch umwandelnde Entwicklungen einem über alle Namen und Begriffe erhabenen Zustande zu weichen, dem Frieden, der der Sinn und das Labsal alles Lebens ist.

Nicht eine Selbstheit von uns, die von den anderen Selbsten in der ganzen Welt verschieden ist, sondern ein Bündel von Sankharas, von allgemeinen Lebens-Elementen, das ist der Gedanke, welcher sich aufdrängt. Wie die Elemente des Körpers in unseren Nahrungsstrom eintreten und für eine kurze Zeit wesentliche Bestandteile unseres Leibes werden, um dann in dem unaufhörlichen Fluss auf ihrem nimmer ruhenden Lebenswege weiterzuwandern, so kommen, nach buddhistischer Ansicht, diese Sankharas, weilen eine kleine Zeit in unserm Geist und entfernen sich wieder, ein ununterbrochener Strom von Gedankenmomenten. Und wie einige Elemente unseres körperlichen Gehäuses edler und für unser Leben wichtiger als andere, und manche unseren Lebensbedingungen feindlich sind, so ist es ähnlich mit den Elementen des Denkens der Fall. Von diesen Elementen des Denkens gehen heute viele gute durch das Medium des gesprochenen oder gedruckten Wortes in den Geist eines jeden einzelnen von uns ein, und morgen, wenn sie durch irgendeine neue Erklärung in ihrem Sinne heller geworden sind, gehen sie vielleicht von unserem Geist auf den Geist anderer über und so fort, bis das Leben endlich in den großen Frieden einmünden wird.

Aus dieser Auffassung vom Strom des Denkens ergeben sich verschiedene Punkte von großer Wichtigkeit. Der erste ist, dass wir mit größter Sorgfalt beständig auf die Gedanken-Nahrung, die wir unserm Geist zuführen, achten müssen, genau so wie wir es bei der physischen Nahrung unseres Körpers zu tun pflegen; wir müssen aus unserer geistigen Diät die üblen Gedanken ausschalten und ausschließlich uns die Assimilierung hoher und heiliger Gedanken angelegen sein lassen. Ein anderer Punkt von noch größerer Bedeutung ist die Tatsache, dass alles bewusste Leben eins ist, ein Meer, auf dem die einzelnen Geister von uns jetzt die Wellen sind, deren Kraft immer neuen Wellen ihre Entstehung gibt, Wellen, die „keine anderen, aber auch nicht dieselben" sind. Es ist der Strom, welcher vorüberrinnt und der in einem gewissen Sinne doch beständig ist. Es ist die Gesamtheit jenes Stromes in uns jetzt und in diesem Augenblick, den wir „wir selbst" nennen. So können wir in rechtem Verständnis das als eins erkannte Leben dadurch höher heben, dass wir jedes Gedanken-Element bei seinem Durchgang durch unsern Geist veredeln. Deshalb kann ja nach buddhistischer Anschauung jede Reform, jeder Versuch, im Leben Hilfe zu leisten, am besten dadurch verwirklicht werden, dass wir unser unmittelbar gegebenes Leben, das Reich des „Selbstes", läutern.

Und nun zum Schluss bleibt noch ein Gedanke zur Betrachtung übrig. Wir haben gesehen, was es für Anschauungen und Theorien sind, die wir mutig verneinen müssen, wenn wir des Namens Sammaditthika würdig werden wollen. Wir haben gesehen, wie die rechte Lebensanschauung, welche die Einheit des Lebens lehrt, Mitleid, Geduld und eine Veredlung aller unserer

Beziehungen erwirkt. Wir betrachten nicht mehr, wie einst vom Standpunkte der Selbstheit aus, Selbst und Leben als zwei verschiedene Dinge, sondern wir erkennen sie als eines. Wir lernen auch, wie jeder einzelne von uns, mag er auch schwach und gering sein, dazu beitragen kann, dem Leben im Großen Hilfe zu leisten, und wie er nur dadurch wirklich helfen kann, dass diese seine Erkenntnis der Einheit seiner selbst und des Lebens praktisch in alle seine täglichen Gewohnheiten und Betätigungen als Liebe und Erbarmen einfließt. Wir verstehen, wie diese rechte Lebensanschauung die Welt morgen in ein Paradies verwandeln könnte und wie alles bittere Leid des Lebens nur davon herrührt, dass wir den falschen, den selbstischen Ansichten folgen. Alles dies ist Sammaditthi in seiner minderen Bedeutung, die rein intellektuelle Abschätzung der Grundwahrheiten des Buddhismus. Was liegt darüber hinaus? Was sollen wir tun, um jenen Vierfachen Pfad zu beschreiten, auf dessen erster Stufe Sammaditthi in ihrer zweiten Bedeutung steht? Die Antwort lautet: „Wir müssen jene Erkenntnis leben." Sie darf nicht länger mehr eitel Theorie sein, denn Theorie ist sie so lange, als sie nicht praktisch tief in unser Leben eingreift. So haben wir in dem großen Ozean des Lebens diese unsere Elementen-Gruppe zu lenken, dass mit jedem Gedanken, der von uns ausgeht, dem Leben im Ganzen ein kleiner Gewinn zuströmt. Mit beständiger Wachsamkeit müssen wir die üblen selbstischen Gedanken niederzwingen und die edleren Gedanken der Selbstverleugnung pflegen. Das Leid waltet unzertrennlich vom Leben, und doch herrscht, weil darüber hinausgehend, allzeit der Friede. Möchten wir unsern Lebensweg so gehen, dass, wenn wir sterben, alles Leben ein wenig edler werde und dem Frieden näher komme, weil wir gelebt und gelitten haben. Kurz gesagt: Es gilt, die rechte Erkenntnis zu leben, und nicht, leere Worte über sie zu machen. Alle diese Dinge sind es, die uns der Wahrheit, wie Sie die Sammaditthi in ihrer tieferen mittleren Bedeutung enthüllt, näher bringen. Und die Gewinnung dieser rechten Erkenntnis bedeutet den Eintritt in den großen, alten, heiligen Strom des todlosen Lichts.

12. Die drei Merkmale

Nach der alten epischen Literatur des arischen Indien ist der weise und tugendhafte König Yudhisthira das ideale Vorbild und Beispiel des Menschen, der dem Dharma folgt und unerschütterlich, was es ihn auch kosten möge, dem Ruf der Pflicht und Wahrheit gehorcht. Von diesem König wird erzählt, dass er auf die Frage, welche Tatsache im Leben ihm am wunderbarsten erschienen sei, zur Antwort gab: „Des Menschen Glauben an ein unsterbliches Leben." Obwohl der Mensch überall nur den Tod als sicheres Ziel und als Abschluss des Lebens sieht; sei es im mörderischen Bruderkriege oder in dem noch grausameren, unaufhörlichen Kampf ums Dasein, wozu die Natur jedes empfindende Lebewesen verurteilt; ja, obwohl er überall in seiner eigenen menschlichen Umgebung beobachtet, wie Vater und Mutter, Weib und Kind, Freund und Feind, Hoch und Niedrig, der Weise und Tugendhafte wie der Dumme und Schlechte um ihn herum dahinsterben, immer handelt und lebt jeder doch so, als ob er allein unsterblich wäre, und die Universalmacht des Todes an ihm irgendwie vorübergehn und ihn ganz unversehrt lassen müsste. Tod umgibt ihn von allen Seiten, seine Schrecken umringen ihn jeden Tag und jede Stunde; die Lehren der Weisen, Großen und Tugendhaften jeden Landes und jeden Alters wiederholen unablässig die furchtbare Tatsache seiner erhabenen, alles beherrschenden Macht; so geringfügig ist seine direkte Veranlassung, dass ein Riss, ein Dorn oder ein Straucheln unterwegs ihn schon heraufbeschwören können; so nahe bevorstehen kann der Tod, was den Zeitpunkt anbetrifft, dass keiner von uns behaupten darf: „Morgen", – oder sogar „die folgende Stunde werde ich noch leben!" – Und doch lebt jeder so, als ob noch unendlich viel Zeit vor ihm läge und ergötzt sich noch an den wertlosen Freuden seines bedrohten Lebens, schmiedet Pläne für die Zukunft, wirft all seine Lebenskraft auf den Wechsel irdischen Daseins; liebt und hasst, strebt beständig nach Reichtum, von dem er in den Tod keinen Heller mitnehmen kann, kämpft mit aller Kraft um diese oder jene eingebildeten Vorteile seines schnell dahin schwebenden Traumlebens. Die wenigen Nachdenkenden ausgenommen, vergegenwärtigt er sich nie das nahe Ende von alledem, noch begreift er, dass seine Lage in Wahrheit nur wenig sicherer ist, als die des zum Tode verurteilten Verbrechers, vor dem nur Stunden liegen, bis dass er zum letzten Male Himmel und Erde schauen darf.

Und weshalb besteht diese Gedankenlosigkeit, dieser Mangel an Einsicht? Weil die Begierde vorhanden ist, des Menschen Freude am Leben und seine Unersättlichkeit nach mehr und immer mehr davon, koste es, was es wolle: weil der Unwissende, Gedankenlose seinen Emotionen und Begierden

lieber folgt, als der klarer sehenden Leitung seines Verstandes; er träumt von sich als einem standhaften Dauerwesen, er glaubt, er müsse leben, auch wenn das ganze Universum dahinschwände. So fieberdurstig fleht er um noch mehr Leben, dass der ganze unaufhörliche Todeskampf, der ihn umgibt, ihn nicht darüber belehren kann, dass auch er sterben muss. Zuverlässig, wie eine Formel von Worten erkennt er ihn und seine Wahrheit an, verwirklicht jedoch nicht die Tatsache als Erkenntnis seines innersten Herzens. Wer könnte in dieser Erkenntnis sein Leben so wertlos gestalten, dass er, den Begierden der Welt folgend, seine Hand nach dem oder jenem armseligen Spielzeug in diesem schnell dahineilenden Dasein ausstreckte! Wer könnte hier der Leidenschaft Raum geben, hassen, betrügen oder anderweitig seinen Leidensgenossen Schmerz zufügen, verstünde er jene erbärmlich einfache Wahrheit: Wie alle meine Brüder bin auch ich zu sterben verurteilt! „Heut, morgen, in einem Jahre oder in Jahren, und das Leben, das mir jetzt alles zu sein scheint, muss in einem einzigen Augenblick, nach einigen Minuten, Stunden oder Tagen des Todeskampfes für immer von mir weichen." Wer das begriffen hat, könnte der noch das wertlose, nach Vergnügen suchende Leben weltlichen Trachtens, voll Nichtigkeit und Nutzlosigkeit, führen? Nein, sicherlich keiner, der es einmal eingesehen hat. Und jetzt, obwohl schon Yudhisthira sich über die zahllosen, vorangegangenen Jahrhunderte wunderte, halten sich die meisten der Menschen, trotz der täglich wiederkehrenden Lebenstragödie, für unsterblich und leben so, als ob dies kurze Dasein alles wäre; denn ihre Einsicht ist vollständig verdunkelt durch die Wolken der Begierde; oder, noch erbarmenswerter, träumen sie, sie lebten fort bis in alle Ewigkeit und fänden dort, durch unbegrenzte Äonen hindurch, diejenigen wieder, die sie auf Erden liebten, sähen nichtige Einzelheiten sich wiederholen, fänden ein Leben, das in stärkstem Kontrast steht zu dem Leben, das wir kennen, aus dem alles Leiden verbannt ist, und wo die wertlosen Freuden unseres Daseins allein verbleiben.
Einige Wenige haben in der Tat weitergesehen, und eines solchen Menschen will ich mich jetzt erinnern. Einst fand ich in einer fernen Stadt, als ich mit anderen Mönchen einem Leichenbegängnis beiwohnte, eine kleine Bambuseinsiedelei, die am Verbrennungsplatz erbaut war; sie stand so dicht dabei, dass man aus dem Fenster die Auflösung der Bestandteile, aus denen einst Weib, Mann oder Kind gebildet waren, beobachten konnte. Nur ein einziger Mönch wohnte ständig dort, ein alter, alter Mann, dessen Antlitz trotz seiner Jahre von einem starken inneren Licht verklärt war, wie

man es manchmal in Menschenaugen sieht. Ein Licht, das von einem edel und groß verbrachten Leben spricht, vom Leuchten der Wahrheit, von dem Licht des Nirvana, dessen Abglanz und Wiederschein es ist. Ich grüßte jenen Thera und fragte ihn, weshalb er hier dicht bei dem Verbrennungsplatze lebe, so entfernt von Stadt oder dort, umgeben von Ansteckungsgefahren, an einem so düsteren Ort, wo er täglich Zeuge jener letzten traurigen Szene menschlichen Lebens sei. Als Antwort erzählte mir der Thera eine kleine Geschichte aus seinem Leben, wie er als Knabe und Jüngling, eifrig, geschäftig, voll von Lebensgier war, belastet mit einer hitzigen, leidenschaftlichen Natur, die sich schnell verletzt fühlte, und wie nach erlittener Kränkung sein ganzes Gemüt sich so mit Wut und Hass anzufüllen pflegte, dass kein anderer, edlerer Gedanke Eingang in sein Herz fand. Dann aber kam ihm eines Tages in einer solchen Anwandlung von Zorn auf irgendeine Weise ein neuer Gedanke: Er fragte sich selbst, welchen Vorteil sein Zorn ihm brächte und wozu er sich entwickeln könnte, wenn er ihn ungehemmt anwachsen ließe? Ja, in seiner Not ging er zu einem gelehrten Thera und fragte ihn um Rat. Der Thera antwortete ihm mit den Worten der Lehre des Meisters im Dhammapada: „Die vielen Unwissenden verstehen es nicht. Alle, die da sind, müssen sterben: für die, welche das wissen, hört der Hass auf."

Oft geschieht es, – der Natur und dem Karma eines Jeden gemäß, dass einige kurze Worte – besonders wenn sie aus dem Munde eines großen Geisteshelden, wie des Buddha, stammen, unseren Verstand mit einem neuen lebendigen Sinn von Wahrheit treffen: Sie scheinen erfüllt zu sein von einer inneren lebensvollen Bedeutung, die plötzlich unsern Verstand erhellt wie eine Lampe, die in einen dunklen Raum gebracht wird. Vorher, ohne die Lampe, schien die Finsternis fast greifbar zu sein, wir fühlten sie, als ob wir nach allen Richtungen hin von einer Mauer umgeben wären. Wir bewegten uns nur zaudernd vorwärts, tappten durch die Dunkelheit nach dem Wege, selbst wenn uns bei Tage der Raum vollständig vertraut war. Aber zünde ein Licht in ihm an, bringe eine Lampe hinein und sofort verschwindet unser Zögern und unsere Beklemmung; nun, da wir sehen können, liegt uns der Weg durch den Raum klar vor Augen. Der natürliche Sinn der Bewegungsfreiheit kehrt zurück. Gerade so ist es, wenn wir diese geistige Erfahrung machen. Auf irgendeine seltsame Art und Weise haben die Worte, die sich so auffallend an uns wenden, ein klares Licht in der unsicheren Dunkelheit unseres geistigen Zimmers entzündet. Unser Geist scheint eine neue, tiefere Wahrheit hinter jenen Worten gefunden zu haben.

Im Lichte dieser inneren Erleuchtung wird unser Lebenspfad, der bis dahin in Dunkelheit gehüllt war, sofort klar und hell: – und aus innerer Finsternis und geistigem Tasten, hin und her erwägend, – gelangen wir in einen neuen Geisteszustand des Klarsehens und verstehen jetzt scharf und richtig, welches Handeln für uns am besten ist.

So war es mit jenem jungen Manne, als ihm sein Lehrer den Ausspruch des Buddha erzählte. Er war ein Laie, aber sofort ließ er die Welt hinter sich, und nachdem er in den Orden eingetreten war, verbrachte er seine Tage möglichst am Begräbnisplatze oder wenigstens in der Nähe. Und dadurch, dass er die Sankharas vermehrte, jene geistigen Elemente, die sich auf die Erkenntnis des Todes in der tiefen buddhistischen Bedeutung beziehen, konnte er schließlich die Worte verstehen: „Wir alle müssen hier sterben."

So einfach eine Belehrung ist, so schwer zu begreifen ist sie; denn je einfacher eine Sache ist, um so größer ist die Schwierigkeit, sie sich zu eigen zu machen. Und außerdem steht diese besondere Lehre im schärfsten Widerspruch zu den Elementen der Unwissenheit und des innersten Nichtverstehens, zu unserer sogenannten „Vernunft". Es ist so schwer, das zu erfassen, was unser Verstand, was die Überzahl unserer geistigen Elemente nicht begreifen will. Und daher verstehen die meisten Menschen überhaupt nie jene einfache Tatsache: „Wir müssen alle sterben."

Aber durch die herabfallenden Wassertropfen wird der Seihkrug allmählich voll bis zum Überfließen: Das ist das große Geheimnis aller geistigen Meisterschaft, die Tatsache, welche die Selbstentäußerung möglich, ja sogar schließlich willkommen und köstlich macht. Und so ergriff den jungen Mönch jene Lehre immer mehr; wuchs sich täglich zu tieferer und feierlicherer Gewissheit aus, schien täglich heller in seinem Innersten und enthüllte manche Wahrheit, die bisher durch Finsternis verborgen war. In seinem neuen Leben als Mönch war die mannigfache Gelegenheit zum Zorn, die der Welt Treiben so vielfältig bietet, nur noch wenig vorhanden, jedoch ganz verschwunden war sie nicht; und manchmal, sogar als Mönch, pflegte die alte, böse Neigung sein Herz zu packen bei irgendeiner geringfügigen Ursache zum Ärger.

Aber mit dem Zorn kam auch, dank der Assoziationsfähigkeit des Verstandes, der Gedanke daran, dass er sich ja selbst vorgeschrieben, seinen Missmut zu unterdrücken; jedes Mal wenn Groll in ihm aufstieg, sah er auch im Geiste das Bild jener letzten traurigen Todesszene wieder. Und bei dieser Erinnerung begann sein Herz zu brennen vor Selbstvorwürfen und Scham: „Wer das erkennt, bei dem hört jeder Hass auf." Auch erinnerte er

sich an Einen, dessen Jünger bei seinem Tode sagen konnten: „So schwand der große gütige Lehrer dahin, er, dem nie ein zorniges Wort entfiel."
Während die Jahre dahinflossen, Weisheit aber und wahre Einsicht wuchsen, schwand auch des Mönches Hang zum Zorn, der ihm angeboren war. Im Laufe der Zeit stieg er in der Achtung der Laien, und seine Gönner bauten ihm dicht am Verbrennungsplatz eine Wohnstätte, da sie sahen, wie häufig er ihn aufsuchte. Damals, als ich ihn traf, war er schon sehr alt und stand in höchstem Ansehen bei allen Bewohnern der Umgegend: man glaubte von ihm, dass er ein Stück von jenem hohen Pfade geschaut habe, dessen Erblicken so schwierig ist; und ich selbst, ich war auch davon überzeugt.
Denn es lag nicht nur die Wirkung der seltenen inneren Erleuchtung und Schauung in des Thera's Zügen: Es war die einfache Geschichte eines edel geführten Lebens. Jener Mann hatte eine Wahrheit erkannt – selten und schwer in dieser traurigen Welt; er hatte sie wirklich erfasst, nur, weil er sofort demgemäß gehandelt hatte, und kein Mensch begreift irgendeine Wahrheit in einer bedeutsamen Tatsache, wenn er nicht auf der Stelle ein neues Leben beginnt. Alles Übrige ist Geschwätz.
Und ich dachte: Nimm an, dass alles aus dieses Mannes Leben keine andere Erkenntnis, keine Frucht weiter gebracht habe, als die eine, die Erkenntnis der Wahrheit, wie glücklich ist er – dank dem Heiligen, Einzigen, dessen Worte sein Leben so gewandelt haben. Wie viele Menschenkinder leben vergeblich Dasein auf Dasein in dieser oder einer andern (astralen) Welt. Ich gedachte meines Vaterlandes, wo das Leben ohne Heimat gering geschätzt wird, weil die Menschen dort den vollen Wert wahrer Selbst-Zurückgezogenheit nicht verstehen.
Sie pflegen ein Mönchsleben für verloren, für sich selbst und die Welt zwecklos zu halten, da ihm Erfahrungen mangeln, die der Mann durch die Sorge um Weib und Kind macht. Aber mir scheint, dass des Mönches Leben bei Weitem größer gewesen wäre, als die meisten es zu führen hoffen können, wenn nach Erfassen jener einzigen Wahrheit sein Dasein ein wenig dazu gedient hätte, dieses Leben seinen Jüngern zu lehren; das ist ein weit wertvolleres Leben, ein weit größerer Dienst, der der Menschheit geleistet wird, als die meisten zu führen oder zu leisten den Vorzug haben!
Aber Wenige gibt es, die Einsicht genug besitzen, eine Wahrheit zu erkennen, oder Energie genug, demgemäß zu leben; und noch ebenso, wie zur Zeit des Königs Yudhistira, sind die Menschen imstande sich für unsterblich zu halten oder zu handeln, als ob sie es wären, obwohl sie den

Tod überall vor sich sehen. Hätte der große indische König die größte aller Satzungen erfahren – die Lehre unseres Meisters gehört, so würde er, weise wie er war, sich nicht nur darüber gewundert haben, dass die Menschen sich selbst in einer Welt des Todes für unsterblich halten: Er würde ein dreifaches Wunder erfahren haben, noch größer, als jenes. Wie – so würde er gedacht haben – können die meisten Menschen, die in einer Welt leben, wo alles sich im Übergangsstadium befindet, sich selbst von diesem festen Gesetze des Daseins ausgenommen wähnen und davon träumen, dass irgendetwas in ihnen trotzdem unsterblich, unveränderlich oder beständig sei: Wie können sie in einer so leiderfüllten Welt glauben: „Irgendwie will ich schließlich dem Leiden entgehen; eine Zeit lang werde ich nur ein Leben der Freude führen." Wie können sie, in einer Welt, in der das Leben in tiefster Wahrheit nur ein einmaliges ist, wo es überhaupt kein persönliches Selbst, keine selbständige Seele gibt, sondern nur ein unaufhörliches Hinüberfließen der Lebenselemente von diesem einen momentanen Zusammenschluss zu einem andern, wie kann trotzdem der Einzelne sich für eine Einheit halten, sein Leben abgesondert für alle Ewigkeit von allen andern Leben wähnen, sein Selbst, seine Seele –, Atta, oder wie er es nennen mag, auf einer Seite, und die Masse universellen Lebens auf der andern: Selbst contra Leben: Jedoch, so denkt und handelt demgemäß jeder während seines kurzen Daseins, und daraus entspringt alles Leid der Welt.

Deshalb haben wir unseres Meisters Lehre von den drei Merkmalen: Die drei großen Ziele oder Kennzeichen, durch die alles Leben bestimmt wird. „Ob Buddha's entstehen oder nicht" – das heißt, ob das Leben in irgendeinem vorhandenen Weltsystem zu irgendeiner Zeit sich soweit entwickelt, um denkende Wesen in sich zu schließen, die durch eigenes Erkennen in der Weisheit weit genug fortgeschritten sind, um diese allgemeine Wahrheit zu erfassen, also: „Ob Buddha's entstehen oder nicht, stets bleibt es wahr, dass die Elemente des Lebens vergänglich sind . . . unzertrennlich vom Leid und der Selbstheit ermangelnd." So heißt es in der Schrift, und diese dreifache Lehre von den Merkmalen bildet die Grundlage der ganzen buddhistischen Lebensanschauung, sie gibt gewissermaßen den Grundton ab für die buddhistische Philosophie oder Theorie von der Existenz; und –, was in unserer Lehre damit gleichbedeutend ist – sie ist das Fundament für das große Gebäude buddhistischer Ethik, dass dem wahren Jünger unseres Meisters Verstehen und demgemäß Leben nur die beiden Seiten der einen Wahrheit sind, die der Meister errang, wonach er lebte und lehrte.

Die Lehre von den drei Merkmalen ist aber nicht nur der wesentlichste Bestandteil unserer buddhistischen Wahrheit von der Lehre und Ausübung; sie ist auch der charakteristische Zug, der den Buddhismus von allen anderen existierenden Religionssystemen unterscheidet; sie bestimmt, zusammen mit der Entdeckung und dem Ausspruch des Karmagesetzes und der Lehre von der Existenz eines über alles Leben hinausgehenden Zustandes, des Nirvana, die Mitwirkung, die der Buddha der Gesamtsumme religiöser Wahrheit gab, die zu seiner Zeit bekannt war. Von unserm Dhamma kann man tatsächlich sagen, dass es die letzte und höchste Vollendung in der Welt religiöser Forschung bezeichnet, es erbte von Generationen unsterblicher, indischer Heiligen und Weisen die ganze Frucht indo-arischer, religiöser Erfahrung und Entwicklung; in diese drei großen Lehren – Nirvana, die Lehre von den drei Merkmalen, und das Karmagesetz, – brachte der Buddha alles, was der letzten Vollendung der Wahrheit bedurfte, so weit, als Worte imstande sind, den Weg zu bezeichnen, der zur Erkenntnis der Wahrheit führt; und unser augenblicklicher Gegenstand kann in ganz besonderem Sinne als buddhistische Lehre betrachtet werden, eine Lehre, die wir überhaupt in keiner anderen großen Religion der Welt wiederfinden. Das allgemeine Kausalgesetz – das Kammagesetz – streng angewandt auf das Leben, auf den Verstand, ebenso wie die moderne Wissenschaft es im Bereich der Naturwissenschaft angewendet hat. Das Verwerfen des geringsten Restes alt-animistischer Lebensanschauung – der dem ungebildeten Verstande so natürliche Glaube, ob das ganze Universum das Ergebnis der Wirksamkeit irgendeines oder mehrerer geistiger Wesen sei; die Lehre von den drei Merkmalen, die Kennzeichnung aller möglichen Lebensformen wie Übergangsstadien, Leiden, alle unwahr in ihrem scheinbaren Selbst; und, zuletzt, die Entdeckung und Verkündung eines über das Leben hinausgehenden Zustandes, des Nirvana. Der bedingungslose Frieden des undenkbar weiten Zieles, zu dem alles Leben langsam seinen Weg nimmt durch eingebildete Wesensform und durch Leiden: Ein Zustand, der das Ende wäre, der höchste Friede, von dem es nie eine Rückkehr geben würde: Diese drei Lehren bestimmen um so genauer das buddhistische Element, als sie kontrastieren mit all jenen Elementen religiöser Wahrheit und Anwendung in unserem Karma, die man in der indisch-arischen Welt vor der Zeit der höchsten Erleuchtung kannte.
Eine weitere Besonderheit, – von der größten Bedeutung für uns, wenn wir kurz den Anfang einer weitreichenden buddhistischen Bewegung in der

westlichen Welt prüfen, (man kann schon sehen wie die Keime der Bewegung im Wachstum begriffen sind) – eine weitere Besonderheit der Lehre von den drei Merkmalen besteht darin, dass durch die, neue, staunenerregende Entwicklung der Naturwissenschaften die westliche Welt jetzt täglich Beweise von genau denselben engverbundenen Kennzeichen fühlenden wie nicht fühlenden Lebens empfängt. Diese Tatsache ist von großer Bedeutung, da sie möglicherweise oder sogar wahrscheinlich zu einer weiteren Ausdehnung unseres Dhamma im Westen führt, denn in der Idee der gebildeten Stände aller westlichen Länder haben die Lehren der Wissenschaft jetzt nahezu von der Stellung Besitz ergriffen, die früher die alte Theologie innehatte. Die Bedeutung davon ist kurz folgende: Wenn genügend Zeit für die Wirksamkeit der Vererbung verstrichen ist, und die Menschen sich aus ihrer geistigen Untätigkeit vollständig herausgearbeitet haben, – (und das bedarf bei dem fortschreitenden Übergangsstadium okzidentaler Gedanken keiner großen Zeitspanne) – dann wird es für jede große Religion unmöglich sein, auch nur einen nominellen Einfluss auf die immer zahlreicheren denkenden Klassen auszuüben, wenn ihre Fundamentalsätze, was die Natur des Lebens angeht, zu der vom wissenschaftlichen Studium und wissenschaftlicher Forschung abgeleiteten Erkenntnis im Widerspruch stehen. Da aber diese Lehre von den drei Merkmalen, ebenso wie der gleichfalls fundamentale und wichtige Begriff von Ursache und Wirkung, wie schon oben gesagt, ausschließlich buddhistisch ist, kann man klar voraussehen, dass es in höchstens ein oder zwei Jahrhunderten für irgendeine Religion, mit alleiniger Ausnahme des Buddhismus, unmöglich sein wird, auch nur dem Namen nach in der gebildeten westlichen Welt fortzubestehn. Nur allein der Buddhismus unter den Weltreligionen ist auf das Kausalgesetz gegründet und auch der letzten, schwächsten Spur animistischen Gedankens bar; nur er allein lehrt die dreifache Natur universellen Lebens; jede dieser beiden Ideen wird täglich tiefer realisiert durch die fortschreitenden Resultate in dem großen Bereich der Naturwissenschaften; die Erkenntnis so tiefer Wahrheiten schließt, sobald einmal die Folgen der Untätigkeit verlöscht sind, die Annahme einer Lebensanschauung aus, die diesen großen Wahrheiten widerspricht. Daher erscheint es unvermeidlich, dass von allen Weltreligionen nur der Buddhismus, angesichts der sich täglich mehr ausbreitenden Eroberungen wissenschaftlichen Denkens, wissenschaftlicher Tätigkeit, fortleben kann; dass nur er in Dingen höheren, inneren Lebens die willkommene Führung über Männer und Frauen kommender Generationen jenes westlichen

Zweiges der großen arischen Rasse übernehmen kann. Dieser Zweig erbt einst, durch Anwendung derselben Kenntnis, die jetzt so tief all sein Denken und seine Anschauungen verändert, die Führerschaft über die Nationen der Welt.

Nachdem wir nun einen allgemeinen Überblick über die Natur, Wichtigkeit und Bedeutung der buddhistischen Lehre von den drei Merkmalen für die moderne Welt gewonnen haben, wollen wir jetzt die drei Merkmale im Einzelnen betrachten. Anicca, Dukkha, Anatta – Unbeständigkeit, Leiderfülltheit, Wesenlosigkeit; das sind die drei Worte, in welche diese Lehre zusammengefasst wird; und, obwohl jedes Wort seine eigene und in gewisser Beziehung eine besondere Seite der Lebenswahrheit beleuchtet, so sind die drei Worte in Wahrheit doch so eng miteinander verknüpft, dass es oft unmöglich ist, eines zu diskutieren und das andere unberührt zu lassen. Jedes jedoch steht in gewisser Beziehung zu einer der drei Arten von Unwissenheit (avijja): – Lobha, oder Gier, Dosa, oder Hass, und Moha, oder Selbsttäuschung (Wahn). Jede dieser drei Formen steht in besonderem Gegensatz zu dem entsprechenden Merkmal, so dass es nicht nur in der Theorie, sondern auch in der Praxis das Gegenstück bildet; die drei Merkmale bilden die Mittel, die Avijja im Leben zu besiegen: So gehen Theorie und Praxis in unserer buddhistischen Wahrheit stets Hand in Hand. Diese drei Arten der Unwissenheit sind, so können wir es ausdrücken, die drei Grundformen des typischen Nichtbegreifens seitens des natürlichen, nicht erleuchteten Verstandes. Die Avijja – Unkenntnis – offenbart sich zuerst in der falschen Annahme, dass das Leben, oder wenigstens ein Teil seines Inhalts, wechsellos, beständig, bis in die Ewigkeit fortdauernd sei, Natürlich – und hier kommen wir sofort zu jener schon erwähnten, unauflöslichen Verknüpfung der drei Formen mit den drei Merkmalen – ist es sein Selbst, das der nicht erleuchtete Mensch in allererster Linie als ein Wesen ansieht, das dem Wechsel nicht unterworfen ist. Zweitens, und in der Tat als eine Entwicklung dieser falschen Auffassung, fällt die Unwissenheit sogleich in das Gebiet der dritten Art nämlich in die falsche Annahme des Gedankens der Beständigkeit, verknüpft mit des Menschen Vorstellung von seinem Gotte: gleichviel ob dieser Begriff in Verbindung mit dem geringsten Amerika-Indianer gedacht ist als ein rein materialistischer Fetisch, als „Zauber", oder, ob in Verbindung mit dem vorgeschrittensten scharfsinnigsten Philosophen, jene krasse Art der großen Selbst-Täuschung erweitert ist zu der Vorstellung einer unendlichen universellen All-Gottheit und gedacht als Schöpfer oder Ausfluss allen

universellen Lebens. Aber, abgesehen jetzt von dem primitiven Gegenstande, welchen der einfältige Mensch als Sinnbild der Beständigkeit auf die höchste, vollendetste Stufe stellt, finden wir, dass er, wie sehr auch immer seinem Karma gemäß entwickelt, auch all jenen Gegenständen Dauer zuschreibt, welche ihm die Güter des Lebens darstellen. Der rein weltlich Gesinnte, den es nach allen Gegenständen seiner Leidenschaft verlangt, wie Geld und Gut, Weib und Kind, Stellung und Macht und Besitz, steckt mit seinen Begriffen in der ersten Art der Unwissenheit indem er seine Meinung von den wechsellosen und ewigen Dingen je nach der Grenze seines geistigen Horizontes mehr oder weniger mit seinem Verstande in Einklang bringt. Selbst wenn er äußerlich gänzlich ohne Hilfe im Leben stände, würde der Mensch, in dem diese Gier vorherrschend ist, doch infolge seiner falschen Begriffe nach künftigem Besitz dieser „Güter" des Lebens trachten: Mag er ein elender Wicht, ein Verworfener sein, durch ein Sühnopfer an seinen Gott oder das was er sich darunter denkt, hofft er in seiner großen Selbst-Täuschung vielleicht ein Leben zu gewinnen, in dem er alles Geld und Gut, alle Macht, alle Dinge der Lust sein eigen nennt für immerdar; will eine echte goldene Krone tragen und in einem aus köstlichen Steinen erbauten Palaste wohnen und stellt sich auf den sehr materiellen Standpunkt eines Propheten jener seltsamen, Wohlleben und Reichtum liebenden jüdischen Rasse; einer Rasse, die, obwohl dem Sinnenleben, dem materiellen Genuss so besonders ergeben, doch in vergangenen wie gegenwärtigen Zeiten hier und da eine mit der seltensten Lebensweisheit oder höchsten Genialität begabte Persönlichkeit hervorbringt; wie uns von einem stachligen Dornenstrauch eine aufgepfropfte Rose entgegenduftet.
Zwar wird der noch einfältige, jedoch geistig gut veranlagte Mensch nach den vermeintlich beständigen „Gütern", Besitztümern, noch Verlangen tragen, jedoch werden mit seinen wachsenden, intellektuellen Fortschritten auch die Ziele seiner Begierden feinerer, höherer und edlerer Art sein. Den Besitz des andern Geschlechts wird er nicht nur zur Befriedigung seiner Leidenschaften wünschen, er wird seine Gattin suchen in der Hoffnung, eine verständnisvolle, geistige Gefährtin zu finden. Verlangt ihn auch nicht mehr nach weltlichen Gütern, so wird er doch noch nach den Früchten des Ruhmes streben – es wird ihn der edlere Ehrgeiz beherrschen, sich durch irgendein großes Werk vor seinen Mitmenschen berühmt zu machen. Doch, wie er auch hinausgewachsen sei über seine Brüder niedrigerer, rein weltlicher Art, wie viel edler auch die Gegenstände seiner Wünsche

geworden seien; die „Unvergänglichkeit" wird seinen Verstand immer noch als eine Sache bewerten, für die es lohnt, zu streben und zu leben. Ist er ein Architekt? Dann wird er schwatzen vom „Bauen für die Ewigkeit". Ist er ein Rechtsgelehrter oder ein Glied der herrschenden, Gesetze vorschreibenden Klasse? Dann wird er in seinen rechtsgültigen Arbeiten oder Beschlüssen sagen: „Für alle Zeiten, so lange der Thron bestehen wird." Ist er ein Krieger? Dann wird er große Reden führen über die Fahne, der er gedient hat, und sagen, dass sie so lange Wehen wird, als die Sonne über diesem Lande aufgeht." Ist er ein Dichter oder ein Künstler? Dann wird er von der Unsterblichkeit seines „Werkes" sprechen. Und so geht es immer weiter mit allen Menschen. Jedem lassen irgendwelche Dinge das Leben angenehm und lebenswert erscheinen. Immer jenen Dingen, welche zu seinen Leidenschaften, seinem Besitz zählen, (oder wenn seine Entwicklung aufsteigend ist nicht nur seine eignen, sondern die seiner Kaste, seines Landes seiner Religion,) immer jenen Dingen wird der Feinfühlige „Unvergänglichkeit, Unveränderlichkeit" zuschreiben. Weil sie „Güter" in seinen Augen sind, müssen sie ewig und wechsellos sein; weil er sich diese Güter als unvergänglich vorstellt, trachtet er nach ihrem Besitz: Welcher Mensch wird nach Besitz trachten, der da einsieht, dass sein Leben dahineilt wie der Wind und verschwindet wie ein Nichts auf immer? Sicher niemand, der Einsicht hat; und so kommt es, dass jene, die noch meinen, dass es Dinge wie Beständigkeit, Unvergänglichkeit in diesem oder einem andern Leben gäbe, der Gier verfallen, Lobha; – aus dieser drängenden Sucht nach Besitz und Eigentum besteht die erste Art der Unwissenheit.

Und die Wahrheit, die große Wahrheit die der unvergleichliche Scharfsinn unseres Meisters für uns gewann (soweit unser Verständnis dafür hinreicht) besteht darin, dass nirgends im Leben, weder in dieser Welt oder einer andern, weder im Himmel droben, noch rings um uns her, noch unter der Erde irgendein Ding existiert, das nicht in jedem Augenblick der Veränderung unterworfen ist; ein steter Übergang, der als Geburt, Leben und Tod verfließt. Da baut Einer seine Pyramiden, seine Grabmäler für alle Ewigkeit; und noch bevor die Steine festgefertigt sind, hat schon der unsichtbare Prozess der Zersetzung begonnen. Eine kleine Weile – anscheinend lange vielleicht, wenn man mit der kurzen Spanne menschlichen Lebens misst, doch gleich Null, gemessen an der gewaltigen Einheits-Skala geologischer Perioden, – eine kleine Weile, und seht! – ein Haufen Schutt, von sorglosen Bauern überpflügt, ein oder zwei eingefallene Gruben, ein Stein mit eingegrabenen Zeichen, die Niemand entziffern kann! „Für Zeit und Ewigkeit, so lange als der Thron stehen wird", schreibt der Gesetzgeber. Auf diese Weise, mit solchen Worten schrieben sie noch vor dem „König der Könige," dem Träger zweier Kronen im alten Ägypten und Chaldäa; und heute, nachdem an hundert Dynastien in Macht und Glanz gestanden, gesunken und gestorben sind, blicken unsere Kinder staunend auf die zerbröckelnde Mumie, die einst Ramses der Große war. „So lange, als die Sonne über diesem Lande scheint, sollen unsere Adler darüber kreisen", riefen die römischen Feldherrn aus; aber wo in aller Welt ist heute eine Spur von Roms Waffenmacht? Heute prahlen in wenig veränderten Worten unsere Feldherrn ebenso morgen (wenn nicht glücklicherweise die Menschen zunehmen an kluger Einsicht, statt sich gegenseitig umzubringen wie Sinnlose), morgen werden die nämlichen Worte von einer künftigen Nation durch unvernünftige Menschen verkündet werden. Reiche der Menschheit mit all ihrem Glanz und Stolz auf welterobernde Herrschaft steigen auf, und eine kleine Bewegung, und sie sind nicht mehr; ein neues und wieder ein neues kommt und keines hat von seinen Vorgängern die Lehre gezogen. Jeder preist mit Stolz endloses Leben und endlose Macht. Flüchtig, wie es einer mit dem Seher-Blick der Götter schauen könnte, flüchtig folgen sie einer des andern Schritten durch unendliche Zeiträume; und die Namen, die Erinnerung an die Kenntnisse der Weisesten, ihre geringe, dahinschwindende Bedeutung auf Erden ist untergegangen. Wir eilen ebenfalls in ihren Fußstapfen vorwärts, und in Unwissenheit verstrickt, sind wir unfähig zu erkennen. Nur das, was wir wissen, kann eine kurze Zeit bestehen, sonst nichts! So schwatzen Menschen von den ewigen Bergen, und diese würden, könnten wir mit jenem Seherblicke schauen, aufzusprießen scheinen wie eine schnell heranwachsende Pflanzenwelt, und während wir noch aufmerksam zusehen, würden sie sich erheben zu höchster und diamantharter Festigkeit; und zur Abendzeit würde der von der Weichheit der Wasser verstäubte Dunst dazwischen an hundert weite Täler auswerfen, die vor Euren Augen lägen als ein fruchtbares, durch die Seen für menschliche Wohnstätten gewonnenes Delta. Die ewigen Sterne, die unveränderlichen Himmel würden dem Seher erscheinen als wirbelnde Dunstströme, als im Luftdruck universellen Lebens zitternde Sonnenstäubchen. Und unaufhörlich vorwärts eilend, je nachdem unser Zeitmaß und unser Gesichtsfeld erweitert ist, unaufhörlich, je nachdem unsere Einsicht sich vertieft, sähen wir die unfassbar weiten Ewigkeiten, wovon unsere heiligen Schriften uns erzählen, die Zeitalter, worin ein „Großes-Zehntausend-Welt-System"

plötzlich ins Dasein tritt, es für kurze Zeit mit Leben durchdringt und dann vergeht, verfließen in die Ewigkeit, ohne Unterbrechung, ohne irgendeinen Endpunkt. Ein Chaos entsteht für den Schein eines Augenblickes und bringt bebende Qual in das Leben, in die Weltordnung. Die unerforschlichen Abgründe unermesslich scheinender räumlicher Finsternis flammen auf zu eines Augenblickes zitterndem Leben; die weite Leere ist erfüllt von wirbelnden Sternen und Scharen dahingeschwundener denkender Wesen; sie schimmern eine kleine Weile, um sich dann für immer in Dunkelheit zu verlieren; das Ganze ist erfüllt von Leben, das die Tore des Leidens durchhastet bis zum Tode. Eine Entsetzen erregende Vorstellung dahingegangenen Lebens, das, erfüllt vom Leid des Daseins, verdunkelt durch Unverstand, in der Jugend von Hoffnung getragen war, nur unaufhörlich in Trostlosigkeit zu verwelken! Nirgends Beständigkeit, nirgends Aufenthalt, noch eines Augenblickes Nachlassen in diesem rasenden Lauf des Lebens; von der Eintagsfliege, dem Insekt von einer Stunde Dauer, bis zum unendlich langen Bestehen eines großen Weltsystems, nur Wechsel und Vorwärtshasten, nur das Weh der Geburt, des Lebens und der Jammer des Todes! Nichts besteht, weder die größten menschlichen Werke, noch die festbegründet scheinende Erde; vorwärts geschleudert durch den Atem des Lebens, treiben die Himmel alle mit ihren strahlenden Sternenscharen fort in nimmerendendem Wechsel. Das ist es, was des Meisters Einsicht anstelle des Menschen eitler Hoffnung und irrigem Glauben an die Unveränderlichkeit gewonnen hat, und das auch, wenn jemand es wirklich erfassen kann, das sicherste Gegenmittel ist für Lobha, die Begierde, die erste Art der Unwissenheit. Erkenne das, sieh´ wie nichts im Leben nur einen Augenblick beständig, wahrhaft von Dauer ist, und der Durst der Begierde nach diesen oder jenen der vermeintlichen „Güter" des Lebens wird für immer aus dem Herzen weichen: Denn, in Wahrheit, einzig infolge solch sehnsuchterfüllter Denkweise kann es den Menschen nach ihrem Besitz und nach ihrer Fortdauer gelüsten.
Und das ist eins der Haupt-Leitmotive, welches mit unserer ganzen modernen Wissenschaft in Einklang steht und die westliche arische Rasse in gleiche Richtung mit buddhistischer Denkart bringt. Die frühere Scheinwissenschaft in Europa war nicht begründet auf Tatsachen, auf experimentelle Arbeit, sondern auf bloße Fantasiegebilde, – (und was die Menschen vermuteten, wurde zur Tatsache oder sogenannten Offenbarung), – und dadurch wurde die natürliche Einfalt es menschlichen Geistes nach und nach von den mannigfachen Ideen und Dogmen der Beständigkeit

erfüllt. Zuerst die Dauer der Gottheit; nächst der geringeren Person die Seele des Menschen, und darauf folgend das Feststehen der Erde, und darüber nach dem alten Ptolemäischen System jener Tage, der Mond, die Sonne die Planeten und die klare Himmelskugel in ewigen Umdrehungen miteinander kreisend; und so weiter auf der Stufenleiter menschlicher Wissenschaft oder Scheinwissenschaft jener Tage, – alles wurde für ewig und für richtig gehalten,
Der erste große Schlag wurde geführt, die ersten Schritte wurden getan gegen die alten Irrtümer durch unsere moderne Wissenschaft, als, ungeachtet der Gefahr der Konsequenzen, Copernicus die Theorie vom Himmelsmechanismus darstellte, welche jetzt seinen Namen trägt und die Grundlehre unserer modernen Astronomie bildet: Die Lehre, dass die Erde nicht feststehend, nicht beständig, nicht das verharrende Zentrum des Universums, sondern selbst ein Planet ist, der um einen ungeheuer weit entfernten Stern kreist. Trotz der Verfolgung der Geistlichen, welche wohl sahen, dass die in der Copernicianischen Astronomie enthaltenen Ideen, wenn sie angenommen, zuletzt die Lehren ihrer Kirche und der Bibel verdrängen mussten; trotz der Tatsache, dass das System des Copernicus eine ungeheure Erweiterung menschlicher Vorstellungen über das Universum, und eine entsprechende Verringerung der Meinung von der eigenen bisherigen Bedeutsamkeit auf der Erde mit sich bringen musste; trotz der großen Schwierigkeit, zu jener Zeit zu erklären, weswegen dann, wenn die Erde doch eine Kugel, ein Planet ist, alle ihr nicht anhaftenden Gegenstände nicht auf deren untere Seite fielen; trotz all dieser Schwierigkeiten, trotzdem dieser weitgehenden Tatsache der Beweis und dieser neuen Lehre der Astronomie die innere Wahrscheinlichkeit fehlte, gewann die Leichtigkeit, mit welcher die eigentümlich gewunden erscheinenden Bahnen der fernsten Planeten erklärt wurden, die rasche günstige Aufnahme vonseiten der großen Astronomen des Tages. Etwas später warf Kepler ein andres der alten Dogmen der Scholastiker beiseite, und machte einen Schritt vorwärts, indem er die Himmelskörper nur in kreisförmigen Bahnen oder einem Netz von kreisförmigen Kurven sich bewegen ließ, – und nach Jahren ungeheurer Arbeit bewies er, auf Grund der Beobachtungen seiner Vorgänger in Bezug auf die Stellung der Himmelskörper, dass die Bewegungen der Planeten sämtlich berechnet werden konnten durch die Voraussetzung, dass ihre Bahnen elliptisch seien, und dass ihr Hauptplanet in einem der Brennpunkte der Ellipse liegt; und dann, wieder nach einigen Jahrzehnten, folgte die höchste Vollendung,

welche die letzte übrig gebliebene Schwierigkeit der Copernicianischen Theorie beseitigte; wiederum machte Newton, einfach erstaunlich, als Frucht einer mathematischen Arbeit mit den vorhandenen Methoden seine große Entdeckung des allgemeinen Gravitations-Gesetzes, und bewies die Wahrheit des Gesetzes der umgekehrten Quadrate, angewandt auf die Mondbahn, auf Grund der bekannten Tatsachen seiner Parallaxe, seiner Bewegungen und der Geschwindigkeit zur Erde fallender Körper.

Von jenem Tage an blieb die Geschichte der wunderbaren Entfaltung menschlichen Wissens für die nachfolgenden Generationen im Allgemeinen Gegenstand des allmählichen Verwerfens all der alten Begriffe von unveränderlichen festen beständigen Dingen. Menschliche Einsicht und Streben begegneten sich bei jedem Wendepunkt; sowohl die Neigung der alten Unwissenheit war geblieben, sich eine Vorstellung zu machen von „wirklichen" Dingen als festen beständigen Einheiten, als auch von Attas, Existenzen, deren Dasein als Einheit jenseits von Tod und Leben unteilbar, wechsellos verbleibt; nicht minder war das Widerstreben der alten Religionen, das sich als größtes Hindernis auf dem Pfade des Fortschrittes geltend machte, geblieben. Vertrieben von dem einen Grundsatz der Wesens-Einheit, – Atta-ditthi, – hat sich der Glaube an alles Endliche oder an unveränderliche Einheits-Existenzen im nächsten Augenblick unüberwindlich verschanzt hinter irgendeine andere Auffassung über das Leben, hinter irgendeinen andern Zweig menschlicher Wissenschaft; und erst das Aufdämmern des gegenwärtigen Jahrhunderts der christlichen Ära hat auf dem Gebiet der reinen Naturwissenschaften den Sieg der letzten der Ich-Doktrinen vernichtet. Kaum drei Jahrzehnte später verkündigte ein großer deutscher Chemiker, die damals fast allgemeine Annahme der ganzen wissenschaftlichen Welt damit äußernd, als ein Dogma der Wissenschaft, den festen und ewigen Bestand jenes letzten festen Punktes der physikalischen Einheits-Theorie, des chemischen Atoms. Ein Atom des Wasserstoffes, erklärte er, sei ein Atom des Wasserstoffes gewesen von jeher und würde ewig ein solches bleiben; und es war einzig die unermüdliche, bewunderungswürdige Arbeit Mme. Curie's und ihres Gatten, die zuletzt, indem sie der Menschheit die neue Kenntnis von der Wirksamkeit des Radiums schenkte, bewies, dass gerade das chemische Atom Gegenstand des Verfalls, des Wechsels ist: Auch hier war Wandelbarkeit, auch hier war keineswegs die unteilbar verbleibende Wesenseinheit der Schlusspunkt der Beweiskette. Jetzt ist die moderne Wissenschaft durch die Kenntnis der elektrischen Eigenschaften des

Stoffes, welche die Folge dieser und anderer Forschungen war, fast zum Standpunkt des Buddhismus herangerückt: Sie allein vermochte es, sogar das Atom zu spalten; das Atom, und daher alle stofflichen Dinge zerlegend, hat die Elektrizität eine Lehre von elektrischen Schwingungen oder Wellen in einem körperlosen Äther aufgebaut, oder, um als letzte aller Theorien diejenige Osbourne Reynolds anzuführen, sie hat den Stoff an sich auf die Lehre von elektrischen Berührungspunkten in dem ungeheuer dichten atomistischen Äther zurückgeführt. (Funkentelegraphie.) Diese Lehre deckt sich wunderbar mit unserer buddhistischen Anschauung, dass alle Uranfänge der Dinge Sonnen-Materie sind, einem ewigen Wechsel im unbegrenzten Weltenraume unterworfen. Nur auf dem Gebiet des „lebenden" Stoffes, in den exakten Wissenschaften der Biologie und ihnen verwandten, finden wir Ich-Theorien noch in Kraft; einige wenige Jahrzehnte, und die exakten Wissenschaften werden, wir können es hoffen, zuletzt in das noch rätselhafte Gebiet des lebenden Stoffes und seiner Vorgänge eindringen: Dann werden wir sicherlich erkennen, dass auch hier die Dauer der Zeit das Größte ist; außer ihr gibt es durchaus kein bleibendes oder unveränderliches Lebens-Element.

Das zweite Merkmal oder charakteristische Kennzeichen alles Lebens ist Dukkha: Wie ist alles Dasein, alles Veränderliche, wie wir ja gesehen haben, unausgesetzt mit Leid beladen. Hier sehen wir wieder, wie diese Merkmale miteinander verflochten und voneinander abhängig sind: Gerade so, wie der einfältige Mensch die „Güter" des Lebens ersehnt, wie er sich einbildet, beständig zu sein, so ist es die wirkliche Tatsache ihrer Unbeständigkeit, welche im höchsten Masse richtig für dieses zweite charakteristische Merkmal, des Daseins Leidensfülle, ist. Ein nach menschlichem Ermessen vernunftgemäßes Leben als Ursache des höheren Standpunktes unserer wahrhaft fortgeschrittenen fünf Skhandhas erblickend legte der Meister ihren Zusammenhang in bester und übersichtlicher Weise klar in seiner ersten Rede: „Die Einsetzung des Reiches der Wahrheit", indem Er klarstellte, wie wir in kurzem am Verfall irgendwelcher liebgewonnenen Gegenstände die Unbeständigkeit aller Dinge erfahren müssen. Wenn wir das hochentwickelte Gebiet des bewusst denkenden Lebens verlassen und eingehen auf die tiefere Stufe der Skala empfindender Dinge, so können wir weitere wertvolle Einsicht in diese Wahrheit über das Leiden gewinnen, indem wir den Erfolg moderner Forschung auf dem Gebiete tiefster Lebensformen in Betracht ziehen. In dem Lebensbereich, wie wir ihn kennen, als er noch im Werden war, hat es sich gezeigt, wie jede den einfachen Organismen innewohnende Bewegung nur als Erwiderung, sozusagen auf eine Reizung stattfand, ob diese Reizung von außen stammte, oder, wie es den Anschein hat, sich selbst erregend von innen kam, der Verfall des ganzen lebenden Gefüges dauert fort infolge der Abnahme des Zellstoffes. Wie es scheint, hat Leben in diesen tiefen Organismen immer den Endzweck gehabt, zu vergehen, sozusagen zurückzufließen in das reine Mineralreich. Aber der Organismus kann fühlen, auf irgendwelchen dunklen Wegen, und diese Gefühlskraft, diese Fähigkeit, Schmerz zu empfinden, als ein Ganzes auf die Reizung einzugehen, ist die grundlegende Tatsache, welche dem Merkmal des Daseins unterliegt, das wir Buddhisten mit der „Wahrheit vom Leiden" bezeichnen. Für den tiefstehenden, als für den vorgeschrittenen lebenden Organismus gibt es keine Rast: Unaufhörlich, unbarmherzig treibt das Leben mit seiner beständigen Wandelbarkeit und Leiderfülltheit seine dahinfließenden Einheiten zu neuem Kampf und eine folgt immer der andern. Unaufhörlich im beständigen Strom des Lebens ist für den Erguss von Molekülen ein Stäubchen der Ansammlung der sogenannten Amöben oder Coccen hinreichend, um die Festigkeit des gesunden, körperlichen Lebens, ein Kartenhaus als gesunde Gesamtheit lebenden Gefüges, mit Auflösung zu bedrohen. Die ungeheure Zusammensetzung lebender Moleküle ist so in Gefahr einzustürzen oder nachzugeben, wenn nicht neue Moleküle von außen hineingebracht werden. Die Folge davon ist Leiden, jedoch vielleicht sind in dieser Beziehung die naturwissenschaftlichen Forderungen, Reibung oder Anreiz, der sich verringernden Menschwerdung vorzuziehen; aber beide umschließen den buddhistischen Begriff Dukkha, dessen Bereich hienieden mit dem fühlenden Lebens untrennbar verbunden ist.

Diesen Reiz erwidernd, beginnt der ganze Organismus sich zu bewegen; unter unserem Mikroskop wallt die Amöbe vorwärts, es gibt keinen bessern Ausdruck dafür wie eine kleine Masse lebender Gallert. In der Bewegung stößt sie auf die verschiedenen Geschöpfe, welche im Wassertropfen lebend zerstreut sind: Fast im selben Augenblick erzeugt sie durch Berührung mit der zarten Hülle des winzigen Lebewesens wieder Dukkha, und mit der Zeit ist das Lebewesen, sozusagen dieses neuentstandenen Quells der Reizung kundig, mit welchem die lebende Masse der Amöben es umringt hat, völlig in diesen lebenden Kern eingebettet worden. Ohne jeden Unterschied ist so der Hergang, gleichviel ob der Gegenstand (infolge seines niederen Ranges auf der Stufenleiter des Lebens), leidverursachend wirkt als ein wenig Kiessand, oder ob er ein nährendes Diatom oder Stilbit darstellt. Wenn auch nichtsdestoweniger der Bildner, die Amöbe, augenblicklich davonstörmt, um, vermutlich kraft ihres inzwischen gesteigerten Empfindungsvermögens, Leiden zu vermeiden, ob sie anfängt, wenn dies der Fall ist, durch die Verbindung mit den Lebewesen eiweißhaltige Stoffe zu Grunde zu richten, indem sie diese verdaut: Jedenfalls gibt es im Kern der Amöbe als dem geringst bekannten Organismus, keine für bestimmte Zwecke besonders entwickelten Organe; für alle Fälle wird für den Augenblick der Teil ihrer Zellenschutzwehr, der in Berührung mit Nährstoff kommt, zum Magen, indem er ihre neu entstandenen Nahrungsteilchen verdaut. Auf diese Weise ernähren sich die Amöben im unaufhörlichen Strome des Daseins, gleichsam unablässig angetrieben durch inneren oder äußern Reiz: So sind sie das Urbild alles fühlenden Lebens.

Es ist nicht nur das, worin wir gewöhnt sind, „lebenden" Stoff zu erblicken, was auf Reiz eine Erwiderung kundgibt; auch im Mineralreich sind die Ansätze solchen Erwiderns klar, und nur verschieden von jenen im Gebiet des tatsächlichen Lebens durch ihre verhältnismäßige Einfachheit, demnach sollten wir dort auch nur verhältnismäßig niederen, organischen Bau erwarten. In der Tat, wir sollten meist sämtliche Bewegungen des Stoffes, in irgendeinem Sinne, ansehen als Anfangs-Kundgebung eines Versuchs, Befreiung vom Leiden zu finden, von irgendeiner äußeren Kraft, welche, wie wir wohlbegründet sagen, eine „Spannung" oder einen „Druck" auf den sich bewegenden Gegenstand ausübt. Nimm z. B. eine Magnetnadel. Diese ist von ihrem eigenen magnetischen Felde umschlossen, und, so lange sie ungefähr in der Richtung des magnetischen Meridians liegt, beeinflusst das magnetische Feld der Erde das kleine Feld der Nadel, indem es diese in Schwingungen versetzt und ablenkt. Wenn sie sich frei bewegen kann, d. h. wenn sie so aufgehängt wäre, dass ihre Bewegung keine größere Kraftanstrengung enthalten würde, als die Ablenkung vonseiten ihres Feldes ihr auferlegt – wird sie so schwingen und sich neigen, dass sie genau in der Richtung des magnetischen Meridians ruht, oder so nahe, als sein Einfluss es zulässt; es ist, als ob die Nadel, infolge des durch die magnetischen Kraftlinien der Erde ihr auferlegten Zwanges, sich kreisförmig bewegte, um sich von dem Leiden zu befreien, das in der Anziehung enthalten ist: Sie bewegt sich, wie wir sagen, in den „Ruhepunkt", oder in die „Ruhe-Linie", oder nach einem Punkte „geringsten Widerstandes". Mehr noch, als solche einfache und grundlegende Erwiderungen auf äußeren Reiz, hat neue Forschung dargetan, wie Substanz, gerade in solch einfacher Form von Drähten aus reinem Metall und dergl., unter gewissen Bedingungen eine tatsächliche, unbedingte Erwiderung auf Reiz zeigt, die sich nur im Grade von der organisch so hoch entwickelten „lebenden" Substanz des Nerv´s unterscheidet und sogar Leben vortäuscht bis zum „Erinnerungsvermögen"; ein Draht, welcher einmal schwach zusammengedreht war und dann aufgelöst wurde, ist nicht mehr derselbe, als kurz zuvor: Er hat eine „Erfahrung" gemacht, welche an ihm auf lange eine nachweisliche, sichtliche Wirkung erzeugte; der Unterschied im Erwidern auf äußern Anreiz zwischen sogenanntem „toten" Stoff und dem lebenden Organismus liegt einfach in der Verschiedenheit des Grades. Er hofft, sozusagen, durch Kombination auf irgendeinem Wege der beständig wiederkehrenden Reibungen oder Spannungen, denen er unterworfen ist, zu entrinnen, und wir können annehmen, dass die ersten lebenden Organismen auf unserer Erde entstanden, indem dieses Bestreben gewisse Arten von Substanz zuerst in jenen großen molekülaren Mengen, und, dank deren hohem Grade von Unbeständigkeit, in der rasenden Flut des Stromes kommender und gehender Moleküle vereinte.

Alle Entwicklung zeugt von derselben traurigen Geschichte – von des Lebens immer wiederkehrender Hoffnung, irgendeinen Weg des Friedens oder einen Ausweg aus dem Zwange der Not zu finden, aus Gefahr, Leiden, Hunger, Angst, all diesen grausamen Triebfedern der Natur. Wie ein trauriger Versuch, dieser Tatsache Ausdruck zu geben, erscheint die alte Lehre (sie geht zurück bis auf die frühsten Zeiten des alten Ägypten) der stellvertretenden Buße, der Gedanke der Inkarnation der Gottheit auf Erden als dies oder jenes lebende Wesen, aus der Absicht heraus, die Menschheit emporzuheben. Aber unheilvoll, wie so viele alte Lehren, ist auch diese, und gerade das Gegenteil ist in Wirklichkeit der Fall: Um dies klarzulegen, muss man sie geradezu auf den Kopf stellen. In Wahrheit ist die Gottheit im Leben, in uns oder in einem Andern nicht inkarniert, um unsere Sünden auf sich zu nehmen und unsere Strafe zu tragen, sondern umgekehrt, durch die grausamen Gesetze der Natur wird das Niedrige im Leben immer über das Edlere siegen. Diese schlimme Erfahrung lehrt uns alle Entwicklung und sie gibt uns furchtbare Beweise ihrer Folgen, indem sie Art auf Art im Kampf ums Dasein wieder dem Untergange weiht, und je mehr und je höher die Kräfte entwickelt sind, sei es Kralle, Schnabel, Muskulatur, oder sei es menschlicher Verstand, je höher also der Aufstieg eines vorgeschrittenen Wesens war, um so Geringerem wird es zur Beute fallen; die ganze Natur wird zur Fleischbank, zum Schlachthaus, in das nie ein Gedanke des Mitleids Einlass erhält. Und gerade dem sogenannten

zivilisierten Menschen mangelt es nicht an einem solchen Grade der Unvernunft, dass er seine Genossen und alles Schwache, das ihm anheimgegeben ist, plündert, wo er kann; ja, sogar die möglichst ausgedehnte Todespein tiefempfindender Wesen ist gerade eine der vornehmsten seiner närrischen Belustigungen und sein Zeitvertreib. Gerade diese Tatsache des Leidens ist nicht nur ein Zufallsspiel des Daseins, sondern seine unabänderliche, unveräußerliche und allumfassende Eigenschaft – und diese Tatsache hat, wenn auch langsam auf Grund der unfreundlichen Aufnahme des Westens, doch durch die Darlegung der Entwicklung mit ihren abstoßenden Überresten alter Gebräuche, und durch das wachsende Verständnis für die Vorgänge des Lebens so viel bewirkt, dass sich die vorgeschrittenen Denker der modernen Welt von den alten Religionen abgewendet haben und sich täglich mehr und mehr in den Buddhistischen Gedanken einleben. In tiefster Wahrheit beruht auf diesem Hauptpunkt geradezu die ganze Sache, und, soweit ich das Gemüt einbeziehen möchte, ist die Gefühlsseite des geistigen Lebens damit verknüpft. So lange die Menschen nichts wussten über die Vorgänge des Lebens, so lange sie ihre Augen verschließen konnten vor den furchtbaren Zielen der Entwicklung und ihren damit verbundenen Schrecken, konnten sie wohl mit dem Dichter sagen: „Gott lebt im Himmel: Alles in der Welt ist gut!" Es ist der Wunsch des Menschen, zu glauben; infolgedessen schien dies also Vielen, trotz ihrer eignen unmittelbaren Lebenserfahrungen, die Wahrheit zu sein. Angenommen, die Ich-Theorie wäre Tatsache, es gäbe in der Tat ein höheres **gutes** Wesen, welches das gesamte All schuf, von dem es herstammt, angenommen ferner, dass die „Güter" des Lebens ewig, beständig und von Dauer seien, dass das höhere Wesen wirklich allgewaltig und allmächtig wäre – dann wäre die notwendige Folge, dass nicht die Übel des Daseins den herrschenden Einfluss besäßen – nein, dann würden sie vielmehr in dieser Welt überhaupt nicht existieren. Wir aus dem Westen lernen, im Gegensatz zu all dem uns bisher gelehrten Glauben und Hoffen, jetzt langsam einsehen, dass in der Tat die Welt, welche wir kennen, ganz schrecklich ist; wir begreifen, dass wir die volle Erkenntnis davon nur gewinnen können durch die Gewalt der undenklichen Leiden, welche die traurigen Existenzen zahlloser Jahrhunderte durchlaufen haben: Indem wir dies erkennen, lernen wir langsam verstehen, dass wir all unsere größten Hoffnungen aufgeben müssen, dass unser ganzes bisheriges Denken eine neue Richtung, die Richtung der Polarität einschlagen muss.
Wir sehen, von einem höheren guten Wesen ganz zu schweigen, dass selbst

der gefühlloseste Mensch, angenommen er sei allmächtig, niemals dieses furchtbare Gesetz der Existenz unterer Stände erdacht haben würde; dass er niemals eine Welt erschaffen haben würde, worin jeder Fortschritt nur auf Kosten vorausgegangenen Leidens erreicht werden kann; und darin liegt des Leidens größtes Pathos; dass es die Schwachen, die Machtlosen, die Elenden und Ärmsten, alle diese Daseinstypen mit seiner Gewalt am schwersten trifft, weil sie die Erleichterung entbehren, welche Kraft, Gesundheit, geistiges Wachstum und Wissen verleihen. Dieses langsam anwachsende Verstehen der Leidenswahrheit vonseiten des Gemütslebens liegt im Ideenreiche des Gefühls und, vom philosophischen Gesichtspunkt, dem Reiche des reinen Denkvermögens, in der Bedeutung der Ursächlichkeit; diese beiden hervorragenden Darlegungen und grundlegenden Prinzipien sowohl der modernen Wissenschaft als des alten Buddhismus sind die Mächte, welche vor allem die west-arischen Völker von ihren alten Religionssystemen entfernen und in den kommenden Jahren immer wirksamer einer Religion zuführen müssen, in der sie die angemessene Stellung als führende Grundgedanken einnehmen, auf denen alle Wahrheit notwendigerweise aufgebaut ist.

Und eben hier liegt die praktische Nutzanwendung dieser Leidenswahrheit: Weil wir alle Leiden kennen und fürchten, weil wir wissen, dass Leiden das gemeinsame Los fühlenden Lebens ist, darum sollten wir selbst vor allem so leben, dass unser Dasein ferner nicht im Geringsten mehr dazu beiträgt, die große Leidenslast des Lebens zu vermehren. Denn, auch als ein Teil alles Wahnes, gilt noch heute als Gesetz das Recht des Stärkeren, so dass die schwächsten Geschöpfe des Daseins Last und Leiden tragen müssen und sie den Kraftvollen und Erfahrenen durch ihren Untergang den Weg ebnen. Im Tierreich ist diese grausame Regel in der Tat Naturgesetz, das unbarmherzige Prinzip des Lebens. Auch dem einfältigen, besser gesagt, stumpfsinnigen Menschen gilt dies Gesetz noch, doch niemals weder dort, wo nur ein wenig Vernunft vorhanden ist, noch gar den denkenden Menschen, die dem von Ihm gewiesenen Pfade, der zur Aufhebung des Leidens führt, folgen wollen. Das Eine, was den Menschen durchaus vom unvernünftigen Tier unterscheidet, jene geistige Anlage, von der sich im Tierreich nicht die leiseste Idee vorfindet, ist Mitleid, Mitgefühl, Erbarmen; diese Einsicht, Pannya, die sich als Eigenschaft unserer Geistessphäre offenbart, bildet das völlige Verständnis für den Sinn, das Pathos und den Zweck des Daseins, das so schrecklich erscheint. Diese Fähigkeit unseres Geistes ist es, welcher vor allem übrigen im täglichen Leben unser Streben nach Ausübung gelten sollte. Sie ist die Kraft, welche unsere matten Füße zuletzt auf den heiligen Pfad führt; und dieser hohe Pfad allein kann uns, nach Überwindung der furchtbaren Knechtschaft des Ich-Wahns, ferner die Kraft verleihen, zu leben, zu leben im Dienste der Liebe dieses elenden, leiderfüllten Daseins.

Dem zweiten Merkmal, dieser Tatsache des Leidens, der zweiten Art der Unwissenheit, steht Dosa, Hass oder Leidenschaft gegenüber. Entgegengesetzte Leidenschaften sind z. B. Furcht, Widerwillen, etc., nicht solche des Reizes, sinnlicher Begierde, des Wunsches nach Besitz etc., die unter Lobha, Gier gehören. Dosa schließt in seiner vollen Bedeutung alle Leidenschaft ein, nicht Hass allein; aber der Hass ist hierbei typisch, begründet durch das Nichtverstehn der Leidenstatsache; wird diese erfasst, so ist damit das Gegenmittel für den Hass gegeben; hat man einmal eingesehn wie das ganze Dasein, der Gegenstand unseres Zornes inbegriffen, von Leiden durchdrungen ist, so erwacht durch das bloße Nachdenken darüber das Mitleid und vernichtet unsere gehässige Denkweise: Ist eins unserer Haustiere, Katze oder Hund, in großer Pein, so wird es oft sogar die Hand des eigenen Herrn zu beißen versuchen, die Hand, welche bemüht ist, seine Pein zu lindern. Wer würde unter solchen Umständen Zorn gegen seinen armen stummen Freund in sich aufkommen lassen? Dieser Umstand zeigt uns, wie groß seine Qual war und wird unser Mitleid und unsere Liebe noch vergrößern. Genau so verhält es sich mit allen Arten dieser zweiten Form der Unwissenheit, allen Arten von Dosa, Leidenschaft, Hass. Wer im innersten Herzen erfasst hat, wie furchtbar alles Leid des Lebens ist, kann nicht mehr hassen. Dies Verständnis erfüllt das Herz mit der heiligen Flamme des Erbarmens, und wie bei dem zum Jähzorn geneigten Mönch, von dem ich anfangs erzählte: „Infolge dieser Erkenntnis hört aller Hass auf!"

Das letzte dieser drei Merkmale ist Anatta, die Lehre vom Nicht-Ich, von der Nicht-Existenz der scheinbaren Individualisation des Lebens, die Lehre, dass es in Wahrheit durchaus kein Selbst, keine besondere Seele oder Wesenheit außerhalb des Lebens gibt, da alles Akasha ist. Auf andere Weise können wir des Meisters Lehre in die Worte fassen „Alles Dasein ist Einheit." Dies ist die am schwersten zu erfassende Wahrheit, die unser Meister für uns gewann; eine so tiefsinnige Wahrheit, dass niemand sie wirklich und wahrhaft verstehen und demgemäß leben kann, ehe er nicht den letzten Frieden des Arahat erreicht hat. Jedoch, so weit wir auch von jener höchsten Weisheit entfernt sein mögen, sollen wir doch den Anfang machen, um immer mehr und mehr in diese große Wahrheit einzudringen, die so schwer zu verstehen, so äußerst schwer zu leben ist. Diejenigen unter Euch, welche dem burmesischen Brauch gemäß als Samaneras in den Orden eingetreten sind, werden wahrscheinlich für den ersten Unterricht ein Buch, Khuddaka-Patha im Pali-Dialekt, erhalten haben. Dies Khuddaka-Patha ist eine Art kleiner Leitfaden für Novizen; es enthält in sehr konzentrierter Weise vieles von den tiefsinnigsten Lehren des Buddha, die schönsten Dichtungen, wie die Rede über das Wohltun, den Lobgesang der Liebe und den Lobgesang der Weisheit. Gleich zu Anfang stehen nach der Zufluchtsformel und den Geboten die zehn Fragen für die Novizen. Diese zehn Fragen und deren Antworten enthalten die grundlegenden Elemente der ganzen erhabenen Buddhistischen Lehre und sind in äußerst kunstvoller und zusammenfassender Weise dargestellt. Die erste der zehn Fragen lautet: „Eka nama king?" – „Welches ist die eine Richtschnur?" Und die Antwort lautet: „Sabbe satta aharatthttika." – „Alle Wesen bedürfen für ihre Existenz der Nahrung (ahara)." Dies, wie vieles in der äußerst kunstvoll aufgebauten und konzentrierten Buddhistischen Lehre, erscheint im ersten Augenblick als eine bloße und in die Augen springende Plattheit; und der achtlose Leser ist geneigt sie zu übergehen, als sei sie von keinerlei Bedeutung oder Tragweite für ein religiöses Leben. In Wirklichkeit ist sie von höchster Wichtigkeit und es ist oft der Fall, dass in solch knapper trivial erscheinender Hülle die Kundgebung unserer heiligen Wahrheit ruht: Sonst würde dieser Ausspruch in der Tat schwerlich Platz finden unter den ersten zehn Lehren, welche gerade der völlige Anfänger lernen und verstehen muss.

Der buddhistische Begriff des Lebens (Mikro), sozusagen des Weltalls (Makro), umfasst alles und legt es in der Formel dar: Alles Leben ist Einheit. Gerade so, wie die Wasser des Meeres ein einziges Wasser sind und eine einzige Gesamtheit, so ist es mit diesem allgemeinen sich fortpflanzenden Leben; und genau so wie in dem weiten Ozean sich naturgemäß nicht eine besondere Wassermasse von der andern abtrennen kann, so kann es auch im Ozean des Lebens keine einzeln für sich existierende Einheit oder Gesamtheit geben, sei es die höchst- oder niedrigststehende, die feinste oder gröbste. Gleichwie im Meere sind die Wasser im Ozean des Lebens in fortwährender Bewegung (das erste Merkmal); erregt durch die Winde der Unwissenheit, vorwärts getrieben durch Gier, Leidenschaft und die Ich-Täuschung (unser Lobha, Dosa, Moha), wirft der Ozean des Daseins zahllose Wellen. Jedes Satta, jedes

lebende Wesen, das unsere Unwissenheit uns als eine Individualität betrachten lässt, als eine tatsächliche und besondere Wesenheit, als Ich, als Seele oder Atma, ist in Wahrheit nur eine solche Welle, eine Woge, oder auch nur ein Kräuseln auf der Oberfläche des Ozeans. Wie im Meere jede einzelne Welle aus einer besonderen Wassermasse zu bestehen scheint, an einer Stelle emporsteigt, um von der Oberfläche in die Tiefe zu wandern, gerade so scheinen dem mit dem innern Gesicht Begabten (jedoch nicht der Einsicht des Buddha oder Arhan) die veränderlichen Daseinsformen auf der großen Erdenreise des Lebens zu wandern: Wenn zu einem Zeitpunkt und an einer Stelle unsere Welle ankommt, wird einer, der wachsam ist, sagen: „Auf diese Weise nimmt immer wieder Geburt ihren Anfang." Wenn sie, nach einer mehr oder weniger langen Lebensdauer, die betreffende Stelle verlässt, wird der Beobachter sagen: In solcher Weise schwindet hier das Leben, um (er sieht schon weiter) in diesem oder jenem Daseinskreise wiederzuerstehn, um an dieser oder jener Stelle wieder aufzutauchen. Und gerade so wie die einzelne reale Welle nicht eine individuelle Wassermasse ist, sondern eine verwickelte Zusammensetzung hydraulischer Kräfte, die sich fortwährend in geringem Masse verändern, so ist das Satta keine individuelle Lebenseinheit: Es gibt nirgends in einem lebenden Wesen ein Ich oder eine Seele, weder in ihm noch außer ihm; die einzige wirkliche „Individualität" die existiert, besteht aus einer ungeheuer komplizierten Zusammensetzung von Lebenskräften; diese Kräfte verursachen in jedem Augenblick neue Lebens-Elemente, (neue Atom-Teilchen) und fließen in jener Bewegung zusammen, welche wir als Ganzes „Welle" nennen. Ebenso sind in jedem Augenblick andere Lebenselemente die Veranlassung, aus der Gesamtheit in das Sein dieser besonderen Lebenswelle überzufließen; auch diese ursächlichen Kräfte selbst sind beständig veränderlich, wie unser Leben durch unsere Mitmenschen, die einschließenden Wellen, und durch die Winde der Gier, der Leidenschaft, der Ich-Sucht, die es noch aus der Vergangenheit nachwirkend bewegen.
Wie ferner nicht nur die Welle aus Wasser besteht, sondern aus festen Stoffen, wie den im Wasser aufgelösten Salzen, gasförmigen Stoffen, wie Luft und anderen Gasen, und aus Äther an sich, Äther in den intermolekularen Schichten des Wassers, des Salzes und der Luft, und wie diese selbst mit der Menge der Wassermoleküle fest verbunden sind, so enthält ein Satta, ein lebendes Wesen in irgendeinem Augenblick Lebenselemente auf jeder Basis, auf der ihm seine Entwicklung ermöglicht, sich zu betätigen. Ich sage „enthalten", aber man möchte (wenn nicht die

Möglichkeit eines Missverständnisses in Bezug auf die materialistische Lehre vorläge) beinahe sagen „bestehen": Die Tatsache würde besser bezeichnet, indem man sagt, dass die „wirkliche" Welle, die Zusammensetzung von Lebenskräften oder Kamma, ihren zeitweiligen Ausdruck findet in der gleichermaßen geordneten Masse von Lebens-Elementen all der verschiedenen Basen, welche zusammen den Bereich ihrer Wirksamkeit bilden. Und genau so könnte die ins Leben gerufene Welle nicht einen Augenblick lang bestehn, wenn sie sich nicht jeden Moment erneuerte, indem Wasser, Salz, Luft, Äther usw. sich physikalisch verändern, sodass sie in diesem Wechselspiel ihre momentane Erscheinungsform findet. Gleichermaßen ist dies beim lebenden Wesen, der Lebenswelle, der Fall. Jedes der fünf Khandhas (=1. Rupa, die Körper- oder Form-Gruppe; 2. Vedana, die Gefühls-Gruppe; 3. Sannya, die Begriffs-Gruppe; 4. Die Triebe oder Kamma-Elemente: und 5. Vinnyana, die Bewusstseins-Gruppe. Jede dieser fünf Gruppen schließt, wie der Name besagt, eine ungeheuer verwickelte Zusammensetzung von Lebens-Elementen oder vielmehr Kräften in sich, die vom Urstoff bis zur Vernunft reichen) oder Gruppen, aus denen der Mensch zusammengesetzt ist, befindet sich beständig im gleichen zweifachen Prozess sowohl des Empfangens und Aufbauens als auch des Zusammenbrechens und zu Grundegehens. Aber für den Menschen kann zur Bildung neuer momentaner Erscheinungsformen nur die Materie dienen, deren Basis schon einer Gruppe zugehört, welche Bildungsstoff enthält. Zum Aufbau des Körpers eines fühlenden lebenden Wesens müssen sogar die Lebens-Elemente selbst hoch über der rein mineralischen Welt stehen. Leben allein kann Leben hervorbringen, und, wie wir gleichzeitig an der Wellen-Analogie sehen können, muss die Ergänzung eine fortwährende, und eine, dem Bedürfnis des Kammas gemäß, die spezielle Erscheinungsform zu finden, angemessene sein. Also eben die am tiefsten stehende Gruppe, die Körper-Gruppe oder Rupa-khandha, muss durch Stoff ernährt werden, der einstmals Leben gehabt hat. Nur, nach den Anschauungen der modernen Biologie, die gesamten Eiweiß-, Fett- und Kohlenstoffhydrat-Verbindungen, aus denen lebende Organismen entstehen, (im Pflanzen- oder Tierreich) können gerade für die am tiefsten stehende, die Körper-Gruppe, als Nahrungsmittel, ahara, dienen. Aber der Mensch braucht Nahrung auf allen fünf Basen: „sabbe satta aharatthitika" – „Alle lebenden Wesen sind auf Ernährung angewiesen", und in diesem Sinne können wir einen einzelnen Gedanken ebenso als ein Satta ansehen. Also Nahrung ist beständig nötig, wenn das Kamma fortdauert und die nächste Erscheinungsform findet (beim Tode); nötig auf jeder Stufe oder in jeder Gruppe, in welcher das Wesen bewusst handelt.

So gewinnen wir also eine andere und höhere Einsicht in Bezug auf das Dasein: Wir sehen, wie alles Streben während des ganzen Lebensprozesses beständig und ohne Ende auf den unaufhörlich drohenden Untergang gerichtet ist, auf ein fortgesetztes Sterben und wieder leben. Betrachten wir das Dasein vom illusorischen persönlichen Standpunkt aus, so sehen wir, wie es nach allen Richtungen hin aus leben, leiden und sterben von hunderttausend Toten besteht, die wir selbst durchleben: Klar genug in Bezug auf unsere körperliche Nahrung, – Ahara in unserer Form-Gruppe –, doch nicht minder einleuchtend für den Einsichtigen betreffs der höheren Ernährung der vier Nama-Khandha-Gruppen. Bedeutet doch das Leben eines Jeden von uns in diesem Augenblick das Leben, Leiden und Sterben ungezählter anderer Lebensformen, vom niederen und gerade da ungeheuer komplizierten Leben des Samens der Pflanze an, deren Sterben heute zu unserer körperlichen Nahrung beigetragen hat, bis zu den Bildnern höchster Gedanken und höchsten Strebens, welche die edlere Seite unseres Daseins ausmachen. Bedenket, obwohl dies nur ein kleiner Teil all der tiefgründigen Wahrheit ist, dass diese großen Gedanken, die uns nun die Natur unseres Wesens etwas klären, den Weg zum Frieden in sich schließen, dass durch Rupa, die Form, in Gestalt des Lebens, Leidens und Sterbens zahlloser edler tugendhafter Menschen, die reine mündliche Überlieferung uns überkommen ist, und dass ihre Arbeit und Lehre uns den Pfad, den Weg oder die Brücke von unseres Meisters Lippen zu unseren eigenen Ohren und Herzen bis zum heutigen Tage gebaut hat. Von diesem Standpunkt aus erscheint uns das ganze Dasein, rein äußerlich betreffs seiner animalischen Entwicklung betrachtet, nicht mehr als ein schrecklicher, grausamer Wettstreit, ein unaufhörlicher Kampf des Starken gegen den Schwachen und Elenden. Wir sehen zwar, dass im tiefsten Sinne dieser Lehre von der Nahrung das ganze Dasein tatsächlich eine Verschwörung bedeutet, aber eine Verschwörung der Liebe, der unaufhörlichen Aufopferung und gegenseitigen Hilfe. Das Wenige an Wissen, Hoffnung und Rückhalt, das wenige Große und Edle unseres Charakters, das heute in unseren Herzen und in unserem Dasein leuchtet, es stellt die Frucht und das Resultat von über alle Begriffe leiderfüllten Existenzen dar. Frühere Leben sind gelebt, ihr Todeskampf erduldet worden, damit wir leben und später, infolge dieses unendlichen Hinopferns, zur Einsicht gelangen, damit wir mit jedem neuen

Daseinsopfer uns langsam dem Ziele nähren und endlich den Frieden finden können. So ist Leben Einheit.

Einen andern Gedanken, welcher uns helfen kann, diese wunderbare Tatsache von der Einheit allen Lebens begreiflich zu machen, hat Newton uns offenbart vermittelst seines großen Werkes: Vermöge der besonderen Natur des Gesetzes der Schwerkraft. Wenn wir jetzt nur das Leben von der materialistischen Seite betrachten, (so erinnern wir uns daran, dass uns, als Buddhisten, solch ein Gesichtspunkt nur als ein bloßes Diagramm dienen kann, zur Erläuterung der darin verborgenen Tatsache,) so müssen wir uns das ganze, große Universum vorstellen als am Ende zusammengesetzt aus den Atomen der verschiedenen Elemente, von denen die Chemie berichtet. Gemäß Newton′s Gesetz wissen wir, dass jedes einzige Atom ohne Unterlass eine Anziehung ausübt auf jedes andere einzelne Atom in der ganzen Unendlichkeit des Raumes. Ob weit oder nah, die unsichtbare Knechtschaft eines jeden dem andern gegenüber steht unzweifelhaft fest. Von den Atomen unseres Körpers ist jedes beständig und unfehlbar von Einfluss auf alle anderen einzelnen Atome im ganzen weiten Weltall. In gleicher Weise besteht sein Einfluss auf die Atome des entferntesten Sternes, des kleinsten Fleckes in den Abgründen des Raumes verstreuten meteorischen Staubes, als er auf diese nächsten, in uns vereinigten Atome besteht; nur der Inhalt der Kraft, der Grad der Anziehung wechselt – fern oder nah, sichtbar als Wirkung oder nicht, die zugrunde liegende Tatsache ist stets dieselbe.

Nun gibt es eine ganz besondere, äußere Form, durch welche diese Kraft der Gravitation sich von einigen anderen Arten der Anziehung, elektrischer, magnetischer usw., die wir kennen, durchaus unterscheidet. Sie braucht keine Zeit, um zur Wirkung zu kommen, sie ist augenblicklich in ihrer Wirkung; und diese fast undenkbare Tatsache sondert die Schwerkraft, das grundlegende Gesetz des Stoffes, ab von jeder andern bekannten Kraft der materiellen Welt.

Elektrische oder magnetische Anziehungskraft z. B. braucht eine bestimmte Zeit, um eine Strecke zurückzulegen, obwohl die Geschwindigkeit ihrer Verbreitung eine ungeheure ist, elf Millionen Meilen in der Minute, so können wir uns doch noch eine Vorstellung von solch einer Übertragung machen angesichts des Umstandes, dass sie von begrenzter, festgesetzter Geschwindigkeit ist – sie ist einzig ein Gegenstand mathematischer Größe. Das Licht, oder irgendeine andre elektrische Ausstrahlung eines entfernten Sterns, erreicht uns, bei ungeheurer Geschwindigkeit, vielleicht erst nach

Jahren des Wanderns durch den Raum. Daher sehen wir die Sterne nicht wie sie sind, sondern wie sie vor einem Jahre, einem Jahrhundert, einem Jahrtausend waren. Schwerkraft jedoch ist unmittelbar; sie nimmt keine Zeit in Anspruch. Ich verändere ein wenig den Schwerpunkt meines Körpers mit der Tätigkeit meiner Sprechmuskeln und mit jeder dieser unbedeutenden Veränderungen und im selben, unteilbaren Zeitpunkt, in welchem die Bewegung sich ereignet, bewegt sich jedes andere einzelne Atom jedes anderen Körpers in diesem Zimmer ein wenig. Unmittelbar wird durch diese äußerste unendlich geringe Kleinigkeit der Schwerpunkt der ganzen, großen Erde verschoben. Mond, Sonne und Sterne, die nächsten wie die fernsten, jedes Fleckchen in den bodenlosen Tiefen des Raumes verlorenen kosmischen Staubes entspricht der Bewegung. Ob weit, ob nah, das ganze, große Universum des Stoffes wird beeinflusst; die weit entfernten Gestirne werden um eine äußerste Kleinigkeit aus ihrer Bahn gelenkt – nichts verbleibt nach jeder geringsten Bewegung meines Körpers in genau derselben Lage, die es eingenommen hätte, wenn ich die Bewegung unterließ. Und so verhält es sich mit jedem einzelnen Dinge im ganzen Weltall. Die geringste Bewegung eines jeden Atoms wird augenblicklich von jedem einzigen andern Atom in der Unendlichkeit des Raumes wiedergegeben. Führe mit einem Hammer einen Schlag, und unmittelbar, im selben Augenblick, haben sich Erde, Mond, Sonne, Sirius, der Hundsstern und jede der Sonnen, deren Licht eine Million Jahre gebraucht hat, um die Strecke zurückzulegen, um einen winzigen Teil aus der sonstigen Bahn bewegt. Ein geringer Unterschied in der Tat, aber noch begrenzt, eine messbare Einheit, wenn auch winzig genug; berechenbar, wie klein sie auch immer sei. Und wir müssen bedenken, dass das Ergebnis dieser Verschiebung für immer nachwirkt, so lange als Zeit, Raum und Masse noch bestehen werden. Unser Hammerschlag auf den Amboss mag in der Tat den großen Sirius nur abweichen lassen von seinem früheren Wege um das Millionstel eines millionstel Meter von der Richtung der Magnetnadel: aber er hat ihn noch in Bewegung versetzt und seine Wirkung setzt sich durch alle die folgenden Jahre fort. Eine Million Jahre, und die daraus folgende Abweichung beträgt ganze Meter; nach einer Million Zeitalter ist sie angewachsen zu einer Strecke von undenkbarer Weite. So beeinflusst das Dasein jeder lebenden Kreatur, nur vom Gesichtspunkt der groben Materie angesehen, die Bewegungen seiner Form-Gruppen, – jedes andere lebende Wesen – alles Leben, alles Tun wandelt sich um und über die Form-Gruppe hinaus, es dringt bei jedem Worte, das wir sprechen, jeder verborgene Gedanke zu flüchtigem Leben in den Bereich der scheinbar unbekannten Tiefen unseres Geistes. Keine unserer Taten aber ist daher unumstößlich, ihre Grundwirkung etwa weder übel noch gut. Wie unwahrnehmbar die ultramikroskopische Abweichung des fernen Sternes, seine Wirkung auf unseren Freund, unsere Kameraden, auf alles Leben im Allgemeinen – für den Augenblick auch sein mag; doch sie schreitet fort, und wäre Zeit genug gegeben, so würde das scheinbar ergebnislose Wirken so große Resultate hervorbringen, als sich aus der geringen Beziehung zu der alltäglichen, grundlegenden Handlung ergeben.

Sie ist fast unausdenkbar, diese augenblickliche Wirkung des Einflusses der Schwerkraft, dieser unmittelbaren Wirkung jedes einzelnen Atoms zu einem jeden andern in den grenzenlosen Abgründen des Raumes. Fast unfassbar, doch wir wissen, dass sie da ist. Aber bei dieser unendlichen Geschwindigkeit der Übertragung, würde die Schwerkraft mit einer Geschwindigkeit eilen, die messbar ist, wenn auch noch so groß, – betrüge die Schnelligkeit des Lichtes oder einer anderen elektrischen Verschiebung zehn Million Millionen, alsdann könnte unser Sonnensystem nicht fortgesetzt, soweit wir Kenntnis davon haben, wirken als ein verhältnismäßig festes, selbst-aus-reichendes, mechanisches System; in einem Jahre, Monat oder Tage müssten, gemäß der Summe ihrer Geschwindigkeit, Sonne und Planeten entweder untergehen oder sich ganz und gar trennen. Die ganze astronomische Berechnung, diese erstaunliche Arbeit, wodurch für jedes Jahr die Stellungen der Himmelskörper für die kommenden Monate berechnet werden, bis auf den Bruchteil einer Sekunde des Grades ihrer künftigen Positionen, sie ist abhängig von der absoluten Richtigkeit dieser fast unbegreiflichen Voraussetzung, dass die Schwerkraft keine Zeit zur Wirksamkeit braucht, dass ihre Schnelligkeit der Übertragung nicht nur von einer bedeutenden Größe ist, sondern unbegrenzt an sich. Und wenn wir verstehen, was das wirklich bedeutet, (soweit als wir eine so erstaunliche, wunderbare Tatsache überhaupt begreifen können): wie jedes einzelne Atom der großen Masse im Weltall so unmittelbar mit jedem andern einzelnen Atom verbunden ist, dass es gleichsam auf irgend eine Art darin vorhanden, imstande wäre, wohl oder übel das andere Atom dahin zu beeinflussen, sich hierhin oder dahin fortzubewegen, dass solch Eindringen sich erweist als eine stets vorhandene Tatsache, als ein fortwährend tätiger Teil seiner Existenz; wenn wir diese Allgegenwart, dieses innewohnende und unmittelbare Wirkungsvermögen jedes geringsten Atoms auf die ganze physische Materie, bis in die tiefsten

Abgründe des Raumes in Betracht ziehen, dann gewinnen wir eine neue und klare Einsicht in die buddhistische Lehre von der Einheit alles Lebens. Denn wenn, wie unsere moderne Wissenschaft überzeugend bewiesen hat, diese innerste, unmittelbare Vereinigung, hinsichtlich ihrer grundlegendsten Eigenschaft eben der großen stofflichen Grundlage des Lebens, Tatsache ist, wie sollte nicht das bloße Rupa-Khandha, seine materielle Seite, wirklich der Kraft des Geistes (Citta), wovon, wie unser Dhamma uns lehrt, alle Substanz nur ein Ausdruck von vielen ist, unterlegen sein? So legt die moderne Wissenschaft unserer Tage wieder von neuem Zeugnis ab von der Echtheit der großen Wahrheit, die unser Meister lehrte; denn Wahrheit ist immer die Einheit – jeder neue Ausdruck dafür nur eine andere Lesart derselben Tatsache, – entweder betrifft sie einen Klumpen Erde oder sie ist die Wahrheit über die tiefsten heiligsten Rätsel des innersten Herzens.

Solcher Art ist das dreifache Wesen oder Merkmal der Dinge: – Anicca, Dukkha, Anatta, – stete Veränderlichkeit, Leidensfülle und Wesenlosigkeit. Groß und schwer zu begreifen ist es – aber wahr, ach, wie wahr. Eine Wahrheit, die so tief ist, dass, könnte unser Verstand sie völlig begreifen, wohingegen früher unsere kurzsichtige Vernunft Leben begrenzte und ihm ein Ziel setzte, in diesem Augenblick Zeit, Raum und Bewusstsein aufhören müssten, nur die Unendlichkeit bliebe. Unendliches Verstehen und Mitempfinden, der sichre, unveräußerliche Friede Nirvana's.

Anicca, Dukkha Anatta; ich spreche jetzt die Worte aus, die hunderte und tausende unserer Brüder, hier und in jedem buddhistischen Lande auch aussprechen, die auch danach trachten, wenn auch nur ein wenig, von der Einsicht in deren Bedeutung, von der Erkenntnis ihrer Wahrheit zu gewinnen, der Wahrheit, welche die Erlangung des Friedens bezweckt. Alles rings um uns her redet davon: Die Blumen, die zornige Erregung und die Sorgen, all die schnell dahinschwindenden Dinge, welche wir am Bilde unseres Meisters, zum Gedächtnis seiner Liebe und Weisheit darbringen und opfern; das Hinscheiden derer, die wir liebten, das andauernde Ausbleiben unserer gehegten Hoffnungen, das Leben selbst, flüstert unaufhörlich seine Botschaft in unsere Herzen: „Alles ist dem Wechsel unterworfen, aus Leiden bestehend und des eignen Selbst ermangelnd!"

Großes, wunderbares, uraltes Mysterium des Lebens, das aus äußerster Dunkelheit der Unwissenheit, die höchste Erleuchtung sucht durch Leiden und Selbstaufopferung hindurch in der viele Jahrhunderte langen Hingabe des eignen Lebens aus der schwer errungenen Erkenntnis, dass das eigne Selbst nur Schein ist! Geblendet durch Unwissenheit, durch unersättliche

Gier, Hass und Selbsttäuschung sind des Daseins einfältige Geschöpfe, ja sogar die Menschheit, die vermöge ihrer Vernunft einsichtsvoller sein müsste, kämpft wie toll vor Qual, einer gegen den andern. Leben bekämpft Leben aus Unverstand. Doch wie groß letzterer auch ist, aus welcher Finsternis geboren, nach dem Frieden können wir doch ringen, der über alles hinaus geht, nach Erleuchtung streben, wenn auch zum Daseinskampf geboren; ausharren in der beständigen Hoffnung auf des Leidens Ende, wie erbarmenswert in seinem unausgesetzten Todeskampfe auch das Dasein ist. Doch wie ist es auch hoffnungsvoll in seiner unendlichen Aufopferung! Wahrlich, es muss eine so heilige, große Sache, so schmerzensreich und so unvollkommen, so unverstanden und so ganz und gar leidvoll, ohne Zweifel zuletzt ans Ziel alles Lebens gelangen – im Genuss des Friedens, jenseits alles leidvollen Zwanges, wo alle Qual, Gier, Hass und Täuschung ein Ende haben und versinken für ewig!
Und worin besteht der Zweck, der Sinn dieser Lehre von den drei Merkmalen, die Nutzanwendung dieser Wahrheit auf dies Dasein, das wir augenblicklich leben? Dass wir fortschreitend frei werden und zur Erkenntnis gelangen. Da wir gesehen haben, wie alles im Leben dem Wechsel unterworfen ist, so lasst uns nun den günstigen, unschätzbaren Augenblick benutzen, ehe er für immer flieht, um in unseren Herzen die Lebensgier nach diesen flüchtigen, trügerischen Begierden der Welt zu besiegen. Indem wir sehen, dass alles darin zur Trübsal verurteilt ist, gewebt mit Kette und Einschlag von Pein, Leiden und Verzweiflung, so lassen wir von der hehren Erregung des Mitgefühls, das durch den Gedanken daran in uns erweckt wurde, alle Feindschaft aus Herz und Sinn ausrotten! Mit dieser Einsicht, soweit unsere geringe Kraft erkennen kann, dass Leben Einheit ist, brennt in uns das Verlangen, dass diese neue Kraft in uns allen lebendig bleiben und immer mehr die Oberhand gewinnen möge, um dem Frieden ein wenig näher zu kommen. Lasst uns nicht mehr für des Daseins nichtige Phantasiegebilde leben, sondern für die Gesamtheit, die einem so großen Ziele zustrebt. Lebt so, dass die Gesamtheit, die Einheit der edlere und größere Teil Eures Lebens darstellt. Oder, alles in zwei Sätzen zusammengenommen, lasst uns auf unser eigenes Leben die letzte, große Botschaft des all-weisen, all-liebenden Meisters anwenden; die Worte, die Ihr so richtig zum Motto dieser Vereinigung, zum Führer Eures Lebens erwählt habt: „Aniccasankhara; appamadena sampadetha!" – „Vergänglich sind alle Elemente des Daseins, daher strebt mit Ernst nach Befreiung!"

13. Alte und neue Kritik des Buddhismus

Das Leben des Buddha in Indien, und folglich die Entstehung des großen Systems der Ethik, der Philosophie und der metaphysischen Gesetze, welche wir jetzt Buddhismus nennen, fiel in die Zeit jener philosophischen geistigen und religiösen Entwicklung der indo-arischen Rasse, welche so fruchtbringend und in mancher Beziehung, so weit vorgeschritten war, dass, seit dem Ereignis der ersten öffentlichen Verkündigung des Dhamma, die neuen Lehren die scharfsinnigsten Diskussionen und Kritiken ihres Inhaltes und aller ihrer Konsequenzen hervorriefen. Da diese Weltanschauung, wie gesagt, als Höhepunkt und Frucht einer langen Zeit geistiger, moralischer und erfahrungsmäßiger Entwicklung auftrat, und zwar unter einem Volke, in dessen Leben diese tiefen Probleme unseres geistigen Lebens stets ihren Platz vor allen übrigen einer materiellen Zivilisation behauptet hatten, war es sehr natürlich, dass diese so neue und tiefe Lebenslehre, welche in ihren Leitsätzen von der „Wesenlosigkeit" und von der Kausalität eine der herrschenden animistischen Idee entgegengesetzte Erklärung bot, solche Kritik hervorrufen musste und den schärfsten Untersuchungen unterworfen wurde, was unsere geschichtliche Tradition – sogar selbst unsere heiligen Schriften – auf jeder Seite bestätigen. Zurückgeblieben – mit modernem Maßstab gemessen, was materielle Entwicklung anbelangt, waren die arischen Inder zur Zeit Buddhas gleichwohl mindestens in philosophischen Fragen so weit fortgeschritten, als es die modernen arischen Völker Europas sind: während sie in den weiten Horizonten der Metaphysik, der „Lokuttara"-Erfahrung, in den höheren Zuständen des religiösen Lebens, der sogenannten „spirituellen" Übung und Vollendung, das weit übertroffen hatten, was die moderne Welt erreichen und zeigen kann.

Durch ganz Indien wanderten in jener großen, weit verbreiteten geistig-philosophischen Begabung, wie unsere Schriften uns zeigen und so manche Übereinstimmung in nicht-buddhistischen Quellen beweist, an die hundert Männer und auch nicht wenige Frauen; jeder mit seiner eignen großen geistigen Offenbarung, jeder mit seiner mehr oder minder überzeugenden Erklärung von der Natur des Lebens, dessen Sinn, der Erhellung seiner zahlreichen Geheimnisse; jeder irgendein neues Evangelium predigend, irgendeine neue Lesart des gewaltigen Rätsels des Daseins; jeder gefolgt von seinen unmittelbaren Jüngern: von jenen, welche die Welt verlassen hatten, um ihm nachzufolgen in dem, was sie als Wahrheit aus den religiösen Lehren ihres Führers erfasst hatten. Oft treffen wir in unsern Schriften auf sie, auf jene feingeistigen Wahrheitssucher – finden sie in scharfsinniger Auseinandersetzung mit unserem Meister, bald hochmütig-unüberzeugbar, bald, trotz seiner mächtigen Führung, manchem tiefen Irrtum anhängend, den sie nicht abschütteln konnten; doch noch öfter die volle Einsicht erreichend, zu welcher er sie hinzuleiten suchte; Schritt für Schritt seiner Erklärung folgend, oft vermittels der echt logischen Darlegung und Entwicklung ihrer eigenen Ansichten und Lehren – bis sie, endlich durch die Berührung mit seiner durchdringenden und doch so freundlichen Art von Analyse ihre eigenen kleinen Systeme aufgeben – und ihm zu Füssen sinken, seine Überlegenheit über Indiens bedeutendste Lehre anerkennen, und nichts mehr verlangen als demütig dem Licht aller drei Welten nachzufolgen in Denken und Leben. „Wunderbar ist dies, und übertrifft alle anderen Wunder, o Herr!", hören wir sie aus alten Zeiten zu uns herüberrufen. „Gleich wie man das Umgestürzte wieder aufrichtet, das Verhüllte enthüllt, einem verirrten Wanderer den Weg weist, oder wie man eine Lampe trägt in dunkler Nacht, um alle Dinge den Augen klar zu machen; so, gerade so hat der Erhabene glorreich die Wahrheit enthüllt in ihrem Beginn, ihrem Fortschreiten und ihrem Gewinn! Ich nehme meine Zuflucht zu dem Erhabenen, zu seiner Lehre, zu seiner Mönchsgemeinde: möge der Erhabene mich von heute an als seinen Jünger annehmen, und ich will mein Leben hinbringen als sein Schüler, der seine Zufluchtsstätte in ihm gefunden hat!"

So wuchs während der ersten Zeit die kleine Schar der Gefährten des Königs der Wahrheit; von fünf auf siebzig, von da an auf Hunderte, Tausende, sie wanderten in Gruppen durch ganz Indien, ausgenommen in der Regenzeit, und breiteten die Lehre aus, welche sie vom Meister empfangen hatten. Bis Indiens höchste, heiligste Lehrer eingegangen waren, den nachterhellenden Sternen gleich, die vor der Gewalt der Sonne verdämmern, in den Glanz jener überirdischen, unermesslichen Morgendämmerung, ihren schwächeren Schimmer hinzuzufügen dem Tagesglanz ihres Meisters, und doch so gering im Vergleich neben diesem Hohen, dass keiner seinen einzelnen Ruhm unterscheiden konnte in diesen Gedankenhöhen.

Aber dennoch, trotz ihrer stets wachsenden Zahl, trotz ihres fortschreitenden Einflusses auf die indische Laienwelt, bildeten die Buddha-Jünger doch nur eine Fraktion unter all den wimmelnden Scharen aus Indiens größter Zeit. Bis jetzt überwogen an allen Orten Hunderte von verschiedenen Religionen, Philosophien und Weltanschauungen: meistens sich stützend auf die Autorität der uralten Veden, gleich diesen gehalten durch den ganzen Einfluss der Priesterkaste. So geschah es, dass der Buddhismus, von seinen Anfängen an in der Diskussion erzogen, manchen mächtigen Konvertiten des Meisters Kunst in diesen öffentlichen Kontroversen verdankte, welche damals die Freude der Intellektuellen Indiens waren; und so schätzte der Buddhismus seit seinen ältesten Zeiten die freie Diskussion, die eingehendste Erörterung aller anschließenden Doktrinen, wie wir ersehen aus den „Fragen des Königs Milinda", und den chinesischen Werken; durch Pilger und aus mancher andern Quelle erfahren wir, dass freie, ja sogar öffentliche Diskussionen stets von den Führern des Buddhismus als eines der mächtigsten Mittel zur Ausbreitung der Lehre geschätzt wurden. Da gab es keine Mysterien, in welche man nicht dringen konnte, da wurde kein Glaube verlangt, den der Menschengeist nicht annehmen konnte: alles war in diesen Tagen des freiesten Gedankens und der offensten Aussprache aufrichtig, redlich und ohne Kunstgriffe: Kritik wurde nicht als Gottlosigkeit bezeichnet, sondern im Gegenteil ermutigt: und zwar als eine der wichtigsten Methoden, durch welche man das Königreich der Wahrheit ausbreiten könne.

In einer in intellektueller Beziehung so fruchtbaren Ära, unter einer Gesellschaft, die so zahlreich war, wie die echten Mönche des buddhistischen Ordens, (von den Laien-Anhängern ganz zu schweigen!) geschah es ganz natürlich, dass gerade während der Lebenszeit des Meisters verschiedene entgegengesetzte Ansichten unter seinen Gefährten auftauchten; bald über beigefügte Meinungen, bald über genaue Abstufungen der gegebenen Interpretation, bald über diese, bald über jene seiner Aussprüche über die verschiedenartigsten Lehrsätze, aus denen die am meisten philosophische Seite seines Systems zusammengesetzt ist. So geschah es, dass er selbst, als sich das Ende seiner Lebensaufgabe näherte, einige dieser Gegenstände zur Diskussion stellte, und ein für allemal festsetzte, welche seine eigenen Antworten wären, die er auf gewisse wichtige Fragen gegeben hätte; und welche mehr oder minder bedeutenden Unrichtigkeiten begonnen hätten, sich in der Gemeinde seiner Jünger oder allgemein im weiten Indien zu entwickeln. So war der Kern des Katha-Vatthu gebildet, eines Buches der Streitfragen – und als ungefähr zwei Jahrhunderte nach dem Tode des Meisters die Zahl der verschieden interpretierten Sätze sich bedeutend vermehrt hatte, wurden diese neu erörterten Punkte zu der älteren Gruppe in demselben Buche der Streitfragen hinzugefügt durch Moggaliputta-Tissa auf dem dritten Konzil; und das ganze Werk, wie wir es jetzt in Pali besitzen, wurde dem Abhidhamma-Pitaka hinzugefügt, und so auf diesem Konzil aufgenommen in die heiligen kanonischen Bücher.

Dieses Werk von unschätzbarem Werte, das Katha-Vatthu, kann deshalb angesehen werden als die Verkörperung jedes höheren Kritizismus in unserer Religion, wie er während dieser zwei ersten sehr tätigen Jahrhunderte ihrer Ausbreitung im Osten formuliert wurde. Ganz zugänglich ist es daher nur demjenigen Schüler, der schon tiefer in die Pali-Studien eingedrungen ist, wie sie in den „Reden des Buddhas" von Neumann übersetzt wurden. Sie werden finden, wie damals, über 2000 Jahre früher, beinahe dieselben Gruppen von kritischen Einwänden unter den intellektuellen Klassen in Indien im Umlaufe waren, wie sie jetzt in diesem 25. Jahrhunderte der buddhistischen Zeitrechnung, gegen diese Lehre eingewendet werden von jenen, die sich selbst als ihre Opponenten bezeichnen. Freilich hat die Zeit den Zusammenhang einiger von ihnen verändert; gewisse Punkte, die damals am meisten kritisiert worden waren, sind jetzt zu allgemein angenommenen Anschauungen hinsichtlich ihrer Grundbegriffe geworden, andere, welche damals allgemein und von jedermann als Tatsachen angenommen wurden, haben sich jetzt in bevorzugte Angriffspunkte der Kritik verwandelt, aber im Grunde genommen finden wir keine sehr großen Unterschiede, wenn man einmal zugibt, was auf Rechnung der verschiedenen Zeitalter und Denkmethoden zu setzen ist, zwischen der alten und modernen Anschauung derer, welche unsere buddhistische Lehre kritisieren. Sei es nun, dass durch die unaufhörlichen Umdrehungen des Rades des Lebens diejenigen, welche zuerst unsere Lehre angriffen, in dieser neueren Zeit wieder ins Dasein getreten sind, um wieder ihre alten Gedankenwege zu beschreiben oder sei es nur die Ähnlichkeit zwischen der Alt-Indischen und der Modernen-Europäischen Geistesentwicklung: wir können es nicht wissen – gewiss ist; dass mit verschwindenden Ausnahmen jede Kritik, welche jetzt gegen unseren Dhammo gerichtet wird, nur das Echo dieser alten Kontroversen ist. Schwierigkeiten werden vorgewiesen und als unüberwindlich hingestellt mit Argumenten, welche vor mehr als 25 Jahrhunderten im Schwunge waren und die damals schon beantwortet wurden; und soweit sich auch die buddhistischen Grundlehren verbreitet haben, gibt es auch nicht einen unter den neu erscheinenden Einwürfen gegen sie, welcher nicht schon ein Gemeinplatz der geistigen Begriffe im alten Indien gewesen wäre; und auch nicht einer von jenen findet sich, der nicht im Kaha-Vatthu oder in den „Fragen des Milinda" seine einfache, natürliche, unwiderlegliche Erwiderung gefunden hätte. Ich habe durch diese kurze Übersicht über die Umstände, welche in dieser Beziehung den Buddhismus umgaben, diesen Punkt ausdrücklich betont, und mit Nachdruck hingewiesen auf die fundamentale Gleichheit zwischen dem alten und dem modernen Kritizismus in Bezug auf unseren Dhammo, weil ich Ihnen recht klar zeigen möchte, dass all diese Menge von Einwänden gegen die Lehre unseres Meisters, welche wir einst und jetzt vernehmen, in keinem Stücke neue Gegenstände sind, die, wie man vielleicht erwarten, möchte, aus einem Konflikt zwischen alter Weltanschauung und modernem wissenschaftlichem Forschen und Erkennen hervorgehen könnten. Wenn sie auch vielleicht in eine neue Terminologie gekleidet sind, sind sie im Grunde genommen doch nur Wiederherstellungen eingebildeter Schwierigkeiten, wie sie aufgestellt und zugleich ein für allemal zur Lösung gebracht wurden in den ältesten Zeiten buddhistischen Denkens: es wird sehr gut sein, wenn Sie sich diese Tatsache vor Augen halten, weil es nicht selten hier in Burma vorgekommen ist, dass von einigen Widersachern, welche einen unehrlichen Vorteil der modernen Wissenschaft über burmesische Unwissenheit benutzen, unsere Lehre als gänzlich unwissenschaftlich hingestellt wurde; und dass sie Ihnen, oft sogar in den Schulen, welche Sie besuchen, als völlig überholt geschildert wurde, sei es in dieser oder jener Richtung, durch die große Entwicklung und das wundervolle Wissen, welches die Naturwissenschaften während des vergangenen Jahrhunderts so gründlich und vollkommen errungen hätten. Kein Angriff, keine Einwendung könnte falscher sein, oder unehrlicher, als diese; denn wenn solche Kritik je ernstlich Erfolge gehabt hätte, so wäre es nur dadurch, dass die Kritiker sich auf die Unwissenheit der Burmesen in wissenschaftlichen Dingen einfach verlassen hätten; oder auch, was fast eher so schlimm ist, dass diejenigen, welche derartiges äußern, sich in absoluter Unkenntnis befinden, entweder über die Wissenschaft, oder über die Geschichte der Vergangenheit inbetreff der Kämpfe zwischen Wissenschaft und Religion in Europa, oder über die wahren Quellen des Buddhismus selbst. Dies ist tatsächlich im Allgemeinen der Fall, wenigstens so weit unser Wissen reicht; die Vertreter der verschiedenen westlichen Glaubensbekenntnisse in Burma sind ganz natürlicherweise genau so unwissend in irgendeiner einzelnen Wissenschaft, wie wir alle sie kennen, und wie wir sie auch daheim in England vorfinden. Es ist gewiss, dass nur die seltensten Köpfe irgendeinen Zweig der modernen Wissenschaft aus Büchern erlernen können: um autoritativ über solch einen Gegenstand zu reden, um zu erkennen, was in Übereinstimmung ist oder nicht mit den Anschauungen und Entdeckungen irgendeiner Wissenschaft, ist es erforderlich, dass der Sprecher selbst ein Glied eines der wissenschaftlichen Berufe sei – und das vermittelst einer lebenslangen Übung, nicht nur durch ein bloßes Bücherstudium, sondern durch experimentelle Arbeit in Laboratorium und Werkstätte; und solch eine Übung haben selbstverständlich die Diener der Religion niemals gehabt.

Tatsache ist, dass, was diesen Angriff des „unwissenschaftlich-seins" anbelangt, insofern es sich um redliche Kritik handelt, unser Buddhismus die einzige existierende Weltreligion ist, welche in fundamentaler Übereinstimmung mit den großen Gesetzen sich befindet, welchen die Naturvorgänge unterliegen, und welche von den modernen Wissenschaften entdeckt worden sind. Und dies bringt uns zugleich auf die sehr aufklärenden Kapitel des alten „Buches der untersuchten Streitfragen" des Katha-Vatthu des Abhidhamma, dessen wir schon Erwähnung taten. Dort finden wir zuerst und vor allem unter den aufgeworfenen und beantworteten Fragen – wie es auch ihrer Wichtigkeit unter den buddhistischen Lehren entspricht – ein ganzes Heer von irrtümlichen Ansichten über die Anatta-Doktrin, der Zentrallehre des Buddhismus, dass es kein Atma, Selbst oder Seele gibt: dass keine Persönlichkeit existiert hinter den anscheinenden Individualitäten, keine Wesenheit, sei es nun geistig oder anders, hinter den Naturphänomenen; kein großes Selbst, keinen Geist oder Gott, der dies Universum schuf, und durch dessen andauerndes Wirken dasselbe fortgeführt wird. Es gibt kein reales Wesen keine einzelne individuelle Lebenseinheit, groß oder klein, abgesondert von allem übrigen; denn alles ist Eins! Buddhaghosa hat es richtig ausgedrückt: „Das Leben eines einzelnen Wesens ist die Zeit der Dauer eines einzelnen Gedankens." Kein unerreichbares Selbst existiert: dessen muss man eingedenk sein; sondern nur eine scheinbare Individualität, ein ewigwechselnder Ausdruck der großen Kausalreihe, die sich in diesem ungetrennten Ozean des Daseins (Akasha) abwickelt, und welche wir Buddhisten das Karma, die Tat, das Sein, die Ursache einer kleinen Lebenswelle nennen.

Es ist, wie wir alle sehr wohl wissen, gerade diese Lehre vom Nicht-Selbst,

zusammen mit ihrem unvermeidlichen Korrellarium, der Lehre von der Kausalität, dem Karma, welche den charakteristischen Zug des Buddhismus ausmacht, und welche in Gegensatz steht zu allen andern großen Religionen, sowohl des alten Indiens, als des modernen Europas. In der Entwicklung des menschlichen Geistes kam zuerst jene Idee, welche wir jetzt als Animismus bezeichnen: die Vorstellung, dass alle Erscheinungen die sichtbar gewordene Tätigkeit irgendeines Wesens, einer Person, seien. Dem durchschnittlichen indischen Landmann zur Zeit des Buddha schien alles so, was vorfiel: der hereinbrechende Regenschauer, das Neigen der Bäume im Winde, die Wege der Sonne, des Mondes und der Sterne am Himmelsgewölbe – das alles stellte er sich als das direkte Resultat des Willens und Handels von Personen vor. Kein Stein konnte fallen, ohne dass irgendein Geist, oder eine Seele, oder ein übersinnliches Wesen ihn in die Hand genommen und weggeschleudert hätte. Dem geistig weit entwickelteren, verständigen Brahmanen zur Zeit der Entstehung der Upanishaden, aus welchen die Vedanta-Literatur und -Philosophie hervorging, möchte der individuelle Geist, oder ein Gespenst, oder ein Gott in solchen Erscheinungen am Werk gewesen sein, aber, wenn dem so war, so war dies Wesen selbst nur ein kleiner Teil des einen großen All, in welchem auch die unkörperliche Art von Existenz eingeschlossen ist. Deshalb war der Brahmane wesentlich animistisch: er hielt dafür, dass hinter dem allgemeinen Leben eine erste Ursache wäre, dass hinter dem Phänomenen ein Noumenon, hinter jedem greifbaren Geschehen eine Persönlichkeit – sei sie noch so subtil oder vergeistigt – stehe; es war immer diese Idee des Lebensprinzipes hinter allem Leben, welche, entweder grob personifiziert, menschenähnlich, nur verfeinert, wie die mannigfachen Geister des Volkes, auftrat, oder zusammengefasst zu einem höchsten Begriff, das All erfüllend und in sich einschließend, wie das Paramatman, die Weltseele oder das höchste Selbst – und diese Idee begann in jenen Tagen, für einige wenige geistig am höchsten entwickelte Brahmanen, dies universelle Leben in einer großen Synthese zusammenzufassen.
In dem erhabenen Begriff eines universellen Selbst erreichten die alten animistischen Ideen und Weltanschauungen ihre höchste und erhabenste Entwicklung. Dann kam der Buddha, und es war gerade die fundamentale Charakteristik seines so wundervollen Systems, gerade der Fortschritt, der unvergleichliche, den er über die besten Gedanken Indiens in jener seltenen Zeit errang, dass er für immer alle „ersten Ursachen", jedes Selbst, alle

Seelen, wie immer sie sein mögen, beiseitesetzte; er zeigte, zum ersten Mal in unserer menschlichen Geschichte, wie das was wir nicht begreifen können: das Warum des Lebens und seiner Bedingungen, nicht dadurch erklärt werden kann, dass man ein Persönliches, geistig Wirkendes hinter ihm erfand; wie alle Vorgänge in Natur und Leben nicht aus dem Willensakt irgendeiner Persönlichkeit resultieren, seien es nun Wesen, grob-materiell oder geistig welche wollten, wie es geschah; sondern dass nur die Kausalität im Akasha – Ursache und Wirkung –, als Handlung selbst betrachtet kraft der unveränderlichen Lebensgesetze ein Streben hervorruft, welches bei passender Zeit oder unter geeigneten Umständen noch einmal diese nämliche Handlung erzeugt. Kurz gesagt, an statt der Herrschaft der lebenden Wesen des Selbst, des Atta, der Persönlichkeiten, anstatt der Reiches des Animismus setzte er die Herrschaft des Gesetzes: er zeigte uns, wie diese Wellen und Wirbel im Lebensmeer, welche wir als lebende Wesen, als individuelle, mehr oder minder hoch entwickelte Leben ansehen – diese Persönlichkeiten nach deren Ebenbild der Animismus seine Götter geformt hatte sogar sein Höchstes Selbst, in Wirklichkeit selber nur sehr komplizierte Verbindungen von wirkenden Ursachen seien; und sie bringen immerfort, auf Grund der großen Täuschung, diesen Begriff des individuellen Selbst, diesen Traum der persönlichen Individualität hervor.
Ja, dies ist die Wahrheit: diese wundervolle, alles verändernde Idee von der Herrschaft des Gesetzes dies Fundamentalprinzip der Kausalität, in der Tat: gerade die Lehre vom Nicht-Selbst, steht also auf derselben Basis, auf der jede moderne Wissenschaft heute aufgebaut ist. Aber eine kleine Weile vorher hing das wissenschaftliche Denken des Westens noch liebevoll an einem Überbleibsel der alten Selbst-Theorien: es wurde daran festgehalten, dass die Atome, aus welchen alle materiellen Dinge aufgebaut sind, ewig und unveränderlich wären, was eine Folge der alten Täuschung über die erste Ursache war, weil sie niemals, wie uns gelehrt worden war, nicht gewesen waren, oder niemals in einer andern, verschiedenen Form existiert hatten. Nun, da das letzte Atta-Idol durch die Entdeckung, dass das Atom selbst veränderlich ist, dahingeschwunden ist, und dadurch, dass im ganzen weiten Bereich der Naturwissenschaften das moderne Wissen sich genau in die Stellung unseres Buddhismus begeben hat, zeigt sich uns, wie alle Erscheinungen nur Glieder in der Kette der Kausalität sind; wie in der neuen Psychologie sogar unser Geist selbst nur ein äußerst kompliziertes Beispiel ist von genau solch ewig-wechselnden Synthesen auf Grund von solchen ewig-unveränderlichen Gesetzen des Elektromagnetismus. So

werden Sie, wenn einer von Ihnen demnächst Laien gegen den Buddhismus den Einwand, „er sei unwissenschaftlich", erheben hört, den betreffenden zuerst fragen, welche Übung, Erfahrung und Tätigkeit in irgendeiner Wissenschaft ihn befähigt, derart zu sprechen; und zweitens werden Sie ihn fragen, von welchem Fundamentalprinzip alle Naturwissenschaften abhängen, und zwar inbetreff jeder Theorie, sowie jedes experimentellen Versuchs. Sollte er auf die erste Frage antworten, dass er keine solche wissenschaftliche Erfahrung besitzt, so fragen Sie ihn, wie er sich unter diesen Umständen selbst als Richter aufstellen kann inbezug auf einen technisch so schwierigen Gegenstand; erinnern Sie ihn an die Tatsache, dass die Männer der Wissenschaft in ihrer großen Mehrheit – wie ich als einer der unter ihnen gelebt hat, persönlich bezeugen kann, trotz all der mächtigen Einflüsse von Vererbung, Milieu und unwissenschaftlicher Erziehung, alle, wie bekannt ist, keiner Form eines theistischen Glaubens anhängen; ferner mahnen Sie ihn daran, dass in jedem europäischem Lande ein beständiger Konflikt zwischen Wissenschaft und Religion besteht: dass Katholiken und Protestanten zur Zeit, als die Kirche die weltliche Macht als Rückhalt hatte, miteinander darin wetteiferten, die ersten Gelehrten und Philosophen, wie Servet, zu foltern, zu verbrennen und zu vernichten, weil sie wussten, dass diese Wissenschaft dem ganzen Inhalt ihrer eigenen Glaubensbekenntnisse verhängnisvoll entgegengesetzt war. Wenn er auf die zweite Frage unterlässt, die richtige Antwort zu geben, nämlich: „Die Kausalität ist das allgemeine Gesetz, auf welchem alle modernen Wissenschaften aufgebaut sind," so belehren sie ihn darauf mit diesen Worten, und fügen sie dieser Antwort bei, dass der Buddhismus ebenfalls die Kausalität als seinen zentralen Hauptsatz habe; und ferner, wie jemand, wenn man die Umstände in Betracht zieht, unter denen der Buddhismus entstand, die damalige Zeit, den Mangel an wissenschaftlichen Instrumenten oder wissenschaftlichen – d. h. naturwissenschaftlichen – Forschungen, wahrhaftigerweise behaupten kann, dass der Buddhismus unwissenschaftlich sei, da derselbe nicht in lauter kleinen Details, sondern in seiner charakteristischen Hauptlehre: der Kausalität, mit dem Grundprinzip, auf welchem jede moderne Wissenschaft so fest gegründet ist, übereinstimmt!

In Wahrheit: gerade in dieser Tatsache, dass der natürlichste, primitivste Gedanke des Menschen animistisch ist, dass er natürlicherweise versucht, ein Bild des Weltgebäudes nach seinem eigenen Bilde zu entwerfen, liegt der Grund dafür, dass es für die meisten Menschen nötig ist, nicht nur zu studieren, sondern experimentell auf dem Gebiete der Physik zu arbeiten, um die erstaunliche Tatsache der universellen Herrschaft des Gesetzes als Gewinn heimzutragen. Wenn er Tag für Tag bei der Arbeit in seinem Laboratorium die unendliche Folge von Ursachen und Wirkungen vor sich sieht, wenn das Werk jeder Stunde, nein, jedes Augenblicks, abhängt von der Erfüllung, exakter kausaler Beziehungen, dann – und nur so allein – wird, je mehr oder weniger lebhaft sein Geist sich entfaltet, die alte Täuschung ihn verlassen; die alte animistische Lebensgrundlage verschwindet, und er versteht wie durch ein mystisches „fiat" eines allumfassenden Selbst, kraft dieser kausalen Beziehungen, welche wir jetzt Gesetze nennen, dieses ganze große Universum erbaut, bewegt und verändert wurde und wird.

Diesem Umstande, dass ein Mensch wiederholte Tätigkeit und persönliche Erfahrung nötig hat, um sich zu besinnen und gemäß den Bedingungen der Kausalität zu denken, ist jene Tatsache, die ich erwähnt habe: warum die große Masse der wissenschaftlichen Menschen in Europa keine Religion hat, zuzuschreiben, unglücklicherweise mit einem Großteil von sehr bittern geistigen Leiden, von Leiden, welche gänzlich unnötig wären, wenn das Volk von Burma seine Pflicht erkennen würde, der Welt jene große Gabe der wissenschaftlichsten aller Religionen zurückzuerstatten, welche es in alten Zeiten durch die edle und weitsichtige Barmherzigkeit des großen indischen Kaisers Asoka erlangt hat. Nur die Lehre von der Kausalität ist wirklich erfasst worden; die Religion, welche die meisten Europäer in ihrer Kindheit gelernt haben, kann nicht mehr befolgt werden: sie tritt in grundsätzliche Opposition zu diesem intelligenten Kausalitätsgesetz; diese beiden können nicht auf längere Dauer in einem Kopfe beisammen wohnen. Wenn die westlichen Rassen ganz erkannt haben werden, dass was groß wahr und edel in der Religion ist, frei sein kann von allen Dogmen, welche die Negation dieses großen Gesetzes, das einige von ihnen nur zögernd erlernt haben, bedingen, frei wie unser erhabener Dhammo, dann werden wenigstens diese wissenschaftlichen Arbeiter nicht mehr zu jenen schrecklichen geistigen Leiden gezwungen sein, welche die Verwerfung jedes religiösen Denkens so manchem von ihnen in ihrer Jugend und frühen Mannheit auferlegt haben. Nur eine Weltanschauung, welche, wie die Wissenschaft, auf das Kausalitätsgesetz gegründet ist, kann in den kommenden Jahrhunderten, wenn wissenschaftliche Arbeit schließlich eine allgemeine Notwendigkeit der Erziehung werden wird, fortfahren, die Huldigungen der Herzen der logisch-denkenden westlichen Arier-Völker zu empfangen. Aus diesem Grunde sind wir von der buddhistischen Missionsgesellschaft so besorgt, eine tiefere Kenntnis des Buddhismus in Europa auszubreiten: auf diesem Gebiete liegt, wie wir meinen, der Schlüssel zur Stellung der Religion in ihrem höchsten Sinne, inbezug auf ihr Überleben oder Nicht-Überleben. Aus demselben Grunde geschieht es, dass heutzutage, wo nur einmal der Wortlaut der buddhistischen Lehren in Europa und Amerika bekannt ist, unter den dort lebenden Buddhisten – wenigen Männern und Frauen – sich gegenwärtig in so großem Prozentsatz – mehr als 50 von 100 – Glieder eines oder des andern wissenschaftlichen Berufes befinden. Die lange, furchtbare, düstere Nacht des finstern Mittelalters in Europa, die lange Unterdrückung jedes freien Gedankens und jedes Erfassens der realen Natur des Universums um uns durch Folter, Flammen und Galgen: die langwährende Verspätung der Ära der experimentellen Wissenschaft, die unsere neue Zivilisation schuf; alle Greuel der Inquisition, und alle jene zahllosen Verfolgungen des Mittelalters: alle diese schrecklichen Dinge sind, von einem mehr oder weniger entfernten Standpunkt aus gesehen, jenen unnötigen Leiden zu vergleichen, welche der Neophyt der Wissenschaft im modernen Westen zu erdulden hat, und die uns erspart geblieben wären, wenn wir das unermessliche Glück gehabt hätten, diesen Dhammo, welcher auf das Gesetz der Kausalität gegründet ist, zwanzig Jahrhunderte früher zu empfangen. Möge er wenigstens jetzt hier auftreten, und wenigstens solchen nützlich werden, welche jetzt fast vergeblich darnach suchen! Möge er kommen, bevor alle Religion – und sie ist das Beste und Edelste im Menschenleben – uns verlassen haben wird, weil wir den Glauben unserer Vorzeit überlebt haben, während noch keine mächtige Hand aus buddhistischen Landen uns erreichte, um den Platz einzunehmen, von welchem in diesem Aufdämmern der westlichen Wissenschaft gerade jetzt die Religion so schnell hinweggeschwunden ist.

Noch unter diese ganze Einleitung von den auf einander bezüglichen Ideen der Anatta-Lehre und des vorrelativen Prinzips der Kausalität fallend, und also noch einmal nur eine neuerliche Wiedergabe und Zusammenstellung der vielen in der 1. Abteilung des Katha-Vatthu erörterten Punkte, ist jener Einwand, den man so oft hier in Burma äußern hört; nämlich dass der Buddhismus, indem er das große Gesetz des Lebens lehrt: jenes Gesetz des Karma, welches uns mächtig oder arm, töricht oder weise, niedrig oder edel, grausam oder heilig werden lässt in Übereinstimmung mit unsern früheren Handlungen, uns dennoch nichts zu sagen weiß über den Urheber, der diese Gesetze machte?, und dass er keine Erklärung darüber gibt, wovon zuerst die Ungleichheiten des Lebens und des Charakters ausgingen; auch habe er angeblich kein System der Kosmogonie, keinen Bericht über die Erschaffung der Welt und des Menschen gegeben (wie es in der 4. Tarotkarte von Franz Bardon anschaulich dargestellt wurde. Der Hrsg.)

Dies ist, im Grunde genommen, eine altherkömmliche Formel animistischer Lehre, eine, die in der Tat vor ungefähr 50 Jahren in der europäischen Welt allgemein genug war, und die klugerweise von der christlichen Geistlichkeit lange hindurch angewandt wurde, wenn sie eine wohlerzogene und gebildete Zuhörerschaft vor sich hatte. In England wird diese Formel gewöhnlich als „Paley´s Uhr-Argument" bezeichnet, weil eine Art desselben in jenen ersten Tagen der wachsenden Wissenschaft von einem berühmten Theologen, namens Paley, mit Nachdruck vorgetragen wurde, und zwar in einem Werke, welches sich damals einen großen Ruf erwarb. Palay´s Uhr-Argument lautet also: Wenn wir eine Uhr betrachten, finden wir, dass ihre Teile auf das vollkommenste und schönste gemacht sind, und alle einem gemeinsamen Gegenstand beigeordnet: der Drehung der Zeiger in den bestimmten Verhältnissen, welche wir übereinstimmend zum Messen der Zeit benützen. Wenn wir die ganze Kompliziertheit dieser Maschine betrachten, die wundervolle Koordination ihrer Teile, die so weit in ihren Formen differieren, und doch alle demselben Zwecke dienen, so werden wir von Erstaunen betroffen, und schließen zugleich daraus, dass die Uhr einen Schöpfer gehabt haben müsse. Die bloße Existenz dieses bewunderungswürdigen Mechanismus beweist das. Wenn wir uns vorstellen, wir wären die einzigen Bewohner einer wüsten Insel, und dann fände sich diese Uhr vor, und wir wüssten, dass niemand diese Insel verlassen hätte – dann, besonders, wenn die Uhr noch ginge, als sie gefunden wurde, müssten wir erkennen, dass an diesem Ort ein Uhrmacher sein müsse. Gerade so argumentierte Paley, wenn wir diese Erde betrachten, das Himmelsgewölbe, seine Gestirne, die Welt der Pflanzen, der Tiere und der Menschen, sehen wir überall die zahlreichsten Beweise einer bewunderungswürdigen Koordination aller Arten von verschiedenen Wesen mit ihrer Umgebung, die Anpassung aller Arten von verschiedenen Organen an das Leben des Menschen oder des Tieres, das sie besitzt. Und so, wenn wir den Schluss wie bei der Uhr anwenden, sagt Paley, dass diese Welt einen Schöpfer gehabt haben muss: einen Schöpfer, der fähig ist, Kräfte, Materie und Leben gerade so zu behandeln, wie der Uhrmacher sein Material behandelt, nur unendlich vollkommener, schöner, geschickter.

Gerade so, wie wir durch die Geschicklichkeit des Mechanismus der Uhr auf große mechanische Fähigkeiten des angenommenen Uhrmachers schließen müssen, so müssen wir aus den Wundern des Universums, wie Paley sagt, den Schluss ziehen auf einen Welt-Macher, einen Schöpfer des Universums, welcher, gemäß dieses „Argumentes", um so viel geschickter sein muss als der Uhrmacher, um so viel sein Werk – diese Welt, und alles, was wir in ihr sehen, – wunderbarer ist als die Uhr, d. h. immer um mit Paley zu sprechen, unbeschreiblich und unendlich weiser, kunstreicher und herrlicher. Nachdem, was über die Neigung des Menschengeistes gesagt wurde, alle Dinge mit dem kleinen Maße seiner Erfahrung zu messen, auch das, was über die täglichen Geschäfte seines weltlichen Lebens hinausgeht, über jene Neigung, in allen Erscheinungen das sichtbar gewordene Wirken irgendwie vergeistigter, menschenartiger Wesen zu sehen, werden Sie sehr wohl begreifen, von welcher Seite dieser sogenannte „Schluss": „von der Uhr auf den Urmacher, von der Welt auf den Weltschöpfer" zurecht ausging.

Wie alle diese bedeutenderen kritischen Einwände gegen unsere Religion, ist auch dies Argument gerade so alt – wenn nicht noch älter – als der Buddhismus selbst; eine allgemeine Form desselben, mit Topf und Töpfer, statt Uhr und Uhrmacher, war schon gewiss seit mehr als 2000 Jahren in Indien im Umlauf. Tatsächlich ist es durchaus kein Argument, sondern eine Analogie; und wenn Sie die altindische Literatur studieren, werden Sie finden, dass es immer eine der Schwächen des indischen Geistes war und ist, eine Analogie als ein vollkommen korrektes und folgerichtiges Argument anzusehen. Selbstverständlich ist eine Analogie eine sehr nützliche Geistestätigkeit und Denkform; oft befähigt sie uns, gewisse Arten von Ideen über Gegenstände auszudrücken, welche auf andere Weise zu subtil und allzu schwer zu erfassen wären, um direkt von einem gewöhnlichen Verstand begriffen werden zu können. Das ist der Fall, wenn die Analogie, wohlverstanden, korrekt ist: wenn der betrachtete Gegenstand wirklich irgendetwas besitzt, das dem Gegenstand der Analogie ähnlich oder verwandt ist. In Wahrheit gibt es hier, neben der anthropomorphisierenden, animistischen Tendenz des Menschengeistes, auch die Neigung, in allen Dingen nur modifizierte Ähnlichkeiten seiner eigenen Denkart und Lebensanschauung zu sehen; welche Neigung, wie wir gesehen haben, tatsächlich im Hintergrund dieser Ideen von einem „Weltschöpfer" steckt – und eine wahre Ähnlichkeit, sei sie wie immer, zwischen dem Macher der Uhr oder des Topfes, und dem des Universums oder irgendeines Wesens in demselben. In Bezug auf die Lebewesen sehen wir sie in einem beständigen Prozess des Werdens, der Entwicklung, ihr ganzes Leben ist überhaupt ein solcher Prozess; und mit Hilfe des Mikroskops und anderer Hilfsmittel kennen wir jetzt einen guten Teil der Beschaffenheit dieser Entwicklung, wenngleich nichts, wie man nie vergessen soll, von den Ursachen ihres Entstehens. Weil folglich die Lebewesen, und, wie uns ein Überblick über längere Zeiträume lehrt, auch die Erde und die Himmelskörper selbst, alle vor unsern Augen entstanden sind, gibt es eine korrekte Analogie zwischen ihnen und einem Produkt, wie Uhr oder Topf, von welchen wir in diesem Argument angenommen haben, dass wir sie anfänglich als eine vollständige, in Gang befindliche oder wirksame Zusammensetzung gesehen haben.

Wenn diese ungeschulten Geister in den Werken des alten Buddhismus oder in denen der modernen Wissenschaft lesen, wie alle Naturvorgänge durch gewisse Gesetze hervorgerufen werden, (welche wir mit dem Physiker entweder Naturgesetze, oder mit dem Buddhisten polares Lebensgesetze nennen) so ziehen sie sogleich daraus, indem sie beständig das Maß ihrer eigenen kleinen Menschenerfahrung auf alle Dinge anwenden, den Schluss, dass ein „Gesetz", im wissenschaftlichen oder buddhistischen Sinne, etwas ist, was den von Menschen gemachten „Gesetzen" gleicht, welche die Gemeinschaft der Menschen in ihrem Beisammenleben regeln. Sie können sich nicht nachdrücklich genug vor Augen halten, dass der Buddhist oder der Wissenschaftlich-Denkende mit dem Worte „Gesetz" genau das ausdrücken will. Wenn das menschliche Gesetz sagt: „Du sollst nicht stehlen", so fixiert es eine Bestimmung zum Schutze des Eigentums und sicherlich muss es ein menschliches Wesen gegeben haben, oder Vereinigungen von solchen, welche dies zuerst aussprachen und verkündeten, und es dadurch zur Geltung brachten. Aber in diesem nämlichen Wort „Gesetz" ist, wenn es ein Wissenschaftler oder ein Buddhist ausspricht, die gleiche vollkommene Idee eingeschlossen. Wenn z. B. der Physiker vom „Gesetz der Gravitation" spricht, erläutert er, dass es außer sehr vielen andern Dingen, den Satz enthält, dass ein Körper an einem beliebigen Punkte der Erde, der frei und ohne Widerstand fallen kann, mit einer sich stets vergrößernden Geschwindigkeit fallen wird, die sich nach einem bestimmten Verhältnis per Sekunde vermehrt; und er schöpft daraus, indem er das Wort „Gesetz" anwendet, ganz andere Begriffe, ganz verschieden von denen des gewöhnlichen Gebrauchs dieses Wortes. Er weiß es nicht, dass es irgendwo in der Natur oder in der geistigen Welt ein festgelegtes Gesetz gibt, dem jeder Stein gehorchen oder ins Gefängnis wandern muss, weil er verpflichtet ist, gerade so zu fallen, wie er fällt. Der wissenschaftliche Mensch, entweder Physiker oder Buddhist, der diesen Terminus gebraucht, unterlegt ihm einen animistischen, menschlich-allzu menschlichen Sinn; er will aber damit einfach „eine beobachtete Relation" ausdrücken, von welcher durch Experiment und Erfahrung bekannt ist, dass man durch sie immer eine bestimmte Kausalfolge erhält. Sie müssen sich gegenwärtig halten, dass es die Kausalfolge ist, welche beobachtet wurde, also im Falle des fallenden Steins die resultierende Bewegung, und unser „Gesetz der Gravitation" z. B. bedeutet nicht mehr als einen allgemeinen mathematischen Ausdruck, der fähig ist, in sich alle beobachteten Fälle von Körperbewegung unter dem Einflusse dieses „Gesetzes" zusammenzufassen, was immer für Massen und Entfernungen darin inbegriffen sein mögen. Dass es irgendeine Vorschrift gibt, vergleichbar einem von Menschen gemachten „Gesetz", das dem Kausalitätsgesetz gleicht mit der Wirkung, dass Massen andere Massen anziehen müssen mit einer Kraft, die, wächst im umgekehrten Verhältnis des Quadrats der Entfernung zwischen denselben, das ist selbstverständlich ein logische Ursache, der nur einem geschulten, unterrichteten Geiste möglich sein kann.

Was wir wissen, was wir sehen und voraussagen können, wenn wir unser „Gesetz", unsern allgemeinen mathematischen Ausdruck haben, ist, recht betrachtet, nur diese unveränderliche Relation zwischen Massen und Entfernungen. Sie existiert – aber warum sie existiert oder selbst wie sie existiert, ist im Elektromagnetismus begründet; und es ist nur der natürlich Menschengeist, welcher es als den letzten Schritt zur Lösung dieses Problems des Warum der Dinge betrachten kann, zu sagen: „Das ist so, weil es ein allumfassendes Über-Selbst gibt." Unser Wissen, so weit es den gewöhnlichen Durchschnittsmaßstab des bewussten intellektuellen Lebens betrifft, ist auf die Frage nach der Art der Beziehungen beschränkt; wenn wir diese Art kennen, sind wir in der Tat fähig, etwan die Bewegungen der Himmelskörper unter dem Einfluss der Gravitation vorherzusagen, oder unser Wissen über andere Beziehungen so anzuwenden, dass wir mit den Riesenkräften eines Wasserfalls durch entsprechende Maschinen eine volkreiche Stadt mit Licht und elektrischer Kraft versorgen können. All dies begrenzte Wissen ist von höchster Nützlichkeit und höchstem Wert. Das also ist die richtige Antwort auf jenes Uhr-Argument Paley's, dass erstens die Analogie richtig ist, und dass ein wissenschaftliches Gesetz eine

Vorschrift bedeutet, der die Naturkörper folgen müssen, also ist es ein allgemeiner mathematischer Ausdruck für gewisse beobachtete Beziehungen.

Zum Schlusse gesagt: mit all diesen kleinen Fragen der Geographie, Kosmogonie und ähnlichen, sollen die sich hauptsächlich und zu Ihrer eigenen Belehrung ins Gedächtnis prägen, dass in der Tat der Buddha keine von allen diesen weltlichen Wissenschaften lehrte, was er selbst bestimmt und wiederholt festgestellt hat. Er benützte freilich die landläufigen Begriffe, die zu seiner Zeit in Indien herrschten, um durch Analogie, Beispiel und Ähnlichkeit den wahren Inhalt seines unvergleichlichen Lebensberufes zu lehren. Was war dieser Inhalt? Leiden und die Ursache des Leidens, das Aufhören des Leidens, und den heiligen Pfad, der unsere müden Herzen zur Aufhebung des Leidens hinführt. Wenn, indem wir die Nichtigkeit, die Grausamkeit, den Trug dieses schnell verfließenden Menschenlebens sehen, in welchem wir vergebens so lange Zeit hindurch kämpfen, bis uns die Weisheit aufdämmert, jenes Dasein, in welchem wir nach diesen oder jenen eingebildeten Gutem haschen – wir uns zuletzt bis in unseres Herzens verborgenstes Heiligtum wenden, dann rufen wir mit den Worten des Milinda-Panha aus: „Voll von Leiden ist dieser Zustand, voll von Sorge, voll von Verzweiflung. Wenn es nur einen Weg gäbe, heraus aus diesem schrecklichen Werden; einen Zustand des Friedens, worin alle diese Bedingungen des Daseins ein Ende finden möchten!" Dies glorreiche Aufhören, diesen unveränderlichen Frieden – unser Meister hat ihn uns gelehrt, und wie wir gerade so leben müssen, dass unser Dasein ein Segen sei für unsere Mitbrüder und für alle lebenden Wesen; das war sein Dhammo! Mögen wir gleich ihm lernen, alle nutzlosen Fragen beiseite zu setzen, alle diese Dinge, welche diese kämpfende, leidende Menge der Lebewesen nicht näher hinführen können zum Endziel des Nirvana. Dann, wenn sie so leben, werden ihr Herzen jeden Tag stärker werden in Liebe und Mitleid, ihr Geist in Weisheit und innerem Frieden, und wir werden so die Welt um uns herum ein wenig glücklicher gestalten für unsere Brüder – und so bringen wir für dies ganze leidende Leben die Zeit ein wenig näher heran, von welcher geschrieben wurde, dass, wenn zuletzt die Herzen aller Wesen harmonisch zusammenklingen mit dem großen mitleidsvollen Herzen dessen, der unser Meister ist, kann kein Erdenstaub, wie jetzt, in ihnen zurückbleiben wird, sondern das Leben darin wird den Frieden finden!

Weitere Bücher aus dem Christof Uiberreiter Verlag:

Das goldene Blatt der Weisheit
Seila Orienta/Franz Bardon

Zum ersten Mal in der okkulten Literatur wird die 4. Tarotkarte des Hermes Trismegistos verständlich beschrieben und offengelegt. Sie beinhaltet unbekannte Konzentrations- und Meditationsübungen. Des Weiteren gibt sie Hinweise und erklärt die Unterschiede zwischen Magie und Mystik und Gefahren des einseitigen Weges. Am Ende steht die Verbindung mit der universellen Gottheit, dem Herrn der Sonnensphäre, welcher quabbalistisch „Metatron" genannt wird.

*

5. Tarotkarte – Mysterien des Steins der Weisen
Seila Orienta/Franz Bardon

Dieses Buch stellt die Vorderseite der Alchemie dar, die die einzelnen praktischen Übungsschritte erklärt, ohne die verschlüsselten Mystifikationen der alten Alchemisten auch nur annähernd zu erwähnen, wie man es aus den anderen Büchern des Franz Bardon kennt. Es wird erklärt, dass ohne vollkommene Beherrschung der 4 Elemente keine Alchemie möglich ist. Des Weiteren wird mit den einzelnen Ebenen, mit den Matrizen, dem elektromagnetischen Fluid usw. gearbeitet. Doch den Hauptpunkt stellen die göttlichen Eigenschaften wie z. B. die Allmacht dar, mit denen der Göttliche Stein der Weisen durch gewisse Übungen geladen wird.

*

Talismanologie und Mantramkunde
Seila Orienta/Franz Bardon

Zum ersten Mal werden hier (magisch) geladene Mantrams – Gebetssätze – preisgegeben, welche bei nötiger Reife, Ausgeglichenheit und Reinheit durchdringende Erfolge versprechen. Mantrams sind ja nach Bardon nicht irgendwelche „Suggestionssätze", sondern sie sind Ideenausdrücke, mit denen man mit Mächten, Kräften, Eigenschaften, also Gottheiten, in Verbindung kommen kann. Gleichzeitig werden die dazugehörigen Siegelzeichen der göttlichen Ideen preisgegeben, welche im rituellen

Zusammenhang mit den Mantrams stehen. Ein Buch, das nicht nur die Hermetiker, sondern auch die Anhänger der Yogawissenschaften inspirieren wird!

*

Eine Sammlung der schönsten und lehrreichsten Beschwörungsgeschichten
Hohenstätten

Dieses Buch ist einzigartig, denn es zeigt den zweiten Band von Franz Bardon an Hand von interessanten Evokationsberichten, die genau das bestätigen, was Bardon in seinem Buch geschrieben hat, und noch darüber hinaus. Es werden sensationelle Erlebnisse geschildert, die man sonst niemals findet. Auch aus unveröffentlichten Schriften wird zitiert.

*

Verkörperungen des Meister Arion
Hohenstätten

Man wird beim Lesen dieses Buches nicht glauben, wie viele bekannte und unbekannte Inkarnationen Franz Bardon hatte. Die paar, die im „Frabato" bekannt gegeben wurden, stellen nur einen geringen Teil seiner Verkörperungen dar. Wir mussten, da es dermaßen wenig Literatur über die Verkörperungen gab, wieder Hunderte und Aberhunderte von Büchern, Aufsätzen, Zeitschriften und Artikeln durcharbeiten, bis wir genügend Material für dieses Buch hatten. Aber der Leser wird sich beim Lesen sicherlich über unsere Arbeit freuen, denn sie wird ihn in Erstaunen versetzen!

*

Shamballa, der goldene Tempel des Lichts
Hohenstätten

Dieser Tempel dürfte jeden Leser von Bardons Roman „Frabato" fasziniert haben. Dass es aber in der okkulten Literatur noch viel mehr Informationen darüber gibt, die man aber nur findet, wenn man alles Veröffentlichte gelesen hat, dürfte dem einen oder anderen unbekannt sein. Es wurden wieder ganze Stöße von Büchern durchgesehen und das Ergebnis wird hier veröffentlicht. Es wird aber gleichzeitig darauf hingewiesen, wie viel Schundliteratur es darüber gibt, wie viel Lügen im Umlauf sind, damit sich der Schüler der Hermetik ein klares Bild machen kann. Wir bringen in diesem Buch alles, was wir an Material darüber gefunden haben, und es wird auch noch einiges aus der eigenen Erfahrung, was das Wertvollste ist, mitgeteilt. Nicht nur über den Tempel wird berichtet, sondern auch über die damit verbundene „Bruderschaft des Lichts", deren Sitz er darstellt.

*

Auf der Suche nach Meister Arion
Hohenstätten

Diese Autobiographie eines Schülers der Hermetik des Franz Bardon schildert sein magisches Leben, in welchem zahlreiche Erfahrungen zu den Übungen aus dem Adepten geschildert werden, die die Hauptperson selbst erlebt hat. Es wird der schwere Weg des Adepten aus autobiographischer Sicht gezeigt, seine vielen Tiefschläge, aber auch seine glanzvollen Seiten und Zeiten. Der harte Kampf mit dem Seelenspiegel wird bis in alle Einzelheiten aufgezeigt, genauso wie die vielen anderen Wege, in welche der Autor reinschnupperte, um dadurch reichlich Erfahrung sammeln zu können. Darüber hinaus enthält es unzählige Erfahrungen und Berichte betreffs Mantramistik nach Bardon, die wahre Runenmagie, zahlreiche Evokationen sowie Invokationen mit seinem Lehrer Anion, einen magischen Exorzismus, wie er bisher noch nie öffentlich geschildert wurde. Mentalreisen, Beeinflussungen, Übungen zur Gottverbundenheit, Erscheinungen, Alchemie, Heilungen mit den verschiedensten magischen Methoden z. B. Quabbalah oder durch die Elemente, Schutzgeistevokationen und viele andere magische „Wunder" seines Freundes und Lehrers Anion. Auch einige magische Fotos in Farbe, ein bisher von Bardon unveröffentlichtes Akashafoto von Christus und ein Bild des schwebenden Meister Arion werden in diesem Buch preisgegeben. Der Inhalt ist viel reichlicher, als hier kurz beschrieben werden kann.

*

Magisches Gleichgewicht
Hohenstätten

Dieses Buch zeigt eindeutig, dass in allen anderen Systemen das „Gleichgewicht" genauso gebraucht wird, wie bei Bardons Werken. Er war nicht der Einzige, der das erwähnte, aber er war der erste, der es deutlich erklärte, denn die anderen Systeme sprachen nur durch das Symbol, welches nicht jedem Leser verständlich war. Obendrein bringen wir noch Unveröffentlichtes vom Meister Arion zu dieser Grundlage der magischen

Entwicklung.

*

Das Leben und die Erfahrungen eines wahren Hermetikers
Seila Orienta

Diese Autobiographie eines Magiers ist unübertroffen, denn bis jetzt hat kein einziger okkult Geschulter so offen und ehrlich gesprochen wie Seila Orienta. Er gibt in diesem Werk sein Leben bekannt, sowie seine zahlreichen und äußerst interessanten Erlebnisse und Erfahrungen. Es werden auch zum ersten Mal Fotos von Wesen der Sphären gezeigt, welche Franz Bardon höchstpersönlich in den 1920ern gemacht hat. Des Weiteren schreibt Seila Orienta über die Sphären, über Dämonen, Logenkontakte und vieles, vieles mehr, was einem ehrlich strebenden Hermetiker das Herz übergehen lassen wird.

*

Das Leben des Franz Bardon
Hohenstätten

Dieses Buch beschreibt das Leben des Meisters außerhalb des Frabatos, welches seine Sekretärin – Otti V. – geschrieben hat. Es beinhaltet Erklärungen zu seiner „Biografie", weitere Einzelheiten über den Kampf mit der FOGC, seine Beziehung zu Wilhelm Quintscher und anderen Okkultisten, was alles bisher unbekannt war! Des Weiteren werden viele Erlebnisse seiner Schüler in Prag erzählt, verschiedene magische Leistungen und interessante Geschichten Bardons beschrieben, die bis dato unveröffentlicht sind. Es werden auch seine drei Lehrwerke und deren Wirkung auf die Öffentlichkeit von einem anderen, unbekannten Standpunkt geschildert, welcher durch bisher schwer zugängliche Schriften unterstützt wird. Als Krönung wird seine aus dem Tschechischen übersetzte „Runenschrift" zum ersten Mal veröffentlicht. Auch einige Seiten aus anderen unveröffentlichten Schriften von ihm sowie interessante Fotos des Meister Bardon und seiner Freunde werden hier preisgegeben und vieles, vieles mehr.

*

In Verbindung mit der Gottheit
Hohenstätten

Über das Thema der Gottverbundenheit mit all seinen Formen und

Methoden wurde bis heute noch nie ein Buch verfasst, geschweige denn eine Schrift geschrieben. Man findet in der okkulten wie in der östlichen Literatur nur spärliche Hinweise, die größtenteils verschlüsselt sind oder so geschrieben wurden, dass man sie kaum versteht. Im Gegensatz dazu wird in diesem Buch offen dargelegt, dass das 1. kleine Arkanum der 78 Tarotkarten die Gottverbundenheit in ihrer Reinform darstellt.

*

Hermetische Heilmethoden
Hohenstätten

Dieses Buch stellt in der okkulten Literatur ein absolutes Unikum dar, denn über die Gesamtheit der okkulten Heilmethoden wurde bis jetzt noch NIE etwas Sinnvolles geschrieben. Es werden alle Heilmethoden erwähnt, die der hermetische Schüler mit Hilfe seiner bisher erlangten Konzentrationsfähigkeit ausüben und verwenden kann.

*

Erste hermetische Zeitschrift

„Der hermetische Bund teilt mit" ist eine der wenigen magisch-mystischen Zeitschriften, welche sich soweit als möglich auf die universelle Lehre von Franz Bardon bezieht. Sie versucht sich an die Gesetze des 4-poligen Magneten zu halten und vermittelt Wissen sowie Hinweise für die Praxis, damit der Leser die Möglichkeit hat, sie in seinen hermetischen Weg aufzunehmen und für sich gewinnbringend zu verarbeiten.

Noch viel mehr hermetische Literatur finden Sie auf unserer Website: http://www.hermetischer-bund.com.

Viel Vergnügen beim Stöbern!

Der Verlag